裁判要点与裁判规则丛书

RENMIN FAYUAN SHENLI
FANGDICHAN ANJIAN
CAIPAN YAODIAN YU CAIPAN GUIZE

人民法院
审理房地产案件
裁判要点与裁判规则

张培亮／主编

法律出版社
LAW PRESS·CHINA

前　　言

本书系对房地产开发领域所涉案例裁判要点及裁判规则的系统整理，旨在为从事该领域审判、仲裁、法律服务及研究的相关人员提供实务学习与操作的便利。

本书共分为上、下两篇。

上篇为最高人民法院裁判要点。汇集了截至2016年12月31日，最高人民法院民一庭编著的《民事审判指导与参考》、最高人民法院办公厅发布的《最高人民法院公报》、最高人民法院研究室编著的《司法研究与指导》中刊载的涉及房地产开发纠纷的案例裁判观点、信箱答复意见。按照案例涉及的内容、案由进行了分类，并对案例、信箱答复加注了索引。

下篇为裁判规则。具体分为三编：第一编为法律、行政法规、部门规章及相关文件简目，因前述规定内容多、篇幅长，故仅列示目录指引；第二编为最高人民法院司法解释、会议纪要、答复、函复；第三编为地方法院会议纪要、规定、意见、答复、解答。后两编汇集了自2003年至2016年12月31日期间最高人民法院及地方各级人民法院发布的涉及房地产领域的相关司法解释及审判指导意见。

目　　录

上篇　最高人民法院裁判要点

上篇

最高人民法院裁判要点

一、建设用地使用权合同

1. 行政机关依法收回国有土地使用权的，对土地使用权人应当按照作出收回土地使用权决定时的市场评估价给予补偿

行政机关作出对当事人不利的行政行为，未听取其陈述、申辩，违反正当程序原则的，属于《行政诉讼法》第 54 条第 2 款第 3 项“违反法定程序”的情形。行政机关根据《土地管理法》第 58 条第 1 款第 1 ~ 2 项的规定，依法收回国有土地使用权的，对土地使用权人应当按照作出收回土地使用权决定时的市场评估价给予补偿。因行政补偿决定违法造成逾期付补偿款的，人民法院可以根据当事人的实际损失等情况，判决其承担逾期支付补偿款期间的同期银行利息损失。

来源：定安城东建筑装修工程公司与海南省定安县人民政府、第三人中国农业银行定安支行收回国有土地使用权及撤销土地证案，详见《中华人民共和国最高人民法院公报》2015 年第 2 期，总第 220 期，第 39 页。

2. 诉讼中达成的调解协议的效力问题

诉讼中达成的调解协议是当事人自愿处分其实体权利和诉讼权利的一种文书形式，是人民法院制作民事调解书的基础。其本身的性质不同于一般民事合同，其与诉讼密切相关，是为解决已发生的诉讼纠纷而由各方当事人自愿达成的协议。调解协议的目的是使诉讼终结，其只有与审判权相结合，以法院调解书的形式表现出来，才对当事人具有法律上的约束力，同时也具有强制执行力，即在法院制作的调解书送达之前，调解协议的当事人有反悔的权利。

来源：岳阳市汇辰房地产开发有限公司与岳阳中林置业投资有限公司、湖南泰山工程有限公司建设用地使用权转让合同纠纷再审案，详见《民事审判指导与参考》2015年第1辑，总第61辑，第215页。

3. 人民政府依法收回划拨土地使用权后对原划拨土地使用权人的补偿不是划拨土地使用权本身的对价，不包括对划拨土地使用权增值部分的补偿

国有土地使用权的取得有出让取得和划拨取得两种。当事人从政府手中划拨取得土地使用权无须按市场价格支付土地使用权出让金，相应地，政府从当事人手中收回划拨土地使用权亦无须支付该土地使用权的对价。划拨土地的公益性决定了其本身没有市场价值，只有在变更为出让土地后才存在所谓的市场价格。进而，划拨土地使用权也不会随着市场供求关系变化发生价值增减。至于划拨土地使用权人的划拨土地使用权被政府收回后所取得的补偿，只是根据个案情况对其地上建筑物、其他附着物，给予原划拨土地使用权人的适当补偿。该补偿款既非划拨土地使用权的市场价，亦非所谓的划拨土地使用权的增值，更不是用划拨土地使用权出资后的投资收益。

来源：上诉人山东省总工会、上诉人山东省青岛工人疗养院与被上诉人山东省青岛华丽房地产有限公司国有建设用地使用权转让合同纠纷案，详见《民事审判指导与参考》2014年第3辑，总第59辑，第163页。

4. 当事人在合同中关于履行期限约定不明的，应按照《合同法》第61条、第62条的规定作出补充

当事人变更协议内容后，对履行期限约定不明的，应根据《合同法》第61条、第62条的规定，进行协议补充，不能达成补充协议的，债务人可以随时履行，债权人也可以随时要求履行，但应当给对方必要的准备时间。

来源:上诉人长春市国土资源局与被上诉人吉林省良品柏宏房地产开发有限公司建设用地使用权出让合同纠纷案,详见《民事审判指导与参考》2014 年第 2 辑,总第 58 辑,第 149 页。

5. 违法不建防空地下室应缴纳防空地下室易地建设费

建设单位违反《人民防空法》及有关规定,应当建设防空地下室而不建的,属于不履行法定义务的违法行为。建设单位应当依法缴纳防空地下室易地建设费的,不适用廉租住房和经济适用住房等保障性住房建设项目关于"免收城市基础设施配套费等各种行政事业性收费"的规定。

来源:内蒙古秋实房地产开发有限责任公司与呼和浩特市人民防空办公室人防行政征收案,详见《司法研究与指导》总第 6 辑,第 186 页。

6. 内部行政行为外部化具有可诉性

地方人民政府对其所属行政管理部门的请示做出的批复,一般属于内部行政行为,不可对此提起诉讼。但行政管理部门直接将该批复付诸实施并对行政相对人的权利义务产生了实际影响,行政相对人对该批复不服提起诉讼的,人民法院应当依法受理。

来源:魏永高、陈守志与来安县人民政府收回土地使用权批复案,详见《司法研究与指导》总第 6 辑,第 193 页。

7. 出让人按照联合竞买人的约定与其中一方签订土地使用权出让合同的,另一方联合竞买人不属于必须共同进行诉讼的当事人

当事人签订联合竞买协议约定双方出资竞买建设用地使用权,并由一方办理土地摘牌手续,领取土地成交确认书,签订土地使用权出让合同。出让人向该方当事人发出成交确认书并与其签订土地使用权出让合同后,签订合同

的竞买人就出让合同的履行、解除等单独起诉出让人的，另一方联合竞买人不属于必须共同进行诉讼的当事人。

来源：指导性案例，详见《民事审判指导与参考》2013年第3辑，总第55辑，第97页。

8. 国有土地使用权受让人与国有土地原使用权人约定交地义务，不足以否定国有土地使用权受让人与国土部门随后签订的国有土地使用权出让合同性质

国有土地原使用权人与国有土地使用权受让人对交地事项作出约定，不能必然得出案涉法律关系为国有土地使用权转让性质的结论，更不能以此否定国有土地使用权出让关系的性质。在具体判断国有土地出让还是转让关系时，应结合两者在合同签订主体、标的土地使用权用途及其使用期限等方面的不同特征加以正确界定。

来源：上诉人长沙兆盛房地产有限公司、上诉人长城信息产业股份有限公司与被上诉人长沙市国土资源局土地使用权转让合同纠纷案，详见《民事审判指导与参考》2013年第2辑，总第54辑，第168页。

9. 应根据当事人的合同约定与履行情况综合认定合同之债的权利义务关系

多个当事人未同意建设用地使用权转让前后签订了多份合同，在有关合同主体及合同内容并不完全一致的情况下，应通过有关合同履行情况，综合认定该合同之债中的权利义务关系。

来源：上诉人北海大西南投资股份有限公司与被上诉人成都锦尚置业有限公司建设用地使用权转让合同纠纷案，详见《民事审判指导与参考》2013年第2辑，总第54辑，第189页。

10. 案件裁决生效后，划拨土地经有批准权的人民政府批准办理土地使用权出让手续的，当事人以此为由主张合同有效，申请再审的，人民法院不予支持

土地使用权人未经有批准权的人民政府批准，与受让方订立合同转让划拨土地使用权的，应当认定合同无效，但起诉前经有批准权的人民政府批准办理土地使用权出让手续的，应当认定合同有效。而在案件判决生效后，以划拨土地经有批准权的人民政府批准办理土地使用权出让手续为由，主张划拨土地使用权转让合同有效，申请再审的，人民法院不应支持。

来源：指导性案例，详见《民事审判指导与参考》2012 年第 4 辑，总第 52 辑，第 148 页。

11. 当事人双方恶意串通签订合同损害第三人利益的事实认定

根据《合同法》第 52 条第 2 项的规定，具有恶意串通，损害国家、集体或者第三人利益情形的合同无效。由于恶意串通属于当事人双方主观内心动机的活动，审判实践中难以判定，只有通过对案件客观事实进行严密的逻辑分析，来判断当事人的主观真意。

来源：湖南嘉福房地产开发有限公司与湖南湘天房地产开发有限公司、湖南湘天投资控股集团有限公司、湖南加华投资控股集团有限公司、湖南江浙置业有限公司国有土地使用权转让合同纠纷上诉案，详见《民事审判指导与参考》2012 年第 2 辑，总第 50 辑，第 125 页。

12. 国有划拨土地使用权转让中受让方已经取得国有土地使用证，但因政府相关主管人员失职行为导致未办理土地出让手续的，不影响转让合同效力

国有划拨土地使用权转让合同中，双方已经就转让行为共同向政府相关部门提出申请，有批准权的人民政府已经为受让方颁发了国有土地使用证，但因政府相关主管人员失职行为导致未办理土地出让手续，未缴纳土地出让金的，转让合同的转让方不得在合同已经履行完毕后，以该转让合同未经有批准权的人民政府批准为由，主张转让合同无效。

来源：延安三利建筑工程有限公司与中国外运延安支公司转让合同纠纷再审案，详见《民事审判指导与参考》2012年第1辑，总第49辑，第181页。

13. 合同履行殆尽时守约方不得依约解除合同

合同解除导致合同关系归于消灭，其法律后果不表现为违约责任，体现了对守约方的保护。但是，在合同履行殆尽的情况下，守约方再依约解除合同，不仅会使合同目的无法实现，甚至会损害第三人的利益，不符合当事人缔约时的初衷和尽量使合同有效的立法目的。故对守约方滥用合同解除权的行为，人民法院应当加以限制，以平衡双方当事人的利益，维护公平正义。

来源：北京京顺房地产有限责任公司与北京银座合智房地产开发有限公司建设用地使用权转让合同纠纷案，详见《民事审判指导与参考》2011年第2辑，总第46辑，第140页。

14. 土地行政主管部门与竞得人签署国有土地使用权竞得成交确认书的行为属于民事行为

土地行政主管部门与竞得人签署国有土地使用权竞得成交确认书的行为，是土地行政主管部门代表国有土地所有权人与国有土地使用权受让人，对双方民事权利义务的约定，其性质属于民事行为，由此引起纠纷诉至人民法院的，属于民事案件范畴。

来源：指导性案例，详见《民事审判指导与参考》2011年第1辑，总第45辑，第148页。

15. 未取得国有土地使用权证，但取得土地代用证后转让土地使用权不影响转让合同的效力

在《城市房地产管理法》施行前，我国的城市国有土地有偿使用制度和土地市场处于发育成长时期，土地出让的程序不完备，实践中经常出现土地管理部门在土地出让合同签订后报有权批准机关审批过程中，为受让方发放土地使用权代用证的情况。当事人在取得土地使用权代用证后转让土地使用权的，转让合同的受让方不得在合同已经履行完毕后，以转让方未取得土地使用权证为由，主张转让合同无效。

来源：京津发展实业股份有限公司与廊坊国际房地产开发有限公司土地使用权转让合同纠纷上诉案，详见《民事审判指导与参考》2010 年第 2 辑，总第 42 辑，第 231 页。

16. 如何认定划拨土地的使用人在土地改变性质之前与他人私下签订的《土地使用权转让合同》

实践中经常有这样的情形，即一方为某划拨土体的使用人，政府欲收回此划拨土地并通过招拍挂方式进行出让。在政府收回土地之前，土地的使用人（以下称转让方）已和他人（以下称受让方）私下签订了《土地使用权转让合同》（以下简称《合同》），约定受让方以自己的名义参加此土地的招拍挂，转让方配合办理一切手续，土地转让价格通常视受让方是否成功取得土地而分为两种情形。此外，双方往往还会就土地补偿费的归属以及此过程中费用的分担作出约定。此《合同》的性质该如何认定？

《合同》中约定受让方通过招拍挂方式取得土地使用权，并以自己的名义与政府签订土地出让合同，这与法律法规的规定相符，对其效力可以认定。若受让方最终通过招拍挂方式取得出让土地使用权，与政府签订土地出让合同的，依照最高人民法院《关于审理涉及国有土地使用权合同纠纷案件适用法律问题的解释》第 12 条的规定，《合同》可以按照补偿性质的合同处理；若受让方最终没有取得出让土地使用权的，《合同》关于费用、价款支付等的约定，可按照双方之间的债权债务关系处理。

来源：民事审判信箱，详见《民事审判指导与参考》2010年第1辑，总第41辑，第289页。

17. 受让方通过行使涤除权涤除转让标的物上的抵押权负担的，转让行为有效

根据《物权法》第191条、《担保法》第49条的规定，抵押期间抵押人转让抵押物，应当通知抵押权人并经抵押权人同意，否则转让行为无效。但《物权法》第191条以及最高人民法院《关于适用〈中华人民共和国担保法〉若干问题的解释》第67条同时规定，未经通知或者未经抵押权人同意转让抵押物的，如受让方代为清偿债务消灭抵押权的，转让有效。即受让方通过行使涤除权涤除转让标的物上的抵押权负担的，转让行为有效。上述法律、司法解释的规定，旨在实现抵押权人、抵押人和受让人之间的利益平衡，既充分保障抵押权不受侵害，又不过分妨碍财产的自由流转，充分发挥物的效益。

根据《物权法》第15条的规定，当事人之间订立有关设立、变更、转让和消灭不动产物权的合同，除法律另有规定或者合同另有约定外，自合同成立时生效；未办理物权登记的，不影响合同效力。该规定确定了不动产物权变动的原因与结果相区分的原则。物权转让行为不能成就，并不必然导致物权转让合同无效。

来源：重庆索特盐化股份有限公司与重庆新万基房地产开发有限公司土地使用权转让合同纠纷案，详见《中华人民共和国最高人民法院公报》2009年第4期，总第150期，第31页。

18. 当事人一方就合同内容的变更发出单方意思表示，在对方当事人未明确认可时，不发生合同变更的法律后果

《合同法》第77条规定，当事人协商一致，可以变更合同。付款时间是合同的主要内容。合同约定的付款时间的变更是合同变更。合同变更实际上是

合同内容变更部分的重新订立，应符合《合同法》关于合同订立的规定。合同一方将载有合同变更内容的《承诺书》发给对方，对方没有作出任何表示，不产生合同要约承诺双方意思表示的后果，即合同没有变更。

来源：河南大鹏汇东石业有限公司与河南广发实业有限公司土地使用权转让合同纠纷上诉案，详见《民事审判指导与参考》2009 年第 2 辑，总第 38 辑，第 272 页。

19. 土地使用权转让合同的转让方因与第三人的纠纷导致土地被法院查封，受让方有权中止支付相应的土地转让款

依照《合同法》第 150 条的规定："出卖人就交付的标的物，负有保证第三人不得向买受人主张任何权利的义务，但法律另有规定的除外。"在履行土地使用权转让合同时，作为土地使用权转让合同的转让方，应承担法定的瑕疵担保责任。如果因转让方与第三人的纠纷，导致涉案土地被法院查封，受让方有权中止支付相应的土地转让款。

来源：广州市金盛房地产开发有限公司与广州桥实房地产开发有限公司土地使用权转让合同纠纷上诉案，详见《民事审判指导与参考》2008 年第 4 辑，总第 36 辑，第 189 页。

20. 买卖合同被解除时已办理交付和登记的标的物应如何处理

没有约定履行期限，受让方应当在接受合同标的物之后的合理期限内交付相应的合同价款。作为守约方的债权人基于对其损失的判断，依法可选择解除合同或者继续履行合同。我国现行法律确认了交付和登记为物权变动的条件，但立法和司法实践并未承认交付或登记行为是独立于买卖合同之外的物权行为。物权的取得和行使，不得损害他人合法权益。买卖合同的标的物，即使已办理交付和登记，如果买卖合同被解除，在该标的物没有被第三人善意受让时，可以直接返还原所有人。

来源：济南市公共交通总公司与济南润华投资置业有限公司、济南新慧德

事业有限公司土地使用权转让合同纠纷上诉案，详见《民事审判指导与参考》2008年第3辑，总第35辑，第243页。

21. 没有完成开发投资总额的25%以上，是否影响合同的效力

土地使用权转让合同的转让方没有“完成开发投资总额的百分之二十五以上”，对于成片开发土地，转让方没有“形成工业用地或者其他建设用地条件”的，不影响土地使用权转让合同的效力。

来源：指导性案例，详见《民事审判指导与参考》2008年第2辑，总第34辑，第93页。

22. 未经原始确权的土地发生的权属争议不属于人民法院受理民事诉讼的范围

根据《土地管理法》的规定，对土地进行原始确权属于政府行政管理部门的职责范围，在土地未经原始确权且又存在权属争议的情况下，当事人应当根据《土地管理法》的规定，要求政府的行政管理部门解决，而不能通过民事诉讼的途径主张权利。

来源：中国人民解放军南京军区空军装备部与江苏省南京市下关区幕府山街道办事处、江苏南京长途汽车客运集团有限责任公司土地借用合同纠纷上诉案，详见《民事审判指导与参考》2008年第2辑，总第34辑，第172页。

23. 能否认定土地使用权出让合同部分无效、部分有效

土地使用权出让合同项下部分土地经过审批、部分未经审批，该合同是否可以认定为部分有效、部分无效？根据《合同法》第56条的规定，部分合同无效，不影响其他部分效力的，其他部分仍然有效。部分合同无效分为量上的无

效和质上的无效，通常这种无效条款具有独立性和可分性，亦即独立于合同的其他有效部分并可与之分离。只有在合同的部分无效条款与其他条款具有不可分性或者合同目的违法或者其他条款的有效性对当事人没有实际意义，无法实现合同目的等特殊情况下，才能确认合同全部无效。

来源：青岛市国土资源和房屋管理局崂山国土资源分局与青岛乾坤木业有限公司土地使用权出让合同纠纷上诉案，详见《民事审判指导与参考》2008 年第 1 辑，总第 33 辑，第 143 页。

24. 诚实信用原则在民事审判实践中的具体运用

诚实信用原则作为民法特别是债法中的最高指导原则或称“帝王规则”，对于指导民事审判实践具有非常重要的作用。以自己不履行合同约定的义务，违背诚实信用原则，反而主张合同无效的理由，人民法院不应予以支持。这里合同约定的义务，当然是符合法律规定的义务。如果违约方履行了合同的义务，就不会出现不符合法律规定的情况。

来源：河南花园置业有限公司与河南鑫苑置业有限公司土地使用权转让合同纠纷上诉案，详见《民事审判指导与参考》2006 年第 4 辑，总第 28 辑，第 155 页。

25. 对土地使用权实际受让人及土地使用权的转让是否为“一物二卖”的认定

本案所研究探讨的是就一宗土地的使用权分别与两个独立的法人单位签订《转让土地使用权合同》，对所签合同是否为“一物二卖”本质特征的分析。“一物二卖”的本质特征是通过“一物二卖”行为取得双倍收益。首先从当事人签订合同的目的看，是为了将受让取得的土地使用权过户在房地产开发公司名下，而不是为了获取双倍利益；其次从双方履行合同看，其中一个受让方从未依照合同向转让方主张任何权利，转让方也未向该受让方履行过合同义务，合同签订后该受让方没有得到任何利益。因此,不符合“一物二卖”的本质特征。

来源:长春长信国际房地产开发有限公司与吉林省建筑设计院有限责任公司土地使用权转让合同纠纷上诉案,详见《民事审判指导与参考》2006 年第 4 辑,总第 28 辑,第 170 页。

26. 当事人订立合同过程中均存在缔约过失,损失应各半承担

在民事审判实践中,因当事人一方在订立合同过程中的恶意磋商、故意隐瞒与订立合同有关的重大事实或者提供虚假情况等违背诚实信用原则,导致合同不能订立的现象时有发生。本案判决确立了如下原则:首先,一方当事人违反《合同法》第 42 条之规定,给对方造成损失的,应当承担损害赔偿责任。该损失之性质属于合同缔约过程中发生的信赖利益损失。其次,当事人承担的缔约过失责任损失之范围,应当是直接的、合理的、与当事人的缔约过失行为存在因果关系的实际损失。最后,当事人主张信赖利益损失,必须通过独立的赔偿请求予以主张。

来源:浙江恒兴房地产有限公司与衢州市国土资源局拍卖出让国有土地使用权纠纷上诉案,详见《民事审判指导与参考》2006 年第 3 辑,总第 27 辑,第 200 页。

27. 国有土地使用权出让合同效力的认定条件以及国家政策在此类合同履行中的具体体现

主要涉及以下几方面的法理问题:

(1)合同生效条件。根据《合同法》第 45 条的规定,当事人对合同的效力可以约定附条件。附条件的合同,自条件成就时生效。合同所附条件,必须是将来发生的、不确定的事实,是当事人约定的而不是法定的,同时还必须是合法的。政府机关对有关事项或者合同审批或者批准的权限和职责,源于法律和行政法规规定,而不属于当事人约定范围。当事人将法律和行政法规规定

的政府机关对有关事项或者合同的审批权或者批准权约定为附条件的合同中的条件,不符合合同法有关附条件的合同的规定。当事人将法律和行政法规没有规定的政府机关对有关事项或者合同的审批权或者批准权约定为附条件的合同中的条件,同样不符合合同法有关附条件合同的规定。所附的"条件"不产生限制合同效力的法律效果。

(2)合同无效条件。根据《土地管理法》的有关规定,双方签订的《国有土地使用权出让合同》项下的土地在履行了农用地转为建设用地以及征地手续,符合该法规定的由市、县人民政府批准具体建设项目用地条件,不再需要将合同项下宗地出让方案报经有关人民政府批准,合同项下宗地符合建设用地条件,可以进入土地出让市场;只有违反法律和行政法规强制性规定的合同才能被确认为无效,地方性法规和行政规章不能作为人民法院审查确认国有土地使用权出让合同无效的依据。

(3)合同履行条件。一些《国有土地使用权出让合同》在确认一方当事人主张合同未生效、无效的理由不成立的情况下,往往还存在一个合同权利义务是否应当终止问题,或者说合同应否解除问题。民事主体从事民事活动,除必须遵守法律外,在法律没有规定的情况下还应当遵守国家政策。必须注意的是,不允许以地方性政策作为影响合同履行的借口。在很多情况下,这一国家政策方面的程序要求,即国家政策不允许的情形,虽不会导致所涉《国有土地使用权出让合同》无效,但却影响合同在客观上无法继续履行。当出现当事人的该项诉讼请求应予驳回时,应当依法明确驳回当事人在个案中提出的具体诉讼请求。

来源:青岛市崂山区国土资源局与青岛南太置业有限公司土地使用权出让合同纠纷上诉案,详见《民事审判指导与参考》2006 年第 1 辑,总第 25 辑,第 183 页。

28. 债权人转让权利并通知了债务人,但依据债权转让协议制作的民事调解书被人民法院撤销后,如何确认债权转让协议的效力

倾向性观点认为,从《合同法》第 80 条的规定来看,债权人没有向债务人

撤销合同的权利。通知到达，债权转让合同生效，但该条并没有限制债权人向人民法院、仲裁机构申请撤销合同的权利。《合同法》第 54 条第 2 款的规定很明确："一方以欺诈、胁迫的手段或者乘人之危，使对方在违背真实意思的情况下订立的合同，受损害方有权请求人民法院或者仲裁机构变更或者撤销。"随着民事调解书的被撤销，债权转让协议也就失去了法律效力。

来源：北海市人民政府与郑明如返还土地出让金纠纷上诉案，详见《民事审判指导与参考》2006 年第 1 辑，总第 25 辑，第 198 页。

二、合资、合作开发房地产合同及项目转让合同

1. 认定变更工业用地使用权作为合作开发房地产合同出资约定的效力问题

合同双方协议约定变更工业用地使用权性质并履行法定出让、补缴费用、过户、行政审批等程序，符合法律规定。至于约定内容能否全面实际履行，是考量合同应否解除或终止的因素，并不能因此认定合同无效。

合同当事人一方违约、双方当事人怠于履行合同义务、合同约定不明、政府出让土地四至存在争议等综合原因导致合同不能履行，双方均有过错，解除合同所产生的损失应根据过错分担。

来源：宁夏金力泰钢结构有限公司银川开发区与宏建房地产开发有限公司合作、合资开发房地产合同纠纷案，详见《民事审判指导与参考》2016 年第 1 辑，总第 65 辑，第 187 页。

2. 合作各方当事人在合作项目中的权利义务应当按照合作开发房地产协议约定的内容予以确定

合作开发房地产关系中，当事人约定一方出地、一方出资并以成立房地产项目公司的方式进行合作开发，项目公司只是合作关系各方履行房地产合作开发协议的载体和平台，合作各方当事人在项目公司中是否享有股权不影响其在合作开发合同中所应享有的权益；合作各方当事人在合作项目中的权利义务应当按照合作开发房地产协议约定的内容予以确定。

来源：海南海联工贸有限公司与海南天河旅业投资有限公司、三亚天阔置业有限公司等合作开发房地产合同纠纷案，详见《中华人民共和国最高人民法院公报》2016 年第 1 期，总第 231 期，第 19 页。

3. 涉及农村集体所有土地的委托代建合同中，对外销售利润分配条款的效力如何认定

涉及农村集体所有土地的委托代建合同中对外销售利润分配条款具有合资、合作开发房地产的性质，当事人主张利润分配等合同权利的，应提供政府部门关于土地利用规划、建设用地设计等审批文件或者证明。虽然提供了上述文件或者证明，但是在一审法庭辩论结束之前土地性质仍未变更为国有土地的，该利润分配条款按无效处理。

来源：指导性案例，详见《民事审判指导与参考》2015 年第 4 辑，总第 64 辑，第 145 页。

4. 以划拨土地使用权与他方签订的合作建房合同应如何认定其效力

按照约定履行步骤依法改变划拨用地性质实现合作开发远期目标，土地实现变性前发生纠纷，不能因此否定前期签订的合作建房合同效力。合同当事人依约占有不动产的履约行为为合法占有，受物权法保护，足以对抗对方提出的腾迁请求。

来源：指导性案例，详见《民事审判指导与参考》2015 年第 4 辑，总第 64 辑，第 160 页。

5. 如何区分合作开发房地产合同中的清理条款与“名为合作，实为借贷”的合同

合同约定，一方出地，另一方出资，设立房地产项目公司，按照出资比例享有项目公司股东权益，合作开发房地产。从约定的权利义务内容来看，协议性质为共同出资、共担风险、共享利润的合作开发房地产合同。

合同还约定，终止履行后接受出资一方返还出资方投资款本金及按同期银行贷款利率四倍支付利息，依据《合同法》第 97 条、第 98 条的规定，此约定性质为合同终止履行后的清理条款，不属于最高人民法院《关于审理涉及国有土地使用权合同纠纷案件适用法律问题的解释》第 26 条规定的名为合作合同实为借款合同情形。

来源：指导性案例，详见《民事审判指导与参考》2015 年第 2 辑，总第 62 辑，第 154 页。

6. 非因双方当事人原因导致合作开发房地产合同解除的，出资方有权享有相应的土地增值收益

合资合作开发建设房地产项目中，双方已按约定将各自的土地和资金投入到合作项目中，即成为共享利益、共担风险的利益共同体。非因双方当事人原因导致合同解除的，出资方有权共享合作期间合作项目形成的相应权益包括土地增值收益。出资方未全部出资到位的，如无特别约定，应根据权利义务一致原则，以各方实际出资比例确定各自应享有的项目权益。

来源：上诉人方明通与上诉人福州宏发房地产有限公司合作开发房地产合同纠纷二审案，详见《民事审判指导与参考》2015 年第 2 辑，总第 62 辑，第 183 页。

7. 对房地产项目转让中一物数卖行为的认定处理

一物数卖是房地产纠纷案件中常见的一种类型，表现形式多样，无法采用同一标准进行处理。因此，如何认定和解决此类纠纷成为困扰民事审判工作的一个难点。要准确判断和认定是否构成一物数卖，必须根据每个案件的不同事实情况，剖析当事人的内心真意，依法公平合理地平衡各方当事人的利益。

来源：东莞利成公司、宝源公司与东莞晶隆公司、大岭山房地产公司房地产项目转让合同纠纷案，详见《民事审判指导与参考》2015 年第 1 辑，总第 61 辑，第 198 页。

8. 双务合同中当事人是否享有合同解除权的判断

在双务合同中，双方均存在违约的情况下，应根据合同义务分配情况、合同履行程度以及各方违约程度大小等综合因素，判断合同当事人是否享有解除权。

来源：兰州滩尖子永昶商贸有限责任公司等与爱之泰房地产开发有限公司合作开发房地产合同纠纷案，详见《中华人民共和国最高人民法院公报》2015 年第 5 期，总第 223 期，第 33 页。

9. 合作开发中不同合作协议、举证责任、联合账户资金支取的认定

双方当事人之间及双方当事人与第三人之间的两份协议均为当事人真实的意思表示，亦未违反法律、行政法规的强制性规定，均为合法有效的情况下，由于两份协议的具体内容和当事人不同，不能互相覆盖、相互取代。不同当事人之间、不同事项上的约定均具有法律约束力；相同当事人之间、相同事项上的不同约定，应以签订在后的协议变更签订在前的协议为基本原则，并结合具体履行情况理解和分析协议的关系和内容。

一方当事人主张另一方当事人未按合同约定的期限及时办理回迁楼建设手续，应就回迁楼建设手续的办理期限承担相应的举证责任，对此未举证证明

的,应承担相应的不利后果。

联合账户资金的使用由双方当事人共同掌握的情况下,一方从联合账户支取资金的行为,在无相反证据证明的情况下,应视为已经受到另一方的监管或得到其同意。

来源:沈阳市于洪区北陵街道包道村村民委员会与辽宁东川房地产开发有限公司、沈阳银亿房地产开发有限公司合资合作开发房地产纠纷案,详见《民事审判指导与参考》2014 年第 2 辑,总第 58 辑,第 206 页。

10. 行政机关注销国有土地使用证但未注销土地登记的,国有土地的使用权人仍然是土地登记档案中记载的权利人

根据《物权法》的规定,不动产物权应当依不动产登记簿的内容确定,不动产权属证书只是权利人享有该不动产物权的证明。行政机关注销国有土地使用证但未注销土地登记的,国有土地的使用权人仍然是土地登记档案中记载的权利人。国有土地使用权转让法律关系中的转让人以国有土地使用证被注销、其不再享有土地使用权为由主张解除合同的,人民法院不应支持。

来源:四川省聚丰房地产开发有限责任公司与达州广播电视大学合资、合作开发房地产合同纠纷案,详见《中华人民共和国最高人民法院公报》2014 年第 10 期,总第 216 期,第 30 页。

11. 当事人之间签订的合同所约定的合同义务与民事法律行为所附条件的区分

《合同法》第 45 条第 1 款规定:“当事人对合同的效力可以约定附条件。附生效条件的合同,自条件成就时生效。附解除条件的合同,自条件成就时失效。”可见,法律上所称的条件是指决定民事法律关系的效力产生和消灭的不确定的事实。双方当事人在合同中约定的一方应履行的合同义务,是确定的。合同约定的当事人的义务同民事法律行为的附条件是有区别的,其不能被认

定为民事法律行为的附条件。

来源：上海绿庭集团有限公司与南京建宇房地产开发(集团)有限公司合作开发房地产纠纷案，详见《民事审判指导与参考》2013年第1辑，总第53辑，第184页。

12. 合作开发房地产合同中，不负有出资建设义务的一方，实际完成案涉项目建设的，不应认定为违约

合作开发房地产合同中，不负有出资建设义务的一方，实际完成案涉项目建设的，不应认定为违约。在对方对此明知并认可的情况下，应视为双方在合同履行过程中的变更行为。案涉工程已经实际交付使用的，负有出资义务的一方应自工程实际移交之日支付相应的工程款及利息。

来源：北京市京门房地产开发公司与北京地汇春科贸有限责任公司、北京迎宾房地产开发有限责任公司合资、合作开发房地产合同纠纷上诉案，详见《民事审判指导与参考》2013年第1辑，总第53辑，第205页。

13. 多份补充协议项下最终履行内容的确定原则

双方当事人在签订合同后、履行合同过程中，因情况变化，又签订多份补充协议修改原合同约定的，只要补充协议是当事人的真实意思表示，协议内容符合法律规定，均应认定为有效。当事人对多份补充协议的履行内容存在争议的，应根据协议之间的内在联系，以及协议中约定的权利义务分配的完整性，并结合补充协议签订和成立的时间顺序，根据民法的公平和诚实信用原则，确定协议的最终履行内容。

来源：吉林省东润房地产开发有限公司与吉林佳垒房地产集团有限公司、第三人大商股份有限公司合资、合作开发房地产合同纠纷案，详见《中华人民共和国最高人民法院公报》2013年第4期，总第198期，第30页。

14. 合作开发中争议房屋产权的归属判断及因容积率增加导致房产面积增加项下房产分配的处理

在审理合作开发房地产纠纷时，判断争议房屋产权的归属应当依据合作协议标的额约定以及房地产管理部门的登记情况全面分析。在没有证据证明双方变更了合作协议约定的情况下，一方当事人仅以为对方偿还部分债务或向对方出借款项、对争议房产享有优先受偿权，以及“五证”登记在其名下等事实为由，主张确认全部房产归其所有的，人民法院不予支持。

合作双方在签订合作合同之后，合作项目在双方共同努力下得以优化变更，建筑面积在土地面积不变的情况下因容积率变化而得以增加。由于土地价值与容积率成正比，提供土地一方的出资部分因容积率增加而增值，其应分获得的房产面积亦应相应增加，该方当事人可按照原合同约定的分配比例请求分配新增面积部分。当事人对于应分得但未实际获得的不足部分，如让另一方实际交付不现实，可根据市场行情认定该部分房产价值，由另一方以支付现金的方式补足该部分面积差。

来源：江西省南昌百货总公司、湖南赛福尔房地产开发公司与南昌新洪房地产综合开发有限公司合资合作开发房地产合同纠纷案，详见《中华人民共和国最高人民法院公报》2013 年第 1 期，总第 195 期，第 19 页。

15. 以合作开发项目国有土地使用权抵押所取得的贷款的归属

合作开发房地产过程中，对以合作开发项目建设用地使用权作抵押所取得的用于项目开发的贷款，如果合作开发协议未对该贷款归属进行约定，则在分配合作开发项目的权益时，该贷款既不能作为双方当事人的共同投资，也不能认定为合作开发房地产当事人的投资；基于该融资产生的负债亦非合作开发房地产的单方负债，应属于项目负债。

来源：指导性案例，详见《民事审判指导与参考》2012 年第 4 辑，总第 52 辑，第 133 页。

16. 前后两份合同(协议)对同一内容有不同约定产生冲突时的认定处理

双方当事人在平等自愿基础上达成的前后两份协议,符合法律规定,合法有效,两份协议所约定的内容应对当事人产生约束力。当两份合同(协议)均属有效合同(协议),除当事人有特别约定外,如果前后两份合同(协议)对同一内容有不同约定产生冲突时,基于意思表示最新最近,且不违反合同(协议)目的,可根据合同(协议)成立的时间先后,确定以后一合同(协议)确定的内容为准。如果前后两份合同(协议)所约定的内容并不冲突,只是对合同(协议)的内容进行了不同的约定,这种情况下,法官不能简单地认定后一协议是前一协议的变更,或后一协议是对前一协议的补充和完善。

当事人在法律规定的范围内处分自己的民事、诉讼权利和"不告不理"是民事诉讼的重要原则,人民法院处理民商事纠纷时,只能对已诉至法院的民事权利义务关系作出判断,除涉及国家和公共利益外,其审理和判决应以当事人请求、主张的范围为限。

来源:重庆雨田房地产开发有限公司与中国农业银行股份有限公司重庆市分行房屋联建纠纷案,详见《中华人民共和国最高人民法院公报》2012年第5期,总第187期,第23页。

17. 双方未进行最终结算,一方请求对部分争议先行处理的,不予支持

本案新业公司认为,即使双方尚不具备结算条件,也不影响人民法院对地下车库入口重建及改变安置条件损失部分先行进行处理。但是本案由于指挥部提出反诉,请求新业公司返还其已多付的安置费用等,且经人民法院审理认为,双方尚不具备最终结算条件。在此情形下,如果本案仅处理因改造地下车库出入口及改变安置条件的损失部分,恐造成双方利益不平衡,以致影响本案的最终处理。因此,新业公司该项请求,不应给予支持。

来源:温州市新业房地产开发有限公司与温州市江滨路鹿城段工程建设

指挥部房地产开发经营合同纠纷上诉案，详见《民事审判指导与参考》2011年第4辑，总第48辑，第145页。

18. 合同解除，以享有解除权一方的相关解除文件送达相对方之时作为开始发生法律效力的依据

合同一方当事人构成根本违约时，守约方享有法定解除权；合同的解除的确定以享有解除权一方的相关文书送达到相对方之时作为开始发生法律效力的依据；合同的解除不以诉讼为唯一的表达形式；为了平衡双方的利益，在保障一方行使解除权时，另一方享有异议权，但异议权的行使期限有明确规定，未在法定期限内行使的，异议权丧失。

来源：深圳富山宝实业有限公司、深圳市福星股份合作公司、深圳市宝安区福永物业发展总公司、深圳市金安城投资发展有限公司、深圳市大金利投资发展有限公司以及深圳市海洋城房地产开发有限公司以及深圳市海洋城房地产开发有限公司合作开发房地产合同纠纷上诉案，详见《民事审判指导与参考》2011年第4辑，总第48辑，第190页。

19. 当事人协商一致解除合同，一方反悔不予支持

合同成立并符合法律规定的生效条件，在当事人双方未履行或者未完全履行前，一方起诉请求解除合同，另一方反诉亦请求解除合同，即双方解除合同的意思表示一致，此种属于《合同法》第93条规定的"当事人协商一致，可以解除合同"的情形。当事人协商一致解除合同，合同效力归于消灭，一方反悔，依法不予支持。

来源：唐山朋诚房地产开发公司与唐山中云房地产开发公司房地产合作开发合同纠纷提审案，详见《民事审判指导与参考》2011年第2辑，总第46辑，第128页。

20. 合资、合作建房合同被认定无效后，出资方出资转化为在建工程如何处理

合资、合作开发房地产合同被认定无效，出地一方应当返还其从出资一方取得的财产。当出资一方的出资已经转化为在建工程时，出地一方取得的财产为出资方出资转化为在建工程部分相应的财产利益，应当折价补偿出资一方。人民法院应当综合评判出资一方的出资数额、在建工程的建设程度及当地房地产业的利润等情况，确定出地一方的折价补偿数额。

来源：北京威肯房地产开发有限公司与中国共产党海淀区委员会党校合资、合作开发房地产合同纠纷上诉案，详见《民事审判指导与参考》2011 年第 2 辑，总第 46 辑，第 159 页。

21. 合作开发房地产合同纠纷无效后，不能根据合同约定分得的房产价值进行投资补偿

合作开发房地产合同被认定无效后，合同一方主张对合同相对方按合同约定应分得房产的估价进行分割，以获得投资补偿。当事人的此类诉讼请求混淆了合同有效可主张的履行利益与合同无效后信赖利益之间的区别。在当事人无法举证证明因合同无效造成其他具体损失的情形下，宜按投资款的银行同期贷款利率计算其投资损失。

来源：北京协和医学院与四川明日企业（集团）有限公司、协和明日医药交流中心合作建房合同纠纷上诉案，详见《民事审判指导与参考》2011 年第 2 辑，总第 46 辑，第 183 页。

22. 合同无效后的处理

根据《合同法》第 58 条的规定，无效的法律后果是双方互相返还财产，有过错的一方应当赔偿对方因此受到的损失，双方都有过错的，应当各自承担相应的责任。虽然《合同法》对于合同无效后的处理有明确的法律规定，但在司法实践中如何结合案件的具体情况进行处理还是一个比较难的问题。在本案中，最高人民法院结合案件实际情况，认定因双方互相返还的租金收益与补偿款利息大体相抵，故不再承担互相返还义务，以平衡双方利益。

来源：中国科学院植物研究所、北京中植梦绿生物新技术公司与华纺房地产开发公司、北京首都创业集团有限公司、被上诉人万锐投资有限公司、北京万创华房地产有限公司合资、合作开发房地产合同纠纷上诉案，详见《民事审判指导与参考》2010年第4辑，总第44辑，第234页。

23. 法人与他人恶意串通签订合同，表面上损害法人自身利益，实质上损害第三人利益的，第三人有权提起确认合同无效之诉

根据最高人民法院《关于审理涉及国有土地使用权合同纠纷案件适用法律问题的解释》第24条的规定，合作开发房地产合同约定提供土地使用权的当事人不承担经营风险，只收取固定利益的，应当认定为土地使用权转让合同。当事人自行约定的合同名称不影响对合同性质的认定。

《合同法》第52条规定："有下列情形之一的，合同无效：……（二）恶意串通，损害国家、集体或者第三人利益……"根据前述规定，法人与他人恶意串通签订合同，表面上损害法人自身利益，实质上损害第三人利益的，第三人有权提起确认合同无效之诉。

对于前述条款中"恶意串通"行为的认定，应当分析合同双方当事人是否具有主观恶意，并全面分析订立合同时的具体情况、合同约定内容以及合同的履行情况，在此基础上加以综合判定。

来源：陈全、皮治勇诉重庆碧波房地产开发有限公司、夏昌均、重庆奥康置业有限公司合同纠纷案，详见《中华人民共和国最高人民法院公报》2010年第10期，总第168期，第31页。

24. 不安抗辩权的适用条件及其处理

不安抗辩权是法律赋予先履行方在特定情况下享有的一种权利。在《合同法》第 68 条第 1 款规定的四种情形中，前两种情形较为客观，比较容易判断。而第 3 项“丧失商业信誉”及第 4 项“有丧失或可能丧失履行债务能力的其他情形”则较难把握，需要根据合同当事人的具体情况作出判断。本案中仅仅审查乙公司的工商登记以及年检情况，很难举证证明乙公司缺乏履约能力。但乙公司擅自打着两校的旗号销售经济适用房，实际上当时连土地的审批手续还未办下来。两校认为这种“买空卖空”丧失商业信誉的行为损害了双方间的信任，进而影响到双方合作项目的顺利完成。两校中止履行合同的行为符合法律关于不安抗辩权的规定。

来源：甲市经济贸易学校、甲市财经学校与北京乙房地产开发有限公司投资合作合同纠纷上诉案，详见《民事审判指导与参考》2009 年第 4 辑，总第 40 辑，第 175 页。

25. 签订合同并接受使用他人投资后，又以缔约行为未经公司股东同意为由主张合同无效的诉讼请求不能得到支持

房地产合作开发合同中，经常出现这样的情况，一方当事人签订合作开发合同并接受了合同相对方支付的投资款后，又以缔约行为未经控股股东同意为由，请求认定合同无效。当事人的诉讼请求，混淆了合同当事人之间和公司与其股东之间两个法律关系，不能得到支持。

来源：天津津投金厦房地产发展股份有限公司与天津市东丽软件园建设开发有限公司、天津三联投资集团有限公司合资、合作开发房地产合同纠纷上诉案，详见《民事审判指导与参考》2009 年第 3 辑，总第 39 辑，第 183 页。

26. 恶意串通，损害国家、集体或者第三人利益导致合同无效的认定和处理

《合同法》第52条规定了合同无效的几种情形，其中第2项规定的“恶意串通，损害国家、集体或者第三人利益”是导致合同无效的情形之一。审判实践中，法官对于当事人主张的缔约双方恶意串通损害第三人利益，常常因为证据不足而难以认定。本案一、二审判决将双方所签的“8·23”、“8·24”协议的内容、双方以往争议解决情况、兴华公司董事长的书面承诺等情况结合起来综合分析，认定“8·24”协议是一份由兴华公司与蓝盾公司缔约代表周虎恶意串通签订的损害蓝盾公司合法利益的无效合同。

来源：安徽省兴华房地产投资(集团)有限公司与安徽蓝盾房地产开发有限责任公司合作开发房地产合同纠纷上诉案，详见《民事审判指导与参考》2008年第4辑，总第36辑，第160页。

27. 房地产合作开发合同解除条件的认定

合同履行过程中，当事人出现违约行为，应如何理解和认定合同解除的条件。如当事人在合同中没有约定合同解除的条件，虽然一方当事人的行为违反了合同约定，但在双方均存在违约、合同中未约定合同解除条件的情形下，当事人一方主张解除合同不符合《合同法》规定的法定及约定解除条件。

来源：内蒙古金港房地产有限责任公司与内蒙古何西房地产有限责任公司合资合作开发房地产合同纠纷上诉案，详见《民事审判指导与参考》2008年第4辑，总第36辑，第169页。

28. 双方均要求履行合作开发协议，一方诉请另一方给付代垫款项应不予支持

法院的裁判结果与当事人的诉讼方向和具体的诉讼请求密切相关。法院既不能遗漏当事人的诉讼请求和作出有遗漏内容的裁判，也不能越俎代庖、判非所请，更不能作出与当事人的诉讼请求或合同目的相反的裁判。法院的裁判既要符合法律的精神，更要符合情理、常理，做到情、理、法的和谐统一。

在双方当事人对联合开发项目均负有对等投资义务以及双方当事人均要求继续履行《联合开发协议书》的前提下，应当尽量稳定双方的合作关系，维护交易秩序。此时，一方诉请另一方给付的代垫款项既与履行合同的目的不符，同时也与情理或常理不符，应不予支持。

来源：辽宁北信房地产开发有限公司与铁岭汇源集团有限公司合作开发房地产合同纠纷上诉案，详见《民事审判指导与参考》2008 年第 1 辑，总第 33 辑，第 153 页。

29. 如何确定民事再审案件的审理范围

诉讼标的是当事人基于其实体权利义务关系而向法院提出的裁判请求。对于再审案件而言，由于原案件的诉讼标的是原审裁判的基础，基于再审纠正错误裁判的功能，再审案件的审理应当围绕原案件的诉讼标的进行，以符合再审程序纠正原审裁判不合法和不正当的目的。再审案件的审理范围应当以原案件的诉讼标的为限，否则，即背离了再审的目的和功能。

来源：中国有色金属工业长沙勘察设计研究院与海南省汇富房地产开发公司长沙公司、海南省汇富房地产开发公司、湖南雄新建筑有限公司合作建房合同纠纷案，详见《民事审判指导与参考》2007 年第 3 辑，总第 31 辑，第 234 页。

30. 妨碍举证的事实推定规则在审判实践中的具体适用

本案审理涉及适用最高人民法院《关于民事诉讼证据的若干规定》第75条的规定。该条规定是吸收民事证据妨碍规则，确立了事实认定的法律推定方法。适用该条规定需要具备三个条件：一方当事人持有证据无正当理由拒不提供的事实已经被证据证明；对方当事人提出该证据的内容不利于证据持有人；法官推定的事实内容是确定的。在具备上述条件下，法官经向证据持有人释明对证据持有的认定及不提供证据的后果，可以依法推定对方当事人主张的事实成立。

来源：广西运通房地产开发有限公司与南宁永嘉房地产开发有限公司、南宁市昌业贸易发展公司合作开发房地产合同纠纷上诉案，详见《民事审判指导与参考》2007年第2辑，总第30辑，第228页。

31. 内心确信与实质公正

本文分析了心证的形成过程，分析了在法律允许的范围内如何尽量实现实质公正，达到案结事了的目的，实现法律效果和社会效果的有机统一。本案中，西城工行举出的证据并不能直接证明讼争项目是盈利的，更没有举出直接证据证明该项目盈利了多少。所以，严格说来，本案可以只判决七色光公司返还240万元本金和利息。但考虑到从审理案件的情况来看，讼争项目肯定盈利了，另外一审时七色光公司毕竟有过愿意赔偿580万元的意思表示，所以本案如机械地判决240万元本金和利息，社会效果不好，故二审参照计算的房屋差价判令七色光公司赔偿西城工行420余万元及利息，以维护实质公正。

来源：东营市七色光房地产开发有限责任公司与中国工商银行股份有限公司东营西城支行房地产联合开发合同纠纷上诉案，详见《民事审判指导与参考》2007年第1辑，总第29辑，第182页。

32. 行政机关依法查封的房地产,能否判决交付和移转产权

《城市房地产管理法》第37条第2项规定,司法机关和行政机关依法裁定、决定查封或者以其他形式限制权利的房地产,不得转让。本案中,双方讼争房地产已经被公安机关依法查封,负有交付房产和移转产权义务的一方当事人据此认为,一审法院判决其向对方当事人履行交付房产和移转产权义务违反了上述法律的规定。因本案涉及对《城市房地产管理法》第37条第2项规定立法目的的理解,且审判实践中经常会遇到,所以具有一定的典型意义。

来源:大连亿锋房地产开发有限公司与大连华事得房地产开发有限公司房地产开发项目转让合同纠纷上诉案,详见《民事审判指导与参考》2007年第1辑,总第29辑,第225页。

33. 新设企业与注销企业之间承继关系的认定及新设企业对注销企业无权代理人代理行为追认的法律效力

挂靠政府部门的私营企业,按照国家解除私营企业挂靠政策,申请注销登记,同时新设企业。老企业的注销与新企业的设立是相关行政部门及挂靠私营企业解除企业挂靠,还原企业原本性质的方式。新设企业承接注销企业的全部资产,亦应承担注销企业的全部债务,两企业之间具有法律上的承继关系,新设企业因此对注销企业无权代理人的代理行为享有追认权,并基于追认行为承担代理人代理行为的法律后果。

来源:鹰潭市赣东实业有限公司与付才保及江西信义房地产开发集团有限公司项目转让合同纠纷上诉案,详见《民事审判指导与参考》2006年第3辑,总第27辑,第234页。

三、房屋买卖合同

1. 房屋存在质量问题时实际损失的认定

对于政府机关及其他职能部门出具的证明材料，人民法院应当对其真实性、合法性以及与待证事实的关联性进行判断，如上述证据不能反映案件的客观真实情况，人民法院则不能作为认定案件事实的根据。

因出卖人所售房屋存在质量问题，致购房人无法对房屋正常使用、收益，双方当事人对由此造成的实际损失如何计算未作明确约定的，人民法院可以以房屋同期租金作为标准计算购房人的实际损失。

来源：李明柏诉南京金陵置业发展有限公司商品房预售合同纠纷案，详见《中华人民共和国最高人民法院公报》2016 年第 12 期，总第 242 期，第 33 页。

2. 开发商逾期交房与逾期办证违约责任的认定

商品房买卖中，开发商的交房义务不仅局限于交钥匙，还需出示相应的证明文件，并签署房屋交接单等。合同中分别约定了逾期交房与逾期办证的违约责任，但同时又约定开发商承担了逾期交房的责任之后，逾期办证的违约责任就不予承担的，应认定该约定属于免除开发商按时办证义务的无效格式条款，开发商仍应按照合同约定承担逾期交房、逾期办证的多项违约之责。

来源：周显治、俞美芳与余姚众安房地产开发有限公司商品房销售合同纠纷案，详见《中华人民共和国最高人民法院公报》2016 年第 11 期，总第 241 期，第 37 页。

3. 股东提起第三人撤销之诉的限制

案件争议不动产的登记所有权人，同案件处理结果具有法律上的利害关系，可以作为案件第三人。

一方当事人大股东在案件诉讼过程中受让争议标的物，但未作为第三人参加诉讼，在案件判决生效后，又提起第三人撤销之诉的，法院推定其知悉案件情况，非因不能归责于其本人的原因未参加诉讼的，符合常理和交易惯例。上述大股东所提第三人撤销之诉不符合起诉条件，应裁定不予受理。

来源：黄光娜与海口栋梁实业有限公司、广东省阳江市建安集团有限公司海南分公司商品房销售合同纠纷案，详见《中华人民共和国最高人民法院公报》2016 年第 9 期，总第 239 期，第 33 页。

4. 在两种解读结果具有同等合理性的场合，应朝着有利于书面证据所代表法律关系成立的方向作出判定，借此传达和树立重诺守信的价值导向

合同在性质上属于原始证据、直接证据，应当重视其相对于传来证据、间接证据所具有的较高证明力，并将其作为确定当事人法律关系性质的逻辑起点和基本依据。若要否定书面证据所体现的法律关系，并确定当事人之间存在缺乏以书面证据为载体的其他民事法律关系，必须在证据审核方面给予更为审慎的分析研判。

在两种解读结果具有同等合理性的场合，应朝着有利于书面证据所代表法律关系成立的方向作出判定，借此传达和树立重诺守信的价值导向。

透过解释确定争议法律关系的性质，应当秉持使争议法律关系项下之权利义务更加清楚，而不是更加模糊的基本价值取向。

来源：洪秀凤与昆明安钡佳房地产开发有限公司房屋买卖合同纠纷案，详见《中华人民共和国最高人民法院公报》2016 年第 1 期，总第 231 期，第 35 页。

5. 如何正确适用证据规则认定当事人之间法律关系的性质

民事诉讼中的案件事实，应为能够被有效证据证明的案件事实。书面合同是确定当事人法律关系性质的逻辑起点和基本依据，应当重视其相对于传来证据、间接证据所具有的较高证明力。仅应在确有充分证据证明当事人实际履行行为与书面合同文件表现的效果意思出现显著差异时，才可依前者确定其间法律关系的性质。在没有充分证据佐证当事人之间存在隐藏法律关系且该隐藏法律关系真实并终局地对当事人产生约束力的场合，不宜简单否定既存外化法律关系对当事人真实意思的体现和反映，避免当事人一方不当摆脱既定权利义务约束的结果出现。

来源：上诉人洪秀凤与被上诉人昆明安钡佳房地产开发有限公司房屋买卖合同纠纷案，详见《民事审判指导与参考》2015 年第 3 辑，总第 63 辑，第 186 页。

6. 合同约定解除与债权合意抵销

附约定解除条件合同，自条件成就时，解除权人解除合同通知到达对方时合同解除，无须相对方作出明确意思表示；解除合同通知因意思表示生效而生解除效果，且保护相对人合理信赖，一般具有不可撤销性。

合意抵销不以当事人互负债务标的物种类、品质相同为要件。一方当事人以其对于对方的债权约定所附条件成就时解除合同由第三人清偿亦属有效。

合同解除权人主动发出解除合同通知并明示其债权与合同约定第三人未届清偿期或未至给付条件债权抵销，应视为其对期限利益或抗辩放弃，应尊重其意思自治并维护诚实信用。

来源：上诉人北京中亿创一科技发展有限公司与被上诉人信达投资有限公司、一审被告北京北大青鸟有限责任公司、一审被告正元投资有限公司房屋买卖合同纠纷案，详见《民事审判指导与参考》2015 年第 2 辑，总第 62 辑，第 235 页。

7. 买卖合同尚未履行完结，买受人请求确认其为房屋所有权人的，不属于物权确认争议

确认物权以存在物权归属争议为前提。买卖合同尚未履行完结，买受人请求确认其享有标的物之所有权的，不符合《物权法》第33条规定的物权归属争议，不应纳入物权确认之诉。

来源：指导性案例，详见《民事审判指导与参考》2015年第1辑，总第61辑，第177页。

8. 如何理解最高人民法院《关于审理商品房买卖合同纠纷案件适用法律若干问题的解释》（以下简称《商品房买卖合同解释》）第8条关于惩罚性赔偿的规定

根据《商品房买卖合同解释》第8条的制定背景及目的，其规定的惩罚性赔偿制度主要针对的是房价涨速过快、涨幅较大情形下房地产开发商在较短时间内一房数卖的行为，该条规定的“损失”不包括对可得利益损失的赔偿，一般不应与《合同法》第113条第1款规定的可得利益赔偿同时适用。

来源：郑国安与青海万通物业发展有限公司商品房买卖合同纠纷二审案，详见《民事审判指导与参考》2015年第1辑，总第61辑，第245页。

9.《商品房买卖合同解释》第7条规定能否适用于以房屋所有权安置租赁房屋的情形

甲厂与乙拆迁办签订的《拆迁安置协议书》约定，乙拆迁办拆迁甲厂的房屋后，以某特定位置、面积的所有权房屋安置甲厂。但该安置协议书中拆迁甲厂的房屋中，甲厂仅对部分被拆迁房屋享有产权，对大多数被拆迁房屋并不享有产权，仅享有承租的权利，此种情形能否适用《商品房买卖合同解释》第7条的规定？

《商品房买卖合同解释》第7条第1款规定:“拆迁人与被拆迁人按照所有权调换形式订立拆迁补偿安置协议,明确约定拆迁人以位置、用途特定的房屋对被拆迁人予以补偿安置,如果拆迁人将该补偿安置房屋另行出卖给第三人,被拆迁人请求优先取得补偿安置房屋的,应予支持。”虽然上述规定针对所有权调换形式,但是从该条规定的立法原意来看,该规定的重点应在于以所有权来安置被拆迁人。因此,如果拆迁安置补偿协议约定以房屋所有权来安置被拆迁人,则原则上应考虑对《商品房买卖合同解释》作扩张解释,即应考虑《商品房买卖合同解释》的适用。从提问的情形来看,甲厂虽然只对部分被拆迁房屋面积享有产权,对多数房屋面积仅有使用权,但如果根据案涉《拆迁安置协议书》的约定,拆迁人与被拆迁人已经约定以建成房屋的所有权对甲厂进行安置,则这种产权安置的约定符合《商品房买卖合同解释》第7条规定的情形,在此种情况下可以适用《商品房买卖合同解释》第7条的规定,由甲厂优先取得安置房屋。

来源:民事审判信箱,详见《民事审判指导与参考》2015年第1辑,总第61辑,第286页。

10. 判断当事人之间订立的合同系本约还是预约的根本标准应当是当事人的意思表示

判断当事人之间订立的合同系本约还是预约的根本标准应当是当事人的意思表示,也就是说,当事人是否有意在将来订立一个新的合同,以最终明确在双方之间形成某种法律关系的具体内容。对于当事人之间存在预约还是本约关系,不能仅孤立地以当事人之间签订的协议之约定为依据,而是应当综合审查相关协议的内容以及当事人嗣后为达成交易进行的磋商和有关的履行行为等事实,从中探寻当事人真实意思,并据此对当事人之间法律关系的性质作出准确界定。

根据《物权法》第15条规定之精神,处分行为有别于负担行为,解除合同并非对物进行处分的方式,合同的解除与否不涉及物之所有权的变动,而只与当事人是否继续承担合同所约定的义务有关。

来源：成都讯捷通讯连锁有限公司与四川蜀都实业有限责任公司、四川友利投资控股股份有限公司房屋买卖合同纠纷案，详见《中华人民共和国最高人民法院公报》2015 年第 1 期，总第 219 期，第 11 页。

11. 借款项下《商品房买卖合同》及《借款协议》民事法律关系的认定

双方当事人基于同一笔款项先后签订《商品房买卖合同》和《借款协议》，并约定如借款到期，偿还借款，《商品房买卖合同》不再履行；若借款到期，不能偿还借款，则履行《商品房买卖合同》。在合同、协议均依法成立并已生效的情况下，应当认定当事人之间同时成立了商品房买卖和民间借贷两个民事法律关系。该行为并不违反法律、行政法规的强制性规定。

借款到期，借款人不能按期偿还借款，对方当事人要求并通过履行《商品房买卖合同》取得房屋所有权，不违反《担保法》第 40 条、《物权法》第 186 条有关"禁止流押"的规定。

来源：朱俊芳与山西嘉和泰房地产开发有限公司商品房买卖合同纠纷案，详见《中华人民共和国最高人民法院公报》2014 年第 12 期，总第 218 期，第 18 页。

12. 协议就违约责任的具体承担方式约定有选择权时，有选择权一方以行为方式作出选择后，不得再直接适用选择性条款主张其他追究违约责任方式

双方当事人在协议中就违约责任承担方式约定选择性条款意味着一方违约时，守约方获得了在约定违约责任范围内主张何种违约责任的选择权。除非作出特别约定，否则选择性条款只能择一行使，而不能相继行使。守约方一旦作出选择，即意味着违约责任承担的具体方式已固定下来。进而，守约方已不能主张直接适用之前约定的选择性条款，再选择其他违约责任承担方式。

来源：广西壮族自治区桂林市正文房地产开发有限责任公司与张建华、马榕森商品房买卖合同纠纷再审案，详见《民事审判指导与参考》2014年第4辑，总第60辑，第200页。

13. 合同当事人主张违约方承担可得利益损失赔偿责任时，如何适用减损规则

合同当事人依据《合同法》第113条的规定向对方当事人主张赔偿可得利益损失时，人民法院应根据可预见性标准、减轻损失规则、混合过错规则以及损益相抵规则进行综合判断。

来源：再审申请人陈连竹与被申请人辽宁省大连海川建设集团有限公司、辽宁省大连寰宇房地产开发有限公司房屋买卖合同纠纷申请再审案，详见《民事审判指导与参考》2014年第3辑，总第59辑，第206页。

14. 作为出卖人的房地产开发企业在其未取得商品房预售许可证明之前与买受人签订的《商品房认购书》是否有效

鉴于商品房预售的特殊性，我国法律、行政法规对商品房预售实行行政许可的监管制度。《城市房地产管理法》第45条、《城市房地产开发经营管理条例》第23条均明确规定，商品房预售应当取得商品房预售许可证明。这就表明我国的商品房预售具有较强的国家干预性。最高人民法院《关于审理商品房买卖合同纠纷案件适用法律若干问题的解释》第2条也规定，出卖人未取得商品房预售许可证明，与买受人订立的商品房预售合同，应当认定无效。但是在起诉前取得商品房预售许可证明的，可以认定有效。由上可见，无论是法律、行政法规，还是司法解释，预售许可证明均是针对商品房预售行为所作出的强制性规定。

而《商品房认购书》作为一个独立的合同形式，从其订立的目的、约定的内

容来看,通常是为将来双方当事人订立确定性的正式的商品房买卖合同达成的书面允诺,其目的就是通过订立合同来约束双方当事人承担在将来订立正式商品房买卖合同的义务,与作为本约合同的商品房买卖合同相对应,《商品房认购书》即为预约合同。预约合同只是双方当事人承诺在约定的期限内订立确定性合同即本约的预备性协议,不得因此认定本约已正式订立。预约合同一方当事人仅可以请求对方当事人履行订立本约的义务,不能请求履行本约的内容。预约合同一般表现为认购书、订购书、预订书、意向书、允诺书、备忘录、谈判纪要、定金收据等多种形式。

既然作为预约合同的《商品房认购书》是出卖人和买受人双方为将来订立作为本约合同的《商品房买卖合同》所做的承诺,而非正式的商品房预售行为,作为法定的商品房预售行为强制性前提条件的商品房预售许可证明就不应对出卖人订立预约合同的行为干预禁止。未取得商品房预售许可证前签订的《商品房认购书》等预约合同均为有效。

来源:民事审判信箱,详见《民事审判指导与参考》2014 年第 3 辑,总第 59 辑,第 231 页。

15. 是民间借贷还是商品房买卖

不签订书面的借款合同,只用签订《商品房买卖合同》并以登记备案的方式作为担保,同时签订回购协议,然后再用出借人向借款人实际交付款项的方式建立债权债务关系,是目前一些民间借贷当事人选择的借贷方式。判断当事人之间的法律关系的性质,不能仅看合同的名称、形式和内容,更重要的是分析当事人之间法律关系的实质。如果《商品房买卖合同》中售房方并未准备实际交付房屋,而购房一方亦不关心取得所购房屋的产权。且双方当事人的关注点集中在《回购协议》及其相应的违约金上,则足以证明双方之间真实的法律关系是民间借贷。

来源:指导性案例,详见《民事审判指导与参考》2014 年第 2 辑,总第 58 辑,第 96 页。

16. 借款项下的《商品房买卖合同》是为了担保债务的履行，在债务人拒不还债的情况下，债权人有关直接取得房屋所有权的主张，因违反物权法关于禁止流质的规定而不能获得支持

书面合同并非确认双方当事人之间存在债权债务关系必不可少的要件。只要认定双方有借款的合意，出借人实际向借款人支付了款项，即可认定债权债务关系成立。双方当事人同时签订的《商品房买卖合同》则是为了担保债务的履行。在债务人拒不还债的情况下，债权人有关直接取得房屋所有权的主张，因违反物权法关于禁止流质的规定而不能获得支持。

来源：广西嘉美房地产开发有限责任公司与杨伟鹏商品房买卖合同纠纷案，详见《民事审判指导与参考》2014 年第 2 辑，总第 58 辑，第 192 页。

17. 出卖人出卖登记在其名下的共有房屋不符合法律规定或者共有人约定的条件，买受人请求强制履行房屋买卖合同的纠纷处理

出卖人出卖登记在其名下的共有房屋不符合《物权法》第 97 条规定的条件或者共有人约定的条件，在房屋买卖合同有效的情况下，买受人请求履行房屋买卖合同，其他共有人不同意出卖该共有房屋，并表示不予协助办理该房屋权属变更登记手续的，人民法院应驳回买受人关于继续履行合同的诉讼请求。

来源：指导性案例，详见《民事审判指导与参考》2014 年第 1 辑，总第 57 辑，第 149 页。

18. 预约与本约的区分和界定

认定当事人之间是形成了预约还是本约关系，不能仅孤立地以当事人之间签订的协议之约定为依据，而是应综合审查相关协议约定之内容以及当事人嗣后未达成交易进行的磋商和有关的履行行为等事实，从中探寻出当事人的真实意思，并据此对当事人之间的法律关系的性质作出准确界定。

来源：申请再审人成都讯捷通讯连锁有限公司与申请再审人四川蜀都实业有限责任公司、一审第三人四川友利控股股份有限公司房屋买卖合同纠纷案，详见《民事审判指导与参考》2014年第1辑，总第57辑，第190页。

19. 购房人因卖房人违约而遭遇限购政策，还能否请求合同继续履行

2010年，张某通过房屋中介，与产权人李某签订二手房买卖合同并依约支付了全部购房款。由于当地二手房市场价格不断上涨，李某意欲反悔，便多次找借口拖延时间，不协助张某办理产权过户手续。后当地房地产调控政策实施细则出台，按限购政策，张某丧失了购房资格。现在张某起诉至人民法院，请求判令李某继续履行合同或者赔偿损失，该案应当如何处理？

为遏制当前部分一、二线城市房地产市场价格上涨过快，国家出台了一系列调控政策。由于相关政策不断升级且陆续出台，实务中因合同订立、履行等遇到阻碍而产生的纠纷不在少数，有的还诉至法院。人民法院需要根据不同情况，作出妥善处理。本案中，由于张某被认定为限购对象，不具备购房的主体资格，人民法院不宜判令合同继续履行，应判令解除房屋买卖合同。不过，结合双方履约情况分析，张某作为守约一方，已经履行合同义务，如果李某也依约履行，双方完全可以在政策出台前完成房屋过户手续，合同目的就能够实现。因此，对张某请求合同继续履行的主张虽不能支持，但是张某主张追究李某的违约责任并赔偿其所受损失的合理诉求，人民法院还是应当在查明事实的基础上予以保护。

来源：民事审判信箱，详见《民事审判指导与参考》2014年第1辑，总第57辑，第244页。

20. 房地产开发企业因委托代理机构未告知其特定房屋已经售出而导致一房二卖，属于其选择和监督委托代理人的经营风险，不得转嫁于购房者

在房地产开发企业委托代理机构销售房屋的情况下，房地产开发企业因委托代理机构未告知其特定房屋已经售出而导致一房二卖，属于其选择和监督委托代理人的经营风险，不得转嫁于购房者，房地产开发企业以此为由主张最高人民法院《关于审理商品房买卖合同纠纷案件适用法律若干问题的解释》第 8 条规定的惩罚性赔偿应予免除的请求，人民法院不予支持。

来源：湖北金华实业有限公司与苏金水等商品房买卖合同纠纷案，详见《中华人民共和国最高人民法院公报》2014 年第 1 期，总第 207 期，第 31 页。

21. 房地产开发企业以规避国家对房地产行业调控为目的，借他人名义与自身签订虚假商品房买卖合同的效力

房地产开发企业以规避国家对房地产行业调控为目的，借他人名义与自身签订虚假商品房买卖合同，抵押套取银行信贷资金的，如果商品房买受人明知合同非双方真实意思表示，则该情形符合《合同法》第 52 条第 3 项的规定，应当认定合同无效。

来源：徐州大舜房地产开发有限公司诉王志强商品房预售合同纠纷案，详见《中华人民共和国最高人民法院公报》2013 年第 12 期，总第 206 期，第 27 页。

22. 房屋登记权利人出卖共有房屋不符合法律规定或者合同约定条件的合同效力问题

出卖人与买受人签订房屋买卖合同，出卖登记在其个人名下的房屋，不符合《物权法》第97条关于共有物处分的规定或者当事人的另行约定,如果买受人是善意的,且买卖合同约定的对价合理,但未办理房屋所有权变更登记手续的,其他共有权人请求确认房屋买卖合同无效的,人民法院不予支持。

来源:指导性案例,详见《民事审判指导与参考》2013年第4辑,总第56辑,第128页。

23. 出卖人因自身原因,未能在合同约定期限内为买受人办理房屋权属证书的,人民法院如何认定出卖人应承担的违约责任

甲(出卖人)和乙(买受人)签订《商品房买卖合同》,合同约定甲在房屋交付后3个月内为乙办理完毕房屋权属证书,现甲因自身原因,未能在约定期限内履行该义务,乙诉至法院,要求甲承担相应的违约责任,赔偿因此给其造成的损失,人民法院应如何认定甲应承担的违约责任呢?

根据合同自治原则及《商品房买卖合同解释》第18条的规定,合同当事人之间就责任承担有明确约定的,人民法院应当直接依据当事人的约定确定出卖人应承担的违约责任。

如当事人之间就责任承担没有约定或者约定不明又不能通过协商加以明确的,人民法院则应根据《商品房买卖合同解释》第18条的规定,可以按照已付房款总额,参照中国人民银行规定的金融机构计收逾期贷款利息的标准计算出卖人应承担的违约责任。但由于《中国人民银行关于人民币贷款利率有关问题的通知》(银发〔2003〕251号)第3条规定,逾期贷款罚息利率由原来的按每日2.1‰计收利息,改为在借款合同载明的贷款利率水平上加收30%~50%。但由于商品房买卖合同并非借款合同,其也不会约定贷款利率,故以此确定违约金存在一定障碍。在《商品房买卖合同解释》未对此作进一步明确规定的情况下,根据《合同法》第174条确立的"没有规定的,参照买卖合同的有关规定"的原则,鉴于买卖双方合同义务的对等性,故人民法院可参照最高人民法院《关于审理买卖合同纠纷案件适用法律问题的解释》(以下简称《买卖合同解释》)第24条关于逾期付款违约金的计算标准的规定,以中国人民银行同期同类人民币贷款基准利率为基础,参照逾期罚款利率标准确定出卖人应

当承担的违约责任。

如出卖人认为约定的违约金过高而要求人民法院调整的，人民法院应根据《合同法》第114条、《商品房买卖合同解释》第16条以及最高人民法院《关于适用〈中华人民共和国合同法〉若干问题的解释（二）》第29条的规定，并参照《商品房买卖合同解释》第18条、《买卖合同解释》第24条确定的违约金计算标准确定出卖人应承担的违约责任。

来源：民事审判信箱，详见《民事审判指导与参考》2013年第4辑，总第56辑，第226页。

24. 房屋差价能否作为非违约方的损失，由违约方予以赔偿

我与卖房人通过中介公司签订《房屋买卖合同》，合同约定了卖房人违约时需要支付给我30万元违约金。但是，签约后，卖房人由于房屋升值巨大，不愿履行合同。现在房屋升值远远大于合同约定的30万元违约金。我在请求解除合同的情况下，能否请求将房屋差价作为我的损失，由违约方予以赔偿?

《合同法》第113条规定，当事人一方不履行合同义务或者履行合同义务不符合约定，给对方造成损失的，损失赔偿额应当相当于因违约所造成的损失，包括合同履行后可获得的利益，但不得超过违反合同一方订立合同时预见到或者应当预见到的因违反合同可能造成的损失。在有效的房屋买卖合同履行过程中，由于出卖人拒绝履行合同，导致买受人需要另行购买类似的房屋，则其需要支付的另行购房成本就同其之前签约的购房成本存在明显的价值之差，此种房屋差价是由于违约方的违约行为造成的，可以作为守约方所遭受的损失。

人民法院在当事人已经约定了固定违约金的情况下，能否判决违约方承担房屋差价的违约责任，则涉及《合同法》第114条第2款规定的适用问题。对此，属于事实认定问题，应由人民法院根据案件具体情况加以处理。当然，如果人民法院能够认定约定的违约金低于造成的损失，则可以适用《合同法》第114条及相关司法解释的规定，对违约金予以调整，以房屋差价作为非违约方的损失，由违约方对你赔偿。

来源：民事审判信箱，详见《民事审判指导与参考》2013 年第 4 辑，总第 56 辑，第 228 页。

25. 依据不足的商品房买卖关系能否对抗工程优先权

买受人与开发商均主张双方之间存在真实有效的商品房买卖关系，并依据最高人民法院《关于建设工程价款优先受偿权问题的批复》第 2 条"消费者交付购买商品房的全部或者大部分款项后，承包人就该商品房享有的工程价款优先受偿权不得对抗买受人"的规定，对抗承包人建设工程价款请求权，但在签订购房合同、支付购房款等重要事实上存在众多疑点，双方多次陈述不一、前后矛盾，据以认定双方之间存在真实的商品房买卖关系的依据明显不足。在此情况下，买受人请求开发商按照商品房买卖合同约定，办理房屋过户登记的，应予驳回。

来源：宋宇与北京盛和发房地产开发有限公司、广东粤财投资控股有限公司、北京城乡建设集团有限公司商品房预售合同纠纷案，详见《中华人民共和国最高人民法院公报》2013 年第 3 期，总第 197 期，第 33 页。

26. 房屋因附有违法建筑而无法过户属合同履行范畴，不应影响合同效力，出卖人负有将房屋恢复至原登记的权利状态并消除行政限制的义务

房屋行政主管部门对未经审批而改建、重建的房屋，可因现实状况与不动产登记簿记载的权利状况不一致，将其认定为附有违法建筑并结构相连的房屋并限制交易。如何认定这类房屋买卖合同的效力，实践中存在分歧。善意买受人根据不动产登记的公示公信原则，确信登记的权利状态与现实状态相一致，此信赖利益应予保护；根据区分原则，房屋因附有违法建筑而无法过户属合同履行范畴，不应影响合同效力。因此，这类合同如不具备《合同法》第 52 条的无效情形，应当认定有效。出卖人负有将房屋恢复至原登记的权利状

态并消除行政限制的义务。在买受人同意按现状交付并自愿承担恢复原状义务的情况下,出卖人应按诚实信用原则将房屋交付买受人,并于买受人将房屋恢复原状、消除行政限制后协助完成过户手续。

来源:丁福如与石磊房屋买卖合同纠纷案,详见《中华人民共和国最高人民法院公报》2012年第11期,总第193期,第27页。

27. 判断商品房买卖中的认购、订购、预定等协议究竟是预约合同还是本约合同,最主要的是看此类协议是否具备《商品房销售管理办法》第16条规定的商品房买卖合同的主要内容

预约合同是一种约定将来订立一定合同的合同。当事人一方违反预约合同约定,不与对方签订本约合同或无法按照预约的内容与对方签订本约合同的,应当向对方承担违约责任。

判断商品房买卖中的认购、订购、预定等协议究竟是预约合同还是本约合同,最主要的是看此类协议是否具备《商品房销售管理办法》第16条规定的商品房买卖合同的主要内容,即只要具备了双方当事人的姓名或名称,商品房的基本情况(包括房号、建筑面积)、总价或单价、付款时间、方式、交付条件及日期,同时出卖人已经按照约定收受购房款的,就可以认定此类协议已经具备了商品房买卖合同本约的条件;反之,则应认定为预约合同。如果双方当事人在协议中明确约定在具备商品房预售条件时还需重新签订商品房买卖合同的,该协议应认定为预约合同。

来源:张励与徐州市同力创展房地产有限公司商品房预售合同纠纷案,详见《中华人民共和国最高人民法院公报》2012年第11期,总第193期,第31页。

28. 开发商逾期交房应承担的违约责任，能否依据业主支付的银行按揭贷款利息来判决

在实践中，对于开发商逾期交房的情况，业主往往支付的银行按揭贷款利息高于同地段同类房屋租金。因此，在开发商逾期交房的情况下，能否判决开发商承担银行按揭贷款利息的违约责任？

《商品房买卖合同解释》所确定的开发商与业主需依据不同标准承担不同违约责任的区分是建立在违约责任以填补损失基础上的，二者并不存在矛盾。故在开发商逾期交房时，业主请求依据其应支付的银行按揭贷款利息来承担违约责任，在当事人并无约定时，该种请求并无依据，人民法院不应予以支持。

来源：民事审判信箱，详见《民事审判指导与参考》2012 年第 4 辑，总第 52 辑，第 248 页。

29. 买卖双方均认可存在房屋买卖关系，但在诸多重要事实上存在疑点，人民法院应综合各种证据准确认定是否存在真实购房关系

买受人与开发商均主张双方之间存在真实有效的商品房买卖关系，但在签订购房合同、支付购房款等重要事实上存在众多疑点，双方多次陈述不一、前后矛盾的情况下，认定双方之间存在真实的商品房买卖关系，依据明显不足，且可能损害第三人利益。买受人请求开发商按照商品房买卖合同约定，办理房屋过户登记的，应予驳回。

来源：宋宇与北京盛和发房地产开发有限公司、广东粤财投资控股有限公司、北京城乡建设集团有限责任公司商品房预售合同纠纷再审案，详见《民事审判指导与参考》2012 年第 3 辑，总第 51 辑，第 213 页。

30. 当事人对商品房结算面积的约定优先于测量规范所确定的房屋面积或者房屋的登记面积

在商品房预售合同中，合同的解释具有十分重要的意义。商品房结算面积条款与国家有关部门发布的建筑物测量规范或者房屋初始登记的测量标准具有不同的功能和目的。前者的功能在于确定标的物的转让价格，属于当事人意思自治的范围；后者则主要是基于行政管理、公共政策的目的。当事人就房屋的某一部分面积是否计算价款、如何计算价款的约定不受测量规范或者登记规范的影响。人民法院应当根据当事人的约定确定商品房的转让价款。

来源：北京市外交人员服务局与北京华富房地产发展有限公司商品房预售合同纠纷案，详见《民事审判指导与参考》2011 年第 2 辑，总第 46 辑，第 171 页。

31. 房屋抵押权存续期间，出卖人（抵押人）未经抵押权人同意签订房屋买卖合同的效力及履行

房屋抵押权存续期间，出卖人（抵押人）未经抵押权人同意转让抵押房屋的，不影响房屋买卖合同的效力。出卖人在合同约定的履行期限届满时仍未履行消灭抵押权的义务，致使买受人无法办理房屋所有权转移登记，买受人可以请求解除合同。买受人同意并能够代为清偿债务消灭抵押权的，抵押权人应当协助办理抵押注销登记，出卖人应当在抵押权消灭后为买受人办理房屋所有权转移登记手续。

来源：指导性案例，详见《民事审判指导与参考》2011 年第 1 辑，总第 45 辑，第 130 页。

32. 行使不安抗辩权所应具备的条件

根据《合同法》第 68 条、第 69 条的规定，行使不安抗辩权应具备两个条件:一是先履行债务的一方有确切证据证明对方不能履行债务,或者有不能履行债务的可能,且未提供适当担保;二是及时通知对方当事人。当符合这两个条件时,行使不安抗辩权才有效,先履行债务的一方有权中止履行。

来源: 俞财新与福建华辰房地产有限公司、原审被告魏传瑞商品房买卖(预约)合同纠纷上诉案,详见《民事审判指导与参考》2011年第1辑,总第45辑,第153页。

33. 合同一方当事人不构成根本性违约,另一方当事人请求解除合同人民法院不予支持

一方当事人履行合同过程中存在违约行为,但并不必然导致另一方当事人享有合同解除权。只有在一方当事人的违约行为已构成根本性违约致使双方不能实现合同订立目的时,另一方当事人才享有法定解除权。反之,其解除合同的诉讼请求将不被支持。

来源: 山西省物价局与太原市双燕房地产开发有限公司商品房买卖合同纠纷上诉案,详见《民事审判指导与参考》2010年第1辑,总第41辑,第242页。

34. 区分物权变动中的债权关系与物权关系

本案核心问题是张掖分行与祁某签订的《抵债资产处置合同》是否合法有效。一、二审判决以张掖分行将涉案房地产转让给祁某未报有批准权的人民政府审批,以违反《城市房地产管理法》第39条的规定为由,认定《抵债资产处置合同》无效。最高人民法院再审判决认定《抵债资产处置合同》涉及张掖分行与祁某之间买卖回凤楼的债权关系,以及将回凤楼的房产证和土地使用权证过户到祁某名下的物权关系;买卖回凤楼的债权关系合法有效,虽然回凤楼的房产证和土地使用证即物权关系已经不能发生变动,但不能以物权关系不能变动进而否定债权关系的合法效力。最高人民法院的上述裁判思路将物

权的变动区分为债权关系与物权关系两个不同法律关系，以及不能以物权关系不能发生变动为由来捆绑债权关系的效力，是尽可能促使债权关系合法有效，最大限度地保护债权人的合法权益。

来源：祁某与某银行张掖市分行房地产转让合同纠纷再审案，详见《民事审判指导与参考》2009年第4辑，总第40辑，第133页。

35.“名不副实”合同性质的认定

合同成立后往往涉及合同性质认定问题，而合同性质一般是通过合同名称与合同内容表现出来的。合同名称与合同内容的关系大体上有以下三种情形：一是有的合同名称与合同内容相一致；二是有的合同名称与合同内容不一致；三是有的合同名称互相矛盾，合同内容也互相矛盾。第一种情形可以称为“名副其实”合同，第二种情形可以称为“名不副实”合同。一般来说，认定合同性质既要看合同名称，更要看合同内容；当合同内容也互相矛盾时，要根据合同中是否有特别约定以及当事人的实际履约情况，综合认定合同性质。

来源：何淑萍与哈尔滨金展贸易有限公司房屋买卖合同纠纷再审案，详见《民事审判指导与参考》2009年第3辑，总第39辑，第173页。

36. 代建合同与商品房预售合同的区别

司法实践中很难区分代建合同与商品房预售合同，两者的本质区别在于合同标的物所有权的归属。代建合同标的物的所有权属于定作人，合同双方当事人履行合同并不发生所有权的转移；而商品房预售合同标的物的所有权属于卖方，合同双方当事人履行合同发生所有权转移。

来源：新疆维吾尔自治区邮政局与乌鲁木齐圣博特房地产开发有限公司商品房预售合同纠纷上诉案，详见《民事审判指导与参考》2009年第3辑，总第39辑，第221页。

37.《商品房买卖合同解释》第 6 条规定的主要义务应当如何理解

《商品房买卖合同解释》第 6 条第 2 款规定:“当事人约定以办理登记备案手续为商品房预售合同生效条件的,从其约定,但当事人一方已经履行主要义务,对方接受的除外。”根据《合同法》鼓励交易、尽可能使合同有效的精神,以及当事人在签订合同后履行合同时的真实意思表示,不能将该条款规定的履行“主要义务”简单地理解为履行全部义务中的大部分,而首先应当从合同约定的义务的性质进行分析,其次应当从合同约定的内容进行考量,最后应当综合考虑以上情况以及履行的数量等因素进行认定。

来源:指导性案例,详见《民事审判指导与参考》2009 年第 1 辑,总第 37 辑,第 174 页。

38. 关于合同被认定无效后的损失承担问题

合同被人民法院认定无效后,有过错的一方应当赔偿对方因此所受到的损失,双方都有过错的,应当各自承担相应的责任。

来源:济南森安房地产开发有限公司诉山东省无线电管理办公室商品房买卖合同纠纷上诉案,详见《民事审判指导与参考》2009 年第 1 辑,总第 37 辑,第 223 页。

39. 具备商品房买卖实质性要件的合同,不能认定为预约合同

根据《最高人民法院商品房买卖合同解释》第 2 条、第 5 条等的规定,当事人签订《购房合同》后,如果具备了商品房买卖合同的主要条件,且其他内容不违背国家法律、行政法规规定的,应当认定合同为商品房买卖合同。

来源:指导性案例,详见《民事审判指导与参考》2008 年第 4 辑,总第 36 辑,第 121 页。

40. 商品房预售许可证与商品房认购书效力之间的关系

作为出卖人的房地产开发企业在其未取得商品房预售许可证之前与买受人签订的《商品房认购书》是否有效？

作为预约合同的《商品房认购书》是出卖人和买受人双方为将来订立作为本约合同的《商品房买卖合同》所做的承诺，而非正式的商品房预售行为，作为法定的商品房预售行为强制性前提条件的商品房预售许可证明就不应对出卖人订立预约合同的行为干预禁止。未取得商品房预售许可证前签订的《商品房认购书》等预约合同均为有效。

来源：民事审判信箱，详见《民事审判指导与参考》2008 年第 4 辑，总第 36 辑，第 281 页。

41. 税收征管法律、行政法规与民事合同效力

税收征管法律关系属于公法范畴，在民事审判过程中，依据税收法律、行政法规认定民事合同无效时应当格外慎重。民事合同因违反税收征管法律、行政法规的强制性规定而归于无效的理由，应当是当事人订立合同之目的存在《合同法》第 52 条第 2 项所规定的“违法性”。即主要考察当事人订立民事合同之目的是否在于偷逃应交税款。

来源：上海众昌置业发展有限公司与上海盛天房地产咨询有限公司、上海联鑫房产咨询有限公司商品房包销合同纠纷上诉案，详见《民事审判指导与参考》2008 年第 3 辑，总第 35 辑，第 234 页。

42. 房地产公司在预售商品房时未告知购房人所购房屋内铺设公共管道，应承担相应的民事赔偿责任

双方当事人订立的房屋买卖合同中未约定管道铺设内容，但根据《合同法》第 42 条第 2 款的规定，在订立合同过程中一方故意隐瞒与订立合同有关

的重要事实或者有提供虚假情况的，给对方造成损失的，应当承担赔偿责任，房地产公司应承担相应的赔偿责任。关于赔偿数额的确定，可以考虑因房地产公司应告知而未告知，致使买方多支出的交易成本或者给买方造成的损失确定。

来源：指导性案例，详见《民事审判指导与参考》2008 年第 2 辑，总第 34 辑，第 90 页。

43. 房地产转让合同的效力认定与行使撤销权问题

当事人所签合同约定的“名”与“实”不符时，应当根据“实”即合同中约定的权利义务内容来认定合同的性质；在房地产连环转让合同纠纷中，前手合法取得房地产产权后，将该房地产转让给后手（此处借用期货交易中“前手”与“后手”的表述），虽然尚未及时办理房地产过户手续，但前手同意后手将房地产再次转让给第三人并待日后条件成就时通知后手办理房地产过户手续，应认定后手的转让行为属于有权处分，故后手与第三人之间的房地产转让合同不属于《城市房地产管理法》第 37 条规定的“未依法登记领取权属证书的房地产不得转让”的情形，即不能以后手当时尚未取得房地产权属证书为由认定后手与第三人之间的房地产转让合同无效；基于后手对第三人隐瞒了其已将涉案房地产的部分标的物再次转让给前手的事实，即应认定后手的行为对第三人构成欺诈，第三人因此依法享有撤销权；根据个案情况，在本案中审查第三人提起的撤销权之诉，有利于减少讼累和提高司法效率。

来源：郑志文与荆州市神华房地产开发有限公司、卓高虎、蔡小荣、蔡秀平、梁健、荆州市新世界购物广场有限公司房地产转让合同纠纷上诉案，详见《民事审判指导与参考》2007 年第 4 辑，总第 32 辑，第 182 页。

44. 房屋买卖合同解除后，如何确定出卖方对房屋添附的补偿

《担保法》第 49 条规定了抵押人转让已办理登记的抵押物的，应当告知受

让人转让物已经抵押的情况，未告知受让人的，转让行为无效。房屋买卖行为因此无效后，产生的法律后果是双方返还房屋和购房款。如房屋已有所添附，应根据添附的实际情况，确定出卖方给予买受方的合理补偿。

来源：长沙物资股份有限公司与湖南省万国医疗器械保健品博览会交易中心有限公司、原审被告长沙市物资集团公司房屋买卖合同纠纷案，详见《民事审判指导与参考》2007 年第 3 辑，总第 31 辑，第 201 页。

45. 守约方实际损失大于违约方应支付的违约金数额，违约方如何承担法律责任

守约方实际损失大于违约方应支付的违约金数额，违约方还应当承担违约赔偿责任，但赔偿数额应当以守约方的实际损失为限。

来源：中国农业银行重庆市分行与重庆雨田房地产有限公司房屋买卖合同纠纷上诉案，详见《民事审判指导与参考》2007 年第 2 辑，总第 30 辑，第 207 页。

46. 优势证据原则在民事审判实践中的具体运用

本案是一方当事人以现金及一定价值的房产通过股份转让等资产重组方式参股，另一方当事人以合作投资方式购买预售商品房，双方在履行《协议书》及《商品房购买合同书》过程中发生的纠纷。在针对一方当事人的行为是否构成欺诈这一事实上，双方当事人分别举出了相反的证据，但都没有足够的依据否定对方的证据。此种情况下，法官依据最高人民法院《关于民事诉讼证据的若干规定》第 2 条、第 34 条之规定，运用优势证据原则，以一方当事人提供的合同文本原件及人民法院发生法律效力的裁判文书确认的事实作为定案依据。其意义在于：摒弃了以往“以事实为依据”之客观真实的诉讼理念，体现了“以能够证明的案件事实为依据”之法律真实的证明要求，为贯彻执行最高人民法院《关于民事诉讼证据的若干规定》第 63 条“人民法院应当以能够

证明的案件事实为依据依法作出裁判”的规定，提供了重要的诉讼理论基石。

来源：福建三木集团股份有限公司与福建省泉州市煌星房地产发展有限公司商品房预售合同纠纷上诉案，详见《民事审判指导与参考》2006年第2辑，总第26辑，第213页。

四、所有权、建筑物区分所有权、物业服务合同

1. 夫妻在婚前或婚姻关系存续期间约定将一方个人所有的房产赠与另一方共有，但没有办理房产加名登记，赠与一方请求法院撤销应如何处理

目前审判实践中有两种意见，一种意见认为应当按照最高人民法院《关于适用〈中华人民共和国婚姻法〉若干问题的解释》（以下简称《婚姻法司法解释（三）》）第6条的规定处理；另一种意见认为应当按照《婚姻法》第19条的规定处理，夫妻之间的约定对双方有拘束力，不必非要去办理房产加名登记，否则会架空《婚姻法》第19条的规定。对于夫妻一方将个人房产全部赠与另一方的问题，《婚姻法司法解释（三）》第6条已经给出答案，但将个人房产约定为共同共有或按份共有的情形，赠与人在产权变更登记之前能否撤销的问题，目前仍然存在争议。由于现行《婚姻法》第19条规定："夫妻对婚姻关系存续期间所得的财产以及婚前财产的约定，对双方具有约束力。"有的观点认为，既然夫妻之间的约定对双方有法律上的约束力，夫妻之间关于赠与房产的约定，不涉及第三人，只要意思表示真实，没有欺诈、胁迫的情形，就应该认定为有效，履行房屋变更登记手续不是必要条件，赠与一方请求撤销赠与的，人民法院不应予以支持。在审判实践中，对夫妻将一方所有的房产约定为共同共有或按份共有时，按照《婚姻法》第19条的规定，有的法院就认为这种约定对夫妻双方有约束力，判令继续履行有关的赠与协议；如果夫妻约定将一方所有的房产全部赠与另一方，因未办理房屋变更登记手续，依照物权法的规定，房屋所有权尚未转移，而依照合同法关于赠与一节的规定，赠与房产的一方可以撤销赠与。这个问题的关键点在于：对夫妻之间的房产赠与行为，究竟是按《合

同法》规定的赠与处理还是按照《婚姻法》第 19 条的规定处理？无论夫妻双方约定将一方所有的房产赠与对方的比例是多少，都属于夫妻之间的有效约定，实质上都是一种赠与行为。问题是这种有效的赠与约定是否可以撤销？现行婚姻法中缺乏相应的规定。夫妻之间赠与的标的包括动产和不动产，合同法对赠与问题进行了比较详尽的规定，如“赠与人在赠与财产的权利转移之前可以撤销赠与”；“赠与的财产依法需要办理登记等手续的，应当办理有关手续”；“具有救灾、扶贫等社会公益、道德义务性质的赠与合同或者经过公证的赠与合同，赠与人不交付赠与的财产的，受赠人可以要求交付”。婚姻家庭领域的协议常常涉及财产权属的条款，对于此类协议的订立、生效、撤销、变更等并不排斥合同法的适用。在实际生活中，赠与往往发生在具有亲密关系或者血缘关系的人之间，合同法对赠与问题的规定也没有指明夫妻关系除外。一方赠与另一方不动产或约定夫妻共有，在没有办理变更登记之前，依照《合同法》第 186 条的规定，是完全可以撤销的，这与《婚姻法》的规定并不矛盾。

因此，夫妻一方将个人房产约定为共同共有或按份共有，赠与人在产权变更登记之前可以行使任意撤销权。

来源：民事审判信箱，详见《民事审判指导与参考》2016 年第 1 辑，总第 65 辑，第 251 页。

2. 子女对父母赠与的房屋依物权法分则行使物权，将损害父母生活的，人民法院可依物权法总则的规定不予支持

父母出资购房将产权登记在子女名下，具有赠与性质。子女不仅应在物质上赡养父母，也应在精神上慰藉父母，努力让父母安宁、愉快地生活。子女对父母赠与的房屋依物权法分则行使物权，将损害父母生活的，人民法院可依物权法总则的规定不予支持。

来源：刘柯妤诉刘茂勇、周忠容共有房屋分割案，详见《中华人民共和国最高人民法院公报》2016 年第 7 期，总第 237 期，第 43 页。

3. 业主行使知情权亦应加以合理限制，防止滥用权利

业主作为建筑物区分所有人，享有知情权，享有了解本小区建筑区划内涉及业主共有权及共同管理权等相关事项的权利，业主委员会应全面、合理公开其掌握的情况和资料。对于业主行使知情权亦应加以合理限制，防止滥用权利，其范围应限于涉及业主合法权益的信息，并遵循简便的原则。

来源：孙庆军诉南京市清江花苑小区业主委员会业主知情权纠纷案，详见《中华人民共和国最高人民法院公报》2015 年第 12 期，总第 230 期，第 30 页。

4. 建筑容积率不能作为认定房屋权属的依据

建筑容积率是房屋建筑规划管理性规定，不能作为确认房屋所有权的依据。在房屋建设违反建筑容积率、规划使用用途等规划要求时，不能以此作为依据，得出其所有权应当归属于全体业主共有的结论。

来源：广东省深圳市福田区南天一花园业主委员会与深圳市城市建设开发（集团）公司、深圳市城建监理有限公司、深圳市城建物业管理有限公司房屋侵权纠纷再审案，详见《民事审判指导与参考》2014 年第 2 辑，总第 58 辑，第 173 页。

5. 未办理完成房屋权属变更登记手续，不能构成《物权法》第 106 条规定的善意取得

我善意购买了某人的房屋，价格是合理的，并且我已经占有了该房屋，我能够基于《物权法》第 106 条规定取得该房屋的所有权吗？

你所问的问题在目前审判实践中经常被问道，就是虽然没有办理完成不动产权属变更登记手续，但是已经对不动产实施了占有，能否基于善意取得制度取得该不动产的所有权。对此，《物权法》第 106 条规定的善意取得需要具备以下几个方面的条件：（1）受让人受让该不动产或者动产时是善意的；（2）以

合理的价格转让;(3)转让的不动产或者动产依照法律规定应当登记的已经登记,不需要登记的已经交付给受让人。上述三个条件缺一不可。虽然你受让某人的房屋的时候是善意的,价格是合理的,并且已经占有了该房屋,但是由于你所受让的该房屋并没有办理完成不动产权属变更登记手续,即不符合《物权法》第106条善意取得规定的"转让的不动产或者动产依照法律规定应当登记的已经登记"条件,故你不能根据该条的规定取得该房屋的所有权。

来源:民事审判信箱,详见《民事审判指导与参考》2014年第1辑,总第57辑,第246页。

6. 业主对房屋的使用即使没有给其他区分所有权人造成噪音、污水、异味等影响,只要房屋的用途改变为经营性用房,应依照《物权法》第77条关于业主改变住宅用途的规定处理

在审理建筑物区分所有权案件时,即使业主对房屋的使用没有给其他区分所有权人造成噪音、污水、异味等影响,只要房屋的用途发生改变,由专供个人、家庭日常生活居住使用改变为用于商业、工业、旅游、办公等经营性活动,即可认定该行为影响了业主的安宁生活,属于将住宅改变为经营性用房,应依照《物权法》第77条关于业主改变住宅用途的规定处理。

房屋使用人将住宅改变为经营性用房的,应承担与业主相同的法定义务,除遵守法律、法规和管理规约外,还应当经有利害关系的业主同意。

来源:张一诉郑中伟、中国联合网络通信有限公司武汉市分公司建筑物区分所有权纠纷案,详见《中华人民共和国最高人民法院公报》2014年第11期,总第217期,第44页。

7. 在建筑物竣工验收交付后,物业管理用房的分割、转移、调整或重新配置,应当由业主共同或业主大会决定

业主委员会依照《物权法》第75条第1款的规定成立,具有一定目的、名称、组织机构与场所，管理相应财产，是《民事诉讼法》第48条第1款规定的"其他组织"。业主委员会依据业主共同或者业主大会决议，在授权范围内，以业主委员会名义从事法律行为，具备诉讼主体资格。

物业管理用房依规划定点建造，为区分所有权，建筑物管理人进行管理维护业务必需的场所，依照《物权法》第72条第1款的规定，为业主共有。在建筑物竣工验收交付后，物业管理用房的分割、转移、调整或重新配置，应当由业主共同或业主大会决定。

来源：徐州西苑艺君花园（一期）业主委员会诉徐州中川房地产开发有限公司物业管理用房所有权确认纠纷案，详见《中华人民共和国最高人民法院公报》2014年第6期，总第212期，第40页。

8. 业主委员会不具有要求开发商履行商品房销售合同约定的建设公共配套设施义务并承担违约责任的诉讼主体资格

业主委员会依法享有一定的民事权利和义务，是具有民事主体地位的非法人组织。其民事诉讼主体资格范围是由法律、法规规定的业主委员会的职责和权限决定，只限于与业主共有和物业共同管理事项有关的范围。

商品房销售合同是业主与开发商之间形成的合同法律关系，基于商品房销售合同形成的权利主张是特定主体之间的权利义务关系，不属于业主共有和物业共同管理事项的范围，业主委员会无权代为主张，也不能通过业主授权或业主大会决议取得诉讼主体资格。

来源：上诉人江西帝景置业有限公司诉被上诉人赣州市章贡区帝景园小区业主委员会商品房销售合同纠纷案，详见《民事审判指导与参考》2013年第3辑，总第55辑，第196页。

9. 计算业主表决权的标准

根据《物权法》第76条第2款的规定，对于小区的有关事项，应当经专有部分占建筑物总面积一定比例以上的业主且占总人数一定比例以上的业主同意。实践中，对于业主表决权，有的地方按照建筑面积计算专有部分面积，专有部分面积之和即为建筑物总面积。这种做法是否符合法律规定呢？

从有关法律和司法解释规定来看，根据《物权法》第70条和最高人民法院《关于审理建筑物区分所有权纠纷案件具体应用法律若干问题的解释》（以下简称《建筑物区分所有权解释》）第2条对专有部分进行了界定，即专有部分应具有构造上的独立性、利用上的独立性、能够登记，业主对该部分享有独立的所有权。而《物权法》第76条第2款也使用了“专有部分”这一表述，从体系解释的角度看，其与《物权法》第70条规定的“专有部分”应当是同一含义。从这个角度理解，在计算业主表决权时，似应按各个业主所有房屋的专有部分面积即套内使用面积进行计算，不包括共有部分的面积。

但我们认为，这样的理解过于机械，实质上是混淆了专有部分应按何种标准登记（即计算业主享有所有权的面积）和专有部分应按何种标准计算业主表决权两个不同的问题。《物权法》第70条、《建筑物区分所有权解释》第2条和《物权法》第76条第2款所要解决的问题是不同的：《物权法》第70条、《建筑物区分所有权解释》第2条规定所要解决的是前一个问题，通过该条明确了业主对专有部分享有的是单独所有权，而对共有部分享有的是共有权；《物权法》第76条第2款规定所要解决的是后一个问题，是业主的议决能力。而无论是按照使用面积还是建筑面积为依据计算，每个业主所享有的表决权所占比例不会因此而发生变化。因此，在实践中在标准统一的前提下，既可以建筑面积为依据，也可以使用面积为依据。正是基于这样的理念，并基于各地对专有部分面积依何种标准记载并不统一的考量，《建筑物区分所有权解释》第8条则规定：“物权法第七十六条第二款和第八十条规定的专有部分面积，按照不动产登记簿记载的面积计算；尚未进行物权登记的，暂按测绘机构的实测面积计算；尚未进行实测的，暂按房屋买卖合同记载的面积计算。”并未明确统一规定此时应该以何种标准计算专有部门面积，而是交由各地业主自行决定采用“建筑面积”还是“使用面积”作为计算标准，只要在同一建筑区划内采取相同标准即可。

来源：民事审判信箱，详见《民事审判指导与参考》2013年第1辑，总第53辑，第245页。

10. 因第三人侵权致小区共用部分对业主财产造成损害的，物业服务企业可以免责的情形是物业服务企业已履行了保养维护义务

物业服务企业对小区共有部分负有保养、维护义务，对于可能对业主财产造成损害的小区共用部分的安全隐患，应当及时消除，否则致业主财产损害后，物业服务企业应承担违约责任，对业主的损害进行赔偿。即便该安全隐患是第三人造成，也不能免除物业服务企业的违约责任，因第三人侵权致小区共用部分对业主财产造成损害的，物业服务企业可以免责的情形是物业服务企业已履行了保养维护义务，而第三人侵权是不可预见、不可避免的。

价值较大的财物在受损后，虽经修复，但与原物相比，不仅在客观价值上可能降低，而且在人们心理上价值降低，这就是价值贬损，按照违约责任理论，承担违约责任的方式首先是恢复原状，而恢复原状肯定要求赔偿财物的价值贬损。

房地产开发企业作为商品房的出卖人，在出售房屋、转移房屋所有权，并且商品房小区已经封园后，在所售房屋及共用部分没有质量瑕疵的情形下，对于小区业主的义务已经履行完毕，不需要承担责任。

来源：陈书豪与南京武宁房地产开发有限公司、南京青和物业管理有限公司财产损害赔偿纠纷案，详见《中华人民共和国最高人民法院公报》2013年第5期，总第199期，第45页。

11. 业主知情权的范围

业主知情权是指业主了解建筑区划内涉及业主共有权以及共同管理权相关事项的权利。根据《建筑物区分所有权解释》第13条的规定，业主请求公布、查阅建筑物及其附属设施的维修基金使用、业委会的决定及会议记录、共有部分的收益、物业服务合同等情况和资料的，人民法院应予支持。《建筑物区分所有权解释》对于业主知情权的范围作出了明确的规定，业主以合理的方式行使知情权，应当受到法律保护。

来源：夏浩鹏等人诉上海市闸北区精文城市家园小区业主委员会业主共

有权纠纷案,详见《中华人民共和国最高人民法院公报》2011年第10期,总第180期,第44页。

12. 以他人名义购房办证房屋确权纠纷的处理

房屋产权登记是登记机关对不动产当时权属关系及表现状态的认可和证明,并不创设具体的权利义务关系,当事人是否享有对登记不动产的权利,仍取决于当事人之间的民事实体法律关系。

在房屋产权归属发生争议时,为解决房屋产权归属问题,应看当事人的真实意思表示,并结合房款支付、房屋交付、居住、使用情况进行综合分析,以确定房屋产权归属。

来源:地方法院案件解析,详见《民事审判指导与参考》2010年第4辑,总第44辑,第245页。

13. 限制业主专有部分所有权的业主公约或章程的效力问题

根据《物权法》第76条的规定,经营性用房的专有部分的经营方式不属于业主大会的共同决定事项。业主公约或章程作出的该专有部分是自主经营还是委托他人经营,由全体业主按照少数服从多数原则投票共同决定的约定无效。业主大会根据该公约或章程作出委托经营的决定后,业主委员会与他人签订的委托经营合同,对未经同意或追认的业主不发生法律效力。

来源:指导性案例,详见《民事审判指导与参考》2010年第1辑,总第41辑,第210页。

14. 业主委员会有权保护业主共有的小区土地使用权

最高人民法院民一庭认为,小区业主在购买房屋时,一并取得建筑物区分所有权和建设用地使用权。建设用地使用权由该小区内的全体业主对小区规划范围内的公共空间占用的土地共同享有，其权利及于地表、地上和地下，并在该领域内排除他人的侵害或干预。当小区内的土地使用权遭受侵害时，业主委员会有权代表小区全体业主向人民法院提起侵权诉讼，要求行为人停止侵害、消除危险、排除妨害，赔偿损失，保护业主共有的小区土地使用权。

来源：指导性案例，详见《民事审判指导与参考》2010 年第 1 辑，总第 41 辑，第 219 页。

15.“一房二卖”的法律后果和纠纷处理原则

不动产的物权变动应当依法进行登记才能发生法律效力；未经登记，不发生法律效力。国家对不动产实行统一登记制度。但当事人之间转让不动产的合同，自合同成立时生效，未办理物权登记的，不影响合同效力。根据上述原则，如果房屋所有权人将房屋卖给多人，且均签订买卖合同，买卖合同均有效。但不动产的物权变动，必须以登记为必要条件，而不能认定合同生效必然导致不动产物权变动。基于上述理由，“一房二卖”情形下，未办理房屋过户手续的买受人仅对出卖人享有债权请求权，不能对抗已办理房屋过户手续的买受人依法取得物权的效力。

来源：赵五保与天津市新厦房地产开发经营公司破产清算组、天津市嘉盛房屋置换有限责任公司、刘立华确认房屋所有权纠纷上诉案，详见《民事审判指导与参考》2009 年第 3 辑，总第 39 辑，第 221 页。

16. 小区道路上的车位是否属于业主共有

小区道路上的车位有两种情况，其归属不能一概而论。建筑区划内，规划用于停放汽车的车位，属于开发商；规划之外新增的车位，属于业主共有。

来源：民事审判信箱，详见《民事审判指导与参考》2008 年第 4 辑，总第 36 辑，第 282 页。

17. 居民住宅小区的外墙面所有权属于谁

《物权法》第70条规定："业主对建筑物内的住宅、经营性用房等专有部分享有所有权，对专有部分以外的共有部分享有共有和共同管理的权利。"按照这一规定，居民住宅小区的外墙面不属于专有部分，单个居民对其专有部分紧密相连的外墙面不拥有所有权。居民住宅小区的外墙面属于小区全体业主所有。

拥有合理使用的权利。这一权利是业主专有权行使的合理延伸。合理使用的标准有两个：一是不以营利为目的；二是为了更好地利用专有部分，增加专有部分的舒适度，增加专有部分的安全，同时又不损害小区其他业主的共同利益。业主对与其紧密相连的外墙面进行合理利用也要符合市政管理的规定，同时要正确处理相邻关系，不得侵害相邻业主的权益。

小区内独栋别墅的外墙面属于独栋别墅的所有权人。

来源：指导性案例，详见《民事审判指导与参考》2008年第3辑，总第35辑，第176页。

18. 不动产权属证书是权利人对该不动产享有物权的证明

根据《物权法》第17条的规定，不动产权属证书是权利人享有该不动产物权的证明。该证书是权利的外在表现形式，只具有推定的证据效力，与实际权利状况并不一定完全吻合。原告认为该权属证书记载的权利人错误，对该不动产主张权利的，有责任提供证据加以证明。如证据足以证明原告才是真正的权利人的，应当否定不动产权属证书记载的权利人的权利，支持原告的诉讼请求。

来源：指导性案例，详见《民事审判指导与参考》2009年第2辑，总第38辑，第210页。

19. 部分业主以违反法定程序为由请求撤销业主大会决定,人民法院应否受理

业主以违反法定程序为由请求撤销业主大会所作决定的,人民法院应当受理并对业主大会所作决定是否符合法定程序进行审查。

来源:指导性案例,详见《民事审判指导与参考》2008 年第 2 辑,总第 34 辑,第 100 页。

20. 确权纠纷中的产权归属问题

本案的核心是产权归属问题。一般来说,不动产权属证书是登记机关颁发给权利人作为其享有权利的证明,但其并不具有绝对的证明力。在有相反证据予以佐证的情形下,还应该根据案件具体情况进行认定。本案中,重庆九泰汽车服务有限公司虽然取得了讼争标的物的土地和房屋权属证书,但《转让合同》约定的本意是将房产过户到重庆德拉瓦富鼎汽车维修服务有限公司新注册的九泰公司名下,而非戴兴荣注册成立的重庆九泰汽车服务公司名下,即此九泰非彼九泰。故二审法院根据查明的事实,将权益判归《转让合同》的受让方重庆德拉瓦富鼎汽车维修服务有限公司。

来源:戴兴荣、重庆九泰汽车服务有限公司与冯芳良、重庆德拉瓦富鼎汽车维修服务有限公司确权纠纷上诉案,详见《民事审判指导与参考》2008 年第 2 辑,总第 34 辑,第 131 页。

21. 如何认定《物权法》规定的明示属于个人的绿地

按照《物权法》的规定,要使绿地专属于个人,需要符合相关条件,即立法条文所表述的"明示属于个人"。而要达到"明示"这一条件,必须符合下列要素:一是窗前绿地规划必须经过规划部门事先批准;二是开发商或销售商在出售商品房时,必须通过广告、合同或者其他有效方式向其他业主明示窗前绿地

属于一层业主专有(独占)使用。

来源:民事审判信箱,详见《民事审判指导与参考》2008 年第 2 辑,总第 34 辑,第 183 页。

五、担 保 物 权

1. 预购商品房抵押的预告登记是否产生抵押效力

所谓“预购商品房抵押权”登记，依据《城市房地产抵押管理办法》第 30 条第 2 款的规定，是指登记机关应当在抵押合同上记载，因为此时商品房尚未建成，其上不可能成立所有权，亦不存在不动产登记簿。预购人未取得使用权登记，房屋抵押权就无法完成，抵押权则不能产生。

最高人民法院《关于适用〈中华人民共和国担保法〉若干问题的解释》（以下简称《担保法司法解释》）第 47 条、《物权法》第 187 条所规定的抵押登记，是指记载于不动产登记簿时的登记，即本登记，非预告登记，系对房屋建成后所有权的抵押登记。

就平衡各方当事人利益而言，在房地产公司和购房人可以协同办理抵押登记的情况下，如果房屋具备办证条件或者房屋已经登记到购房人名下时，可以考虑由银行垫付费用进行抵押登记；如果购房人和房地产公司不配合，则银行提起诉讼，判令房地产公司和购房人协助办理抵押登记，以实现预告登记与正式抵押登记的衔接。

来源：指导性案例，详见《民事审判指导与参考》2016 年第 1 辑，总第 65 辑，第 153 页。

2. 开发商为套取银行资金与自然人串通签订虚假的预售商品房买卖合同并获得银行贷款，买卖合同被确认无效后，开发商与该自然人应当对银行的贷款共同承担连带清偿责任；银行不能对设定了抵押权预告登记的预售商品房行使抵押权

开发商为套取银行资金，与自然人串通签订虚假的预售商品房买卖合同，以该自然人的名义与银行签订商品房抵押贷款合同而获得银行贷款，当商品房买卖合同被依法确认无效后，开发商与该自然人应当对银行的贷款共同承担连带清偿责任。

预售商品房抵押贷款中，虽然银行与借款人（购房人）对预售商品房做了抵押预告登记，但该预告登记并未使银行获得现实的抵押权，而是待房屋建成交付借款人后银行就该房屋设立抵押权的一种预先的排他性保全。如果房屋建成后的产权未登记至借款人名下，则抵押权设立登记无法完成，银行不能对该预售商品房行使抵押权。

来源：中国光大银行股份有限公司上海青浦支行诉上海东鹤房地产有限公司、陈思绮保证合同纠纷案，详见《中华人民共和国最高人民法院公报》2014年第9期，总第215期，第36页。

3. 如何认定金融机构“贷新还旧”时抵押权的设立时间

金融机构“贷新还旧”，尽管新贷款与旧贷款之间存在牵连，抵押物也是原有的物，但应当认为是以新债偿还了旧债，旧的债权及其所附抵押权消灭，新的抵押权自重新办理抵押登记时设立。

来源：指导性案例，详见《民事审判指导与参考》2013年第4辑，总第56辑，第115页。

4. 未经抵押权人同意是否影响转让不动产合同的效力

《物权法》第 191 条第 2 款规定："抵押期间，抵押人未经抵押权人同意，不得转让抵押财产，但受让人代为清偿债务消灭抵押权的除外。"就不动产物权变动而言，这里的转让，指的是不动产物权变动的结果，而不是原因。引起不动产变动的原因行为即合同的效力，不受抵押权人是否同意转让抵押物的影响。

来源：指导性案例，详见《民事审判指导与参考》2010 年第 2 辑，总第 42 辑，第 148 页。

5. 对担保人的担保责任范围及违约责任的认定

双方当事人合同约定，担保人承担担保责任的范围是两处房产，其担保的范围明确，即以物设定的担保。虽然双方合同还约定，具体的抵押物范围以房地产部门登记内容为准，担保人在房地产部门发放《他项权利证书》后，负责将《他项权利证书》交付给被担保人。但未办理《他项权利证书》，没有造成担保人不能以两处房产承担担保责任的情形，而且担保人所抵押的两处房产在设立抵押担保后，未发生任何变化，其房产证在被担保人手中，两处房产，在本案诉讼中，也被法院采取了保全措施。因此，本案不能依照《担保法司法解释》第 67 条"如果抵押物未经登记的，抵押权不得对抗受让人，因此给抵押权人造成损失的，由抵押人承担赔偿责任"的规定，认定担保人有过错，并承担违约及赔偿责任。担保人应以合同约定的两处房产承担担保责任。

来源：武汉人和房地产开发有限公司与王耿、中电科技（南京）电子信息发展有限公司、湖北中南投资集团股份有限公司债务纠纷案，详见《民事审判指导与参考》2010 年第 2 辑，总第 42 辑，第 199 页。

6. 抵押人违反诚实信用原则不履行合同约定的解除抵押权义务，其转让行为虽未经抵押权人同意，仍应认定转让抵押物的合同有效

本案的核心是转让抵押物是否有效的问题。一般来说，未经抵押权人同意，抵押物不得转让。但随着社会的发展，我国立法对此问题也作出了突破性的规定，即在能够充分保障抵押权人利益的条件下，即使不经过抵押权人同意也可以转让抵押物。本案中即土地使用权转让的双方当事人以约定由土地使用权转让人承担解除义务的方式，在保障了抵押权人利益的前提下转让被抵押的土地，其转让合同有效。

来源：重庆索特盐化股份有限公司与重庆新万基房地产开发有限公司土地使用权转让纠纷上诉案，详见《民事审判指导与参考》2009年第1辑，总第37辑，第211页。

7. 在建房屋抵押合同的效力认定

根据《担保法》第34条、《担保法司法解释》第47条之规定表明：第一，在《担保法》规定现实财产权利可以作为抵押物的基础上，有条件地扩大了抵押物的范围，即在建房屋的期待权可以作为抵押标的物；第二，抵押合同为债权合同，除法律另有规定外，抵押合同自成立之日生效。依据上述规定，在建房屋抵押合同为双方当事人一致真实意思表示、内容不违反法律和行政法规的强制性规定的情形下，合法有效。

六、房屋租赁合同

1. 当事人双方违约，一方为根本性违约，还应承担给对方造成的实际损失

违约条款，是当事人订立合同时约定的当一方未按合同约定履行义务，向对方承担的法律责任内容。违约责任，是违反有效合同义务的后果。《合同法》第120条规定："当事人双方都违反合同的，应当各自承担相应的责任。"但如一方的违约明显大于另一方，构成根本性违约，还应承担给对方造成的实际损失。

来源：深圳市维也纳酒店有限公司与丽江七星房地产开发有限公司、丽江国际大酒店有限公司租赁合同纠纷上诉案，详见《民事审判指导与参考》2011年第4辑，总第48辑，第127页。

2. 房屋租赁合同未到期，出租人强行解除房屋租赁合同并将房屋出租给善意第三人，原承租人不能请求继续履行合同

根据我国《合同法》第107条的规定，违约责任的承担方式有继续履行、采取补救措施或者赔偿损失等。一方当事人在另一方当事人违约的情况下，请求继续履行合同的，人民法院除审查当事人违约的事实外，还应当审查当事人的申请是否符合我国《合同法》第110条的规定，如果当事人申请继续履行在法律上或者事实上不能履行的，人民法院不应支持当事人的请求。

来源：指导性案例，详见《民事审判指导与参考》2009年第3辑，总第39辑，第169页。

3. 当实际交易价格与备案合同价格不一致时，承租人不能要求以备案合同价格作为同等条件主张优先购买权

真实意思表示是民事法律行为的核心要素，如价格、付款方式等与真实的约定不一致时，应以双方当事人的真实意思表示为准，非真实意思表示的条款对双方当事人没有法律约束力。房屋的真实成交价格应按买卖合同双方当事人的真实意思来认定，而逃避税收并不是双方订立房屋买卖合同的目的。据此，应当以真实交易价格作为认定同等条件的依据。

来源：指导性案例，详见《民事审判指导与参考》2009 年第 2 辑，总第 38 辑，第 206 页。

4. 租赁合同中押金条款的适用

押金条款应当解释为具有担保的性质，同时也是针对承租人迟延给付租金这个特定违约行为的违约金。当然，根据《合同法》第 114 条之规定，承租人认为该违约金过分高的，可以请求适当减少。

来源：民事审判信箱，详见《民事审判指导与参考》2009 年第 2 辑，总第 38 辑，第 313 页。

5. 出租人故意隐瞒订约前出租房屋已被抵押的事实，应当如何承担责任

对因欺诈而订立的租赁合同，如不违反法律强制性规定，受欺诈方可以自知道或应当知道撤销事由之日起一年内行使撤销权。受欺诈方没有行使撤销权，租赁合同有效成立的，在合同履行过程中，如该欺诈行为导致欺诈方违约的，欺诈方承担违约责任，不宜认定为缔约过失责任。

来源：指导性案例，详见《民事审判指导与参考》2009 年第 1 辑，总第 37 辑，第 124 页。

6. 承租人明确表示不购买承租房屋，其请求宣告出租人与他人的房屋买卖合同无效的，不应给予支持

承租人在无意以同等价格购买租赁房屋的情况下，请求宣告承租人与购买房屋人的买卖合同无效，不符合相关法律规定精神，其诉讼请求应予驳回。

来源：重庆鑫隆达房地产开发有限公司、重庆宏彪商贸有限公司与重庆解放碑茂业百货有限公司优先购买权纠纷上诉案，详见《民事审判指导与参考》2009 年第 1 辑，总第 37 辑，第 203 页。

7. 欠付租金在何种情况下可以导致房屋租赁合同的解除

关于欠付租金的比例、数额及期限达到何种程度，可以作为解除合同的事由，现行的法律法规和司法解释没有明确规定，实践中的做法也不尽一致。尽管该问题应当进一步加以深入研究，但还是应当以《合同法》的规定作为原则，即识别违约行为是否阻碍了租赁合同目的的实现，并以此作为尺度去衡量违约行为的程度和合同是否解除。

来源：重庆解放碑茂业百货有限公司与重庆鑫隆达房地产开发有限公司房屋租赁合同纠纷上诉案，详见《民事审判指导与参考》2009 年第 1 辑，总第 37 辑，第 234 页。

8. 租赁合同未经登记不影响合同的效力

为便于管理及保护当事人的合法权益，我国目前对房屋租赁合同实行登记备案制度，但要求房屋租赁合同应当向房产管理部门登记备案，并不意味着未办理登记备案手续就会导致房屋租赁合同无效。考虑到房屋租赁合同的承租人在租赁物出卖时享有的优先购买权以及买卖不破租赁等原则，从平衡交易各方利益的角度出发，未经登记的房屋租赁合同不具有对抗善意第三人的效力。

来源：民事审判信箱，详见《民事审判指导与参考》2008年第3辑，总第35辑，第278页。

9. 租赁合同当事人于合同中设立的仲裁条款不能限制承租人就行使优先购买权与出租人发生的争议向人民法院提起民事诉讼

第一，承租人的优先购买权的来源是法律的直接规定，而不是当事人之间的约定，因此不属于房屋租赁合同中约定双方权利义务的内容，不受仲裁条款约束；第二，承租人就其行使优先购买权提起的民事诉讼，直接指向房屋所有权人（出租人、售房人）与购房人签订的《房屋买卖合同》，其诉讼目的是请求人民法院确认《房屋买卖合同》无效，进而可以以承租人的身份行使优先购买权。因此，这一诉讼不仅局限于房屋租赁合同的双方当事人之间，而且必然涉及购房人。因而，要求购房者也受仲裁条款约束，既无法律依据，也无合同依据。

来源：重庆鑫隆达房地产开发有限公司与重庆解放碑茂业百货有限公司、重庆宏彪商贸有限公司承租人优先购买权纠纷管辖权异议上诉案，详见《民事审判指导与参考》2007年第4辑，总第32辑，第207页。

10. 租赁期间发生所有权变动，原出租人能否对产权变更前承租人的违约行为行使合同解除权

《合同法》第229条规定："租赁物在租赁期间发生所有权变动的，不影响租赁合同的效力"，也就是通常所说的"买卖不破租赁"原则，旨在保护承租人的利益。但该条规定并不意味着原出租人没有权利对承租人产权变更前的违约行为行使合同解除权。现行法律并未限制房屋产权变更后，原房屋出租人不可以依据现存有效的租赁合同，对承租人以前的违约行为主张合同权利，这种合同权利既包括追索所欠租金，也包括行使合同解除权。

来源：善岛建设（天津）有限公司与天津一商集团有限公司房屋租赁合同纠纷上诉案，详见《民事审判指导与参考》2007年第4辑，总第32辑，第236页。

七、委托及居间合同

1. 未签订代持股权书面合同的，应当综合全部案件事实认定双方之间的真实法律关系性质

双方未签订代持股权的书面合同，但已经实际支付了股权转让款，对方虽然主张为借款法律关系，但未能提供其他证据证明，依据优势证据原则并结合相关案件事实，确信双方代持股权法律关系的存在具有高度可能性，应当予以确认。

来源：薛惠玶与陆阿生、江苏苏浙皖边界市场发展有限公司、江苏明恒房地产开发有限公司委托代理合同纠纷二审案，详见《民事审判指导与参考》2016 年第 2 辑，总第 66 辑，第 199 页。

2. 中介公司因未尽必要的注意义务而使一方受到欺诈遭受损失的，应根据其过错程度在相应的范围内承担赔偿责任

在房屋买卖居间活动中，中介公司（居间人）对于受委托事项及居间服务应承担符合专业主体要求的注意义务，注重审查核实与交易相关的主体身份、房产权属、委托代理、信用资信等证明材料的真实性。中介公司因未尽必要的注意义务而未能发现一方提供的相关资料存在重大瑕疵、缺陷，由此使另一方受到欺诈遭受损失的，应根据其过错程度在相应的范围内承担赔偿责任。

来源：李彦东诉上海汉宇房地产顾问有限公司居间合同纠纷案，详见《中华人民共和国最高人民法院公报》2015 年第 2 期，总第 220 期，第 46 页。

3. 受托人知道他人在委托协议上代其签名并按委托协议履行的，应认定委托协议对其有效

受托人知道或者应当知道他人在委托协议上代其签名并按委托协议约定的内容履行的，应认定委托协议对其有效，并承担委托协议约定的法律后果。

来源：指导性案例，详见《民事审判指导与参考》2014 年第 2 辑，总第 58 辑，第 92 页。

4. 委托合同提前解除后，委托人应支付受托人已完成的部分委托事项报酬

委托合同以委托人和受托人的相互信任为条件，委托人或者受托人可以随时解除委托合同。受托人完成委托事务的，委托人应当向其支付报酬。因不可归责于受托人的事由，委托合同解除或者委托事务不能完成的，委托人应当向受托人支付相应的报酬。当事人另有约定的，按照其约定。在完成部分委托事项、委托合同提前解除的情况下，报酬的数额可根据受托人对委托事务完成所付出劳动的效果，按照受托人已完成的委托事务部分与委托事务整体的比例确定。

来源：民福置业集团有限公司与北京住总房地产开发有限责任公司一般委托合同纠纷上诉案，详见《民事审判指导与参考》2012 年第 3 辑，总第 51 辑，第 184 页。

5. 基于多收代理费的目的，限制委托人接受调解、和解的委托合同条款无效

当事人在诉讼过程中自愿接受调解、和解，是对自身利益的处分，是当事人依法享有的诉讼权利。律师事务所及其律师作为法律服务者，在接受当事人委托代理诉讼事务中，应当尊重委托人关于接受调解、和解的自主选择，即使认为委托人的选择不妥，也应当出于维护委托人合法权益的考虑提供法律意见，而不能为实现自身利益的最大化，基于多收代理费的目的，通过与委托人约定相关合同条款限制委托人接受调解、和解。上述行为不仅侵犯委托人的诉讼权利，加重委托人的诉讼风险，同时也不利于促进社会和谐，违反社会公共利益，相关合同条款亦属无效。

来源：上海市弘正律师事务所诉中国船舶及海洋工程设计研究院服务合同纠纷案，详见《中华人民共和国最高人民法院公报》2009 年第 12 期，总第 158 期，第 31 页。

6. 委托合同中受托人责任的承担

根据《合同法》第 406 条的规定，有偿的委托合同，因受托人的过错给委托人造成损失的，委托人可以要求赔偿损失。无偿的委托合同，因受托人的故意或重大过失给委托人造成损失的，委托人可以要求赔偿损失。受托人超越权限给委托人造成损失的，应当赔偿损失。根据《合同法》第 407 条的规定，受托人处理委托事务时，因不可归责于自己的事由受到损失的，可以向委托人要求赔偿损失。

来源：呼和浩特市东瓦窑农副产品批发市场有限责任公司与呼和浩特市东瓦窑房地产开发有限公司承租人优先购买权纠纷管辖权异议上诉案，详见《民事审判指导与参考》2007 年第 4 辑，总第 32 辑，第 213 页。

八、农村土地承包经营权及承包合同

1. 未经民主议定程序，村集体经济组织将“四荒”土地发包给村外人的承包合同效力应如何认定

村集体经济组织将“四荒”土地发包给村外人承包的，必须经村民会议2/3以上成员或者2/3以上村民代表同意，否则属于无权处分。根据《合同法》第51条的规定，双方不存在恶意串通的情况下，承包合同效力待定。在一审法庭辩论终结前，补正上述法定程序的，应当认定承包合同有效。

来源：指导性案例，详见《民事审判指导与参考》2015年第1辑，总第61辑，第191页。

2. 未经民主议定程序而签订的农民集体所有土地承包合同的效力认定

《土地管理法》第15条规定：“……农民集体所有的土地，可以由本集体经济组织以外的单位或者个人承包经营，从事种植业、林业、畜牧业、渔业生产。发包方和承包方应当订立承包合同，约定双方的权利和义务。土地承包经营的期限由承包合同约定。承包经营土地的单位和个人，有保护和按照承包合同约定的用途合理利用土地的义务。农民集体所有的土地由本集体经济组织以外的单位或者个人承包经营的，必须经村民会议三分之二以上成员或者三分之二以上村民代表的同意，并报乡（镇）人民政府批准。”该条为程序性规定，通常称为“民主议定程序”。未经或违反民主议定程序而签订的承包合同，一般应认定无效，但不能对所有案件简单机械地适用，应结合具体案情，考虑案件处理的效果和当事人利益的均衡而作出具体判断。

来源：广东省东莞市樟木头镇石新社区居民委员会与被上诉人黄淦波、广东省东莞市观音山森林公园开发有限公司承包经营合同纠纷案，详见《民事审判指导与参考》2014年第3辑，总第59辑，第188页。

3. 集体经济组织作出的土地承包方案调整决定违反法律规定、侵害承包人权益的，依法予以撤销

集体经济组织通过召开村民会议等方式，作出土地承包方案调整的决定，违反土地承包法对承包权保护等法律规定，侵害承包人权益的，承包人依据《物权法》的规定，向人民法院起诉请求撤销该决定的，人民法院应当予以支持。

来源：指导性案例，详见《民事审判指导与参考》2014年第1辑，总第57辑，第154页。

4. 当事人就他人承包的土地主张权利，人民法院应当受理并作出裁判

未获得土地承包经营权的当事人，不向村民委员会要求承包土地，而以自己是该村某一土地承包经营户的家庭成员为由，针对他人已经承包经营的土地，主张成为该农户土地承包经营权共有人的，属于平等主体之间的民事权益之争，人民法院应当作为民事案件受理，并依据《农村土地承包法》第26条之规定，对其是否属于该户土地承包经营权的共有人作出裁判。

来源：指导性案例，详见《民事审判指导与参考》2013年第4辑，总第56辑，第110页。

5. 农村土地承包经营权依法转让后土地被征收,征地补偿款是否归受让方所有

农村土地承包经营权依法转让后,原承包人即退出承包关系,受让方与发包方形成新的承包关系,土地承包经营权的权利主体发生变更,受让方成为新的土地承包经营权人。土地被征收后,受让方有权享有相应的土地补偿费。

来源:指导性案例,详见《民事审判指导与参考》2013 年第 4 辑,总第 56 辑,第 124 页。

6. 当事人就签订土地承包经营权合同后未实际取得承包土地而提起的诉讼,人民法院应当作为民事案件受理

土地承包经营权自土地承包经营权合同生效时即已成立。农村集体经济组织成员就未取得该合同项下承包土地与农村集体经济组织发生的纠纷,属于平等民事主体之间的民事纠纷,人民法院应当作为民事案件予以受理。

来源:指导性案例,详见《民事审判指导与参考》2013 年第 4 辑,总第 56 辑,第 134 页。

7. 国家收回由集体使用的国有土地,该土地上的承包经营权人是否有权分得部分土地补偿费

《土地管理法》第 58 条规定:“有下列情形之一的,由有关人民政府土地行政主管部门报经原批准用地的人民政府或者有批准权的人民政府批准,可以收回国有土地使用权:(一)为公共利益需要使用土地的……对土地使用权人应当给予适当补偿……”国家收回由农民集体使用的国有土地,其土地补偿费应当支付给农民集体和该土地的承包经营权人。

来源:指导性案例,详见《民事审判指导与参考》2009 年第 3 辑,总第 39 辑,第 140 页。

8. 因土地补偿费分配方案侵害集体经济组织成员合法权益引发的纠纷,不属于“就用于分配的土地补偿费数额”产生的争议

根据《最高人民法院关于审理涉及农村土地承包纠纷案件适用法律问题的解释》(以下简称《农村土地承包司法解释》)第1条第3款的规定,不予受理因土地补偿费分配方案侵害集体经济组织成员合法权益引发的纠纷,是对司法解释规定的错误适用。该类纠纷属于《农村土地承包司法解释》第1条第1款第4项规定的“承包地征收补偿费用分配纠纷”,人民法院应当依法受理。对其如何处理,《农村土地承包司法解释》第24条也作了明确规定。

来源:民事审判信箱,详见《民事审判指导与参考》2009年第2辑,总第38辑,第313页。

9. 发包方在二轮承包中将农户在一轮承包中的承包土地另行发包给本集体的其他农户,丧失承包土地的农户请求返还的,属于土地承包经营权取得纠纷

虽然二轮承包是依据当时的政策在一轮承包基础上的延包,但作为一项用益物权,土地承包经营权的创设应当具备法定的形式。农户在一轮承包中享有了承包经营土地的权利,但这项权利并不必然延伸至二轮承包。《农村土地承包法》和《物权法》均规定,土地承包经营权自土地承包经营权合同生效时设立。现该承包土地在二轮承包时已经被发包给该农村集体经济组织内部的其他农户,应当认定原农户并未依法取得相应承包土地的土地承包经营权。因其要求返还原承包土地所产生的纠纷,仍然属于土地承包经营权取得纠纷。

来源:民事审判信箱,详见《民事审判指导与参考》2009年第1辑,总第37辑,第306页。

10. 土地承包经营权转包后承包地被征收，如何认定被征地农民

根据《农村土地承包法》第39条之规定，土地承包经营权通过转包、租赁等形式流转的，土地承包经营权并未发生移转。承包地被依法征收后，应当认定土地承包经营权人为"被征地农户"。

来源：指导性案例，详见《民事审判指导与参考》2008年第4辑，总第36辑，第142页。

11. 土地承包经营权取得纠纷不属于人民法院民事案件主管范围

按照《民法通则》第2条关于"中华人民共和国民法调整平等主体的公民之间、法人之间、公民和法人之间的财产关系和人身关系"的规定，农村集体经济组织成员与农村集体经济组织在依法签订土地承包合同之前，土地承包关系尚未建立，土地承包经营权也尚未取得。在此情况下，当事人向人民法院提起土地承包经营权取得之诉的，因当事人与集体经济组织之间的关系不是平等民事主体之间的关系，其争议不属于人民法院主管民事案件的范围，人民法院应当告知其向有关行政主管部门申请解决。

来源：指导性案例，详见《民事审判指导与参考》2008年第3辑，总第35辑，第170页。

12. 安置补助费的发放对象应如何确定

征收耕地的补偿费用包括土地补偿费、安置补助费以及地上附着物和青苗的补偿费。征收耕地的安置补助费，按照需要安置的农业人口数计算，需要安置的农业人口数，按照被征收的耕地数量除以征地前被征收单位平均每人占有耕地的数量计算。

来源：李学文与乌鲁木齐市新市区二工乡二工村村民委员会、乌鲁木齐看今朝投资有限公司土地承包合同纠纷上诉案，详见《民事审判指导与参考》2008年第2辑，总第34辑，第142页。

九、其　　他

1. 部分债务人申请再审的处理

生效裁判确定的数个债务人中，仅有部分债务人申请再审且理由可以成立的，人民法院在依法裁定再审时，还应当审查案件再审是否可能影响其他债务人按照原裁判承担债务。如再审不影响其他债务人按照原裁判承担债务的，应当仅中止对再审申请人的执行，以确保在实现再审依法纠错功能的同时，合理保护债权人的合法权利。

来源：经纬纺织机械股份有限公司与裘雅芬等分期付款买卖合同纠纷案，详见《中华人民共和国最高人民法院公报》2016 年第 4 期，总第 234 期，第 44 页。

2. 第三人撤销之诉的构成要件分析

第三人撤销之诉为 2012 年《民事诉讼法》修改后新增的规定，以撤销或者变更确有错误的生效裁判为目的，以救济未参加诉讼的原诉第三人的合法权益为功能，实质上是对已生效判决、裁定、调解书的纠错程序，故对该制度的构成要件需严格把握。依据《民事诉讼法》第 56 条第 3 款的规定，第三人撤销之诉必须具备主体要件、程序要件、时间要件、管辖要件、实体要件和结果要件。前四个要件通常在起诉和受理阶段审查，进入审理程序后，人民法院则需要重点审查实体要件和结果要件。

来源：大连海岸东方投资有限公司与中国建设银行股份有限公司大连天

津街支行、大连海岸东方置地有限公司、大连欧美亚房地产开发有限公司、朱清明、西庆国其他撤销权纠纷案，详见《民事审判指导与参考》2015 年第 4 辑，总第 64 辑，第 183 页。

3. 案外人执行异议之诉中，应对案外人提交的《房屋买卖协议》或者《以房抵债协议》的真实性予以审查

判断案外人对执行标的有无权利以及该种权利与申请执行人据以申请执行的权利相比，哪一个应当得到优先保护，是案外人执行异议之诉案件在审理过程中的核心问题也是难点问题。在被执行人名下房屋作为执行标的的情形下，若案外人主张其为该房屋买受人，对于案外人所提交的《房屋买卖协议》或者《以房抵债协议》，即使案外人与申请执行人均认可其真实性，因直接影响到申请执行人的利益，也为防范虚假诉讼，人民法院仍应就其真实性进行审查，要求案外人提交证据证明。

来源：河南华宸工程建设有限公司与郑州市市郊农村信用合作联社齐礼闫信用社、郑州豫东置业有限公司案外人执行异议之诉纠纷申请再审案，详见《民事审判指导与参考》2015 年第 3 辑，总第 63 辑，第 200 页。

4. 拆迁人和相关行政机关违法实施拆迁，导致被拆迁人长期未依法得到补偿安置的，房价上涨时，拆迁人和相关行政机关有义务保证被拆迁人得到公平合理的补偿安置

拆迁人和相关行政机关违法实施拆迁，导致被拆迁人长期未依法得到补偿安置的，房价上涨时，拆迁人和相关行政机关有义务保证被拆迁人得到公平合理的补偿安置。被拆迁人选择实行房屋产权调换时，拆迁人和相关行政机关无适当房屋实行产权调换时，则应向被拆迁人支付生效判决作出时以同类房屋的房地产市场评估价格为标准的补偿款。

来源：陈山河与洛阳市人民政府、洛阳中房地产有限责任公司行政赔偿案，详见《中华人民共和国最高人民法院公报》2015 年第 4 期，总第 222 期，第 40 页。

5. 司法部、建设部《关于房产登记管理中加强公证的联合通知》，不能成为房屋登记主管部门不履行房屋登记法定职责的依据

国家对不动产实行统一登记制度。统一登记的范围、登记机构和登记办法，由法律、行政法规规定。司法部、建设部《关于房产登记管理中加强公证的联合通知》不属于法律、行政法规、地方性法规、规章的范畴，且与《物权法》《继承法》《房屋登记办法》等有关法律法规相抵触，不能成为房屋登记主管部门不履行房屋登记法定职责的依据。

来源：陈爱华诉南京市江宁区住房和城乡建设局不履行房屋登记法定职责案，详见《中华人民共和国最高人民法院公报》2014 年第 8 期，总第 214 期，第 40 页。

6. 县级人民政府负责人签署的同意强制拆迁的意见，不能代替应经法定程序并应以书面形式作出的责令限期拆迁决定

生效的拆迁补偿安置裁决是实施强制拆迁的基础，拆迁补偿安置裁决被一审撤销后，强制拆迁不得再继续实施。

县级人民政府负责人签署的同意强制拆迁的意见，不能代替应经法定程序并应以书面形式作出的责令限期拆迁决定。

来源：于栖楚诉贵阳市住房和城乡建设局强制拆迁案，详见《中华人民共和国最高人民法院公报》2013 年第 10 期，总第 204 期，第 33 页。

7. 人民法院委托鉴定机构作出的司法鉴定意见仅是诉讼证据之一，不具有可诉性

人民法院委托鉴定机构作出的司法鉴定意见，仅是诉讼证据之一，其不具有可诉性。当事人对鉴定意见存在异议，直接向人民法院提起诉讼请求确认鉴定意见无效的，不属于人民法院民事诉讼受案范围，应当依法裁定驳回起诉。

来源：自贡市自流井区国有资产经营投资有限公司诉四川廉正工程咨询有限公司服务合同纠纷案，详见《中华人民共和国最高人民法院公报》2013 年第 2 期，总第 196 期，第 47 页。

8. 被执行人和其他人及新组建的公司之间转移资产侵犯工程价款，债权人的合法权益的认定及责任承担

被执行人与其他人以复杂的出资形式组建新公司、收购股份及并购的名义，将债权人享有优先受偿权的工程及相关土地等主要资产变更至新组建的公司名下，而其他人控制新组建公司多数股权、新组建公司不承担工程价款的债务的，该情形可以认定为被执行人和其他人及新组建的公司之间转移资产，侵犯工程价款债权人的合法权益，其他人和新组建公司之间转移资产，侵犯工程价款优先债权人的合法权益，其他人和新组建公司应当作为被执行人的权利义务承受人对该优先债权人承担责任。执行法院有权裁定追加其他人和新组建的公司为被执行人。

来源：吉林中城建中大房地产开发有限公司申诉案，详见《中华人民共和国最高人民法院公报》2012 年第 2 期，总第 184 期，第 36 页。

9. 对合同法司法解释中"当事人约定的违约金超过造成损失的百分之三十"的规定应当全面、正确地理解

《最高人民法院关于适用〈中华人民共和国合同法〉若干问题的解释（二）》第 29 条规定："当事人主张约定的违约金过高请求予以适当减少的，人民法院应当以实际损失为基础，兼顾合同的履行情况、当事人的过错程度以及预期利益等综合因素，根据公平原则和诚实信用原则予以衡量，并作出裁决。当事人约定的违约金超过造成损失的百分之三十的，一般可以认定为合同法第一百一十四条第二款规定的'过分高于造成的损失。'"在计算实际损失数

额时，应当以因违约方未能履行双方争议的、含有违约金条款的合同，给守约方造成的实际损失为基础进行计算，将合同以外的其他损失排除在外。对于一方当事人因其他合同受到的损失，即使该合同与争议合同有一定的牵连关系，也不能简单作为认定争议合同实际损失的依据。

对于前述司法解释中“当事人约定的违约金超过造成损失的百分之三十”的规定应当全面、正确地理解。一方面，违约金约定是否过高应当根据案件具体情况，以实际损失为基础，兼顾合同的履行情况、当事人的过错程度以及预期利益等综合因素，根据公平原则和诚实信用原则综合予以判断，“百分之三十”并不是一成不变的固定标准；另一方面，前述规定解决的是认定违约金是否过高的标准，不是人民法院适当减少违约金的标准。因此，在审理案件中，既不能机械地将“当事人约定的违约金超过造成损失的百分之三十”的情形一概认定为《合同法》第114条第2款规定的“过分高于造成的损失”，也不能再依法“适当减少违约金”数额时，机械地将违约金数额减少至实际损失的百分之三十。

来源：韶关市汇丰华南创展企业有限公司与广东省环境工程装备总公司广东省环境保护工程研究设计院合同纠纷案，详见《中华人民共和国最高人民法院公报》2011年第9期，总第179期，第39页。

10. 已为人民法院发生法律效力的裁判所确认的事实，当事人无须举证证明

《民事诉讼法》第69条规定：“经过法定程序公证证明的法律事实和文书，人民法院应当作为认定事实的根据。但有相反的证据足以推翻公证证明的除外。”依据该法律规定，《最高人民法院关于适用〈中华人民共和国民事诉讼法〉的解释》第93条规定，下列事实，当事人无须举证：……（5）已为人民法院发生法律效力的裁判所确认的事实。《最高人民法院关于民事诉讼证据的若干规定》第9条规定，“已为人民法院发生法律效力的裁判所确认的事实”，当事人无须举证证明。

已为人民法院发生法律效力的裁判文书所确认的事实，也就是预决的事

实，是指人民法院就其他案件做出的生效裁判中已经确认的事实。预决事实之所以不需证明，一是因为该事实已为人民法院所查明，客观上无再次证明之必要；二是因为该事实已为人民法院裁判所认定，该裁判具有法律约束力，这种约束力也包括对该事实认定上的不可更改性。

来源：山西裕沣置业有限公司与西安市房地产管理局第一分局、西安市雍华置业有限公司及陕西省轻工行业管理办公室返还垫付款纠纷上诉案，详见《民事审判指导与参考》2008年第4辑，总第36辑，第206页。

11. 如何认定合同关于变更纠纷解决方式的约定

当事人选择仲裁方式解决纠纷和变更合同纠纷的解决方式，均应当有明确的约定。法人变更名称，应当通知合同相对人。如果合同相对人有合理理由认为对方当事人名称没有发生变更，则此后签订的合同中对变更纠纷解决方式的约定对变更名称前的当事人具有约束力。

来源：大连宝玉集团有限公司与大连金世纪房屋开发有限公司、大连宝玉房地产开发有限公司管辖权异议纠纷上诉案，详见《民事审判指导与参考》2006年第3辑，总第27辑，第230页。

下篇

裁判规则

第一编　法律、行政法规、部门规章及相关文件简目

法　律

《城乡规划法》(2007年10月28日颁布,2008年1月1日实施,2015年4月24日修正)

《物权法》(2007年3月16日颁布,2007年10月1日实施)

《招标投标法》(1999年8月30日颁布,2000年1月1日实施)

《土地管理法》(1986年6月25日颁布,1987年1月1日实施,1988年12月29日修正,1998年8月29日修订,1999年1月1日实施,2004年8月28日修正)

《建筑法》(1997年11月1日颁布,1998年3月1日实施,2011年4月22日修正)

《城市房地产管理法》(1994年7月5日颁布,1995年1月1日实施,2007年8月30日修正,2009年8月27日第二次修正)

行政法规

《国有土地上房屋征收与补偿条例》(2011年1月21日颁布并实施)

《物业管理条例》(2003年6月8日颁布,2003年9月1日实施,2007年8月26日修订,2016年2月6日修改)

《建设工程质量管理条例》(2000年1月10日颁布并实施)

《土地管理法实施条例》(1998年12月27日颁布,1999年1月1日实施,2011年1月8日修订,2014年7月29日修改)

《城市房地产开发经营管理条例》(1998年7月20日颁布并实施,2011年1月8日修订)

《城镇国有土地使用权出让和转让暂行条例》(1990年5月19日颁布并实施)

部门规章及相关文件

农业部关于印发《农村土地经营权流转交易市场运行规范(试行)》的通知(农业部,2016 年 6 月 29 日实施)

《房地产估价规范》(2015 年 12 月 1 日实施)

《建设工程价款结算暂行办法》(2014 年 10 月 20 日实施)

《建筑工程施工发包与承包计价管理办法》(2014 年 2 月 1 日实施)

《房屋建筑和市政基础设施工程竣工验收规定》(建质〔2013〕171 号,2013 年 12 月 2 日实施)

《国有土地上房屋征收评估办法》(2011 年 6 月 3 日实施)

《房地产经纪管理办法》(住房和城乡建设部、国家发展和改革委员会、人力资源和社会保障部令第 8 号,2011 年 4 月 1 日实施,2016 年 4 月 1 日修改)

《商品房屋租赁管理办法》(住房和城乡建设部令第 6 号,2011 年 2 月 1 日实施)

《房屋登记办法》(建设部令第 168 号,2008 年 7 月 1 日实施)

《土地登记办法》(国土资源部令第 142 号,2008 年 2 月 1 日实施)

《招标拍卖挂牌出让国有建设用地使用权规定》(国土资源部令第 39 号,2007 年 11 月 1 日实施)

《房地产抵押估价指导意见》(2006 年 3 月 1 日实施)

《房地产估价机构管理办法》(建设部令第 142 号,2005 年 12 月 1 日实施,2013 年 10 月 16 日第一次修正,2015 年 5 月 4 日第二次修正)

《城市房地产权属档案管理办法》(建设部令第 101 号,2001 年 12 月 1 日实施)

《商品房销售管理办法》(建设部令第 88 号,2001 年 6 月 1 日实施)

《房产测绘管理办法》(建设部、国家测绘局令第 83 号,2001 年 5 月 1 日实施)

《房产测量规范》(2000 年 8 月 1 日实施)

《房屋建筑工程和市政基础设施工程竣工验收备案管理暂行办法》(建设部令第 78 号,2000 年 4 月 7 日实施,2009 年 10 月 19 日修改)

《房地产开发企业资质管理规定》(2000 年 3 月 29 日实施,2015 年 5 月 4 日修改)

《已购公有住房和经济适用住房上市出售管理暂行办法》(建设部令第 69 号,1999 年 5 月 1 日实施)

《闲置土地处置办法》(国土资源部令第 53 号,1999 年 4 月 28 日实施,2012 年 7 月 1 日修订)

《城市房地产抵押管理办法》(建设部令第 98 号,1997 年 6 月 1 日实施,2001 年 8 月 15 日修正)

《城市商品房预售管理办法》(建设部令第 40 号,1995 年 1 月 1 日实施,2001 年 8 月 15 日修正,2004 年 7 月 20 日修正)

《城市危险房屋管理规定》(1990 年 1 月 1 日实施,2004 年 7 月 20 日修正)

第二编　最高人民法院司法解释、会议纪要、答复、函复

司法解释

最高人民法院关于适用《中华人民共和国物权法》若干问题的解释（一）

（2016 年 3 月 1 日　法释〔2016〕5 号）

为正确审理物权纠纷案件，根据《中华人民共和国物权法》的相关规定，结合民事审判实践，制定本解释。

第一条　因不动产物权的归属，以及作为不动产物权登记基础的买卖、赠与、抵押等产生争议，当事人提起民事诉讼的，应当依法受理。当事人已经在行政诉讼中申请一并解决上述民事争议，且人民法院一并审理的除外。

第二条　当事人有证据证明不动产登记簿的记载与真实权利状态不符、其为该不动产物权的真实权利人，请求确认其享有物权的，应予支持。

第三条　异议登记因物权法第十九条第二款规定的事由失效后，当事人提起民事诉讼，请求确认物权归属的，应当依法受理。异议登记失效不影响人民法院对案件的实体审理。

第四条　未经预告登记的权利人同意，转移不动产所有权，或者设定建设用地使用权、地役权、抵押权等其他物权的，应当依照物权法第二十条第一款的规定，认定其不发生物权效力。

第五条　买卖不动产物权的协议被认定无效、被撤销、被解除，或者预告登记的权利人放弃债权的，应当认定为物权法第二十条第二款所称的“债权消灭”。

第六条　转让人转移船舶、航空器和机动车等所有权，受让人已经支付对价并取得占有，虽未经登记，但转让人的债权人主张其为物权法第二十四条所称的“善意第三人”的，不予支持，法律另有规定的除外。

第七条　人民法院、仲裁委员会在分割共有不动产或者动产等案件中作出并依法生效的改变原有物权关系的判决书、裁决书、调解书,以及人民法院在执行程序中作出的拍卖成交裁定书、以物抵债裁定书,应当认定为物权法第二十八条所称导致物权设立、变更、转让或者消灭的人民法院、仲裁委员会的法律文书。

第八条　依照物权法第二十八条至第三十条规定享有物权,但尚未完成动产交付或者不动产登记的物权人,根据物权法第三十四条至第三十七条的规定,请求保护其物权的,应予支持。

第九条　共有份额的权利主体因继承、遗赠等原因发生变化时,其他按份共有人主张优先购买的,不予支持,但按份共有人之间另有约定的除外。

第十条　物权法第一百零一条所称的"同等条件",应当综合共有份额的转让价格、价款履行方式及期限等因素确定。

第十一条　优先购买权的行使期间,按份共有人之间有约定的,按照约定处理;没有约定或者约定不明的,按照下列情形确定:

(一)转让人向其他按份共有人发出的包含同等条件内容的通知中载明行使期间的,以该期间为准;

(二)通知中未载明行使期间,或者载明的期间短于通知送达之日起十五日的,为十五日;

(三)转让人未通知的,为其他按份共有人知道或者应当知道最终确定的同等条件之日起十五日;

(四)转让人未通知,且无法确定其他按份共有人知道或者应当知道最终确定的同等条件的,为共有份额权属转移之日起六个月。

第十二条　按份共有人向共有人之外的人转让其份额,其他按份共有人根据法律、司法解释规定,请求按照同等条件购买该共有份额的,应予支持。

其他按份共有人的请求具有下列情形之一的,不予支持:

(一)未在本解释第十一条规定的期间内主张优先购买,或者虽主张优先购买,但提出减少转让价款、增加转让人负担等实质性变更要求;

(二)以其优先购买权受到侵害为由,仅请求撤销共有份额转让合同或者认定该合同无效。

第十三条　按份共有人之间转让共有份额,其他按份共有人主张根据物权法第一百零一条规定优先购买的,不予支持,但按份共有人之间另有约定的除外。

第十四条　两个以上按份共有人主张优先购买且协商不成时,请求按照转让时各自份额比例行使优先购买权的,应予支持。

第十五条　受让人受让不动产或者动产时,不知道转让人无处分权,且无重大过失的,应当认定受让人为善意。

真实权利人主张受让人不构成善意的,应当承担举证证明责任。

第十六条 具有下列情形之一的,应当认定不动产受让人知道转让人无处分权:

(一)登记簿上存在有效的异议登记;

(二)预告登记有效期内,未经预告登记的权利人同意;

(三)登记簿上已经记载司法机关或者行政机关依法裁定、决定查封或者以其他形式限制不动产权利的有关事项;

(四)受让人知道登记簿上记载的权利主体错误;

(五)受让人知道他人已经依法享有不动产物权。

真实权利人有证据证明不动产受让人应当知道转让人无处分权的,应当认定受让人具有重大过失。

第十七条 受让人受让动产时,交易的对象、场所或者时机等不符合交易习惯的,应当认定受让人具有重大过失。

第十八条 物权法第一百零六条第一款第一项所称的"受让人受让该不动产或者动产时",是指依法完成不动产物权转移登记或者动产交付之时。

当事人以物权法第二十五条规定的方式交付动产的,转让动产法律行为生效时为动产交付之时;当事人以物权法第二十六条规定的方式交付动产的,转让人与受让人之间有关转让返还原物请求权的协议生效时为动产交付之时。

法律对不动产、动产物权的设立另有规定的,应当按照法律规定的时间认定权利人是否为善意。

第十九条 物权法第一百零六条第一款第二项所称"合理的价格",应当根据转让标的物的性质、数量以及付款方式等具体情况,参考转让时交易地市场价格以及交易习惯等因素综合认定。

第二十条 转让人将物权法第二十四条规定的船舶、航空器和机动车等交付给受让人的,应当认定符合物权法第一百零六条第一款第三项规定的善意取得的条件。

第二十一条 具有下列情形之一,受让人主张根据物权法第一百零六条规定取得所有权的,不予支持:

(一)转让合同因违反合同法第五十二条规定被认定无效;

(二)转让合同因受让人存在欺诈、胁迫或者乘人之危等法定事由被撤销。

第二十二条 本解释自2016年3月1日起施行。

本解释施行后人民法院新受理的一审案件,适用本解释。

本解释施行前人民法院已经受理、施行后尚未审结的一审、二审案件,以及本解释施行前已经终审、施行后当事人申请再审或者按照审判监督程序决定再审的案件,不适用本解释。

最高人民法院关于适用《中华人民共和国民事诉讼法》的解释（节选）

（2015年2月4日　法释〔2015〕5号）

一、不动产合同履行地

第十八条　合同约定履行地点的，以约定的履行地点为合同履行地。

……交付不动产的，不动产所在地为合同履行地……

合同没有实际履行，当事人双方住所地都不在合同约定的履行地的，由被告住所地人民法院管辖。

二、不动产管辖

第二十八条　民事诉讼法第三十三条第一项规定的不动产纠纷是指因不动产的权利确认、分割、相邻关系等引起的物权纠纷。

农村土地承包经营合同纠纷、房屋租赁合同纠纷、建设工程施工合同纠纷、政策性房屋买卖合同纠纷，按照不动产纠纷确定管辖。

不动产已登记的，以不动产登记簿记载的所在地为不动产所在地；不动产未登记的，以不动产实际所在地为不动产所在地。

三、查封不动产期限

第四百八十七条　人民法院冻结被执行人的银行存款的期限不得超过一年，查封、扣押动产的期限不得超过两年，查封不动产、冻结其他财产权的期限不得超过三年。

申请执行人申请延长期限的，人民法院应当在查封、扣押、冻结期限届满前办理续行查封、扣押、冻结手续，续行期限不得超过前款规定的期限。

人民法院也可以依职权办理续行查封、扣押、冻结手续。

四、不动产标的价值

第一百九十八条　诉讼标的物是房屋、土地、林木、车辆、船舶、文物等特定物或者知识产权，起诉时价值难以确定的，人民法院应当向原告释明主张过高或者过低的诉讼风险，以原告主张的价值确定诉讼标的金额。

五、担保物权的实现

第一百五十七条 人民法院对抵押物、质押物、留置物可以采取财产保全措施,但不影响抵押权人、质权人、留置权人的优先受偿权。

第三百六十一条 民事诉讼法第一百九十六条规定的担保物权人,包括抵押权人、质权人、留置权人;其他有权请求实现担保物权的人,包括抵押人、出质人、财产被留置的债务人或者所有权人等。

第三百六十七条 申请实现担保物权,应当提交下列材料:

(一)申请书,申请书应当记明申请人、被申请人的姓名或者名称、联系方式等基本信息,具体的请求和事实、理由;

(二)证明担保物权存在的材料,包括主合同、担保合同、抵押登记证明或者他项权利证书,权利质权的权利凭证或者质权出质登记证明等;

(三)证明实现担保物权条件成就的材料;

(四)担保财产现状的说明;

(五)人民法院认为需要提交的其他材料。

六、执行中产权证办理

第五百零二条 人民法院在执行中需要办理房产证、土地证、林权证、专利证书、商标证书、车船执照等有关财产权证照转移手续的,可以依照民事诉讼法第二百五十一条规定办理。

最高人民法院关于审理建筑物区分所有权纠纷案件具体应用法律若干问题的解释

(2009 年 10 月 1 日 法释〔2009〕7 号)

为正确审理建筑物区分所有权纠纷案件,依法保护当事人的合法权益,根据《中华人民共和国物权法》等法律的规定,结合民事审判实践,制定本解释。

第一条 依法登记取得或者根据物权法第二章第三节规定取得建筑物专有部分所有权的人,应当认定为物权法第六章所称的业主。

基于与建设单位之间的商品房买卖民事法律行为,已经合法占有建筑物专有部分,但尚未依法办理所有权登记的人,可以认定为物权法第六章所称的业主。

第二条 建筑区划内符合下列条件的房屋,以及车位、摊位等特定空间,应当认定为物权法第六章所称的专有部分：

（一）具有构造上的独立性，能够明确区分；

（二）具有利用上的独立性，可以排他使用；

（三）能够登记成为特定业主所有权的客体。

规划上专属于特定房屋，且建设单位销售时已经根据规划列入该特定房屋买卖合同中的露台等，应当认定为物权法第六章所称专有部分的组成部分。

本条第一款所称房屋，包括整栋建筑物。

第三条　除法律、行政法规规定的共有部分外，建筑区划内的以下部分，也应当认定为物权法第六章所称的共有部分：

（一）建筑物的基础、承重结构、外墙、屋顶等基本结构部分，通道、楼梯、大堂等公共通行部分，消防、公共照明等附属设施、设备，避难层、设备层或者设备间等结构部分；

（二）其他不属于业主专有部分，也不属于市政公用部分或者其他权利人所有的场所及设施等。

建筑区划内的土地，依法由业主共同享有建设用地使用权，但属于业主专有的整栋建筑物的规划占地或者城镇公共道路、绿地占地除外。

第四条　业主基于对住宅、经营性用房等专有部分特定使用功能的合理需要，无偿利用屋顶以及与其专有部分相对应的外墙面等共有部分的，不应认定为侵权。但违反法律、法规、管理规约，损害他人合法权益的除外。

第五条　建设单位按照配置比例将车位、车库，以出售、附赠或者出租等方式处分给业主的，应当认定其行为符合物权法第七十四条第一款有关“应当首先满足业主的需要”的规定。

前款所称配置比例是指规划确定的建筑区划内规划用于停放汽车的车位、车库与房屋套数的比例。

第六条　建筑区划内在规划用于停放汽车的车位之外，占用业主共有道路或者其他场地增设的车位，应当认定为物权法第七十四条第三款所称的车位。

第七条　改变共有部分的用途、利用共有部分从事经营性活动、处分共有部分，以及业主大会依法决定或者管理规约依法确定应由业主共同决定的事项，应当认定为物权法第七十六条第一款第（七）项规定的有关共有和共同管理权利的“其他重大事项”。

第八条　物权法第七十六条第二款和第八十条规定的专有部分面积和建筑物总面积，可以按照下列方法认定：

（一）专有部分面积，按照不动产登记簿记载的面积计算；尚未进行物权登记的，暂按测绘机构的实测面积计算；尚未进行实测的，暂按房屋买卖合同记载的面积计算；

（二）建筑物总面积，按照前项的统计总和计算。

第九条　物权法第七十六条第二款规定的业主人数和总人数，可以按照下列方法认定：

（一）业主人数，按照专有部分的数量计算，一个专有部分按一人计算。但建设单位尚未出售和虽已出售但尚未交付的部分，以及同一买受人拥有一个以上专有部分的，按一人计算；

（二）总人数，按照前项的统计总和计算。

第十条 业主将住宅改变为经营性用房，未按照物权法第七十七条的规定经有利害关系的业主同意，有利害关系的业主请求排除妨害、消除危险、恢复原状或者赔偿损失的，人民法院应予支持。

将住宅改变为经营性用房的业主以多数有利害关系的业主同意其行为进行抗辩的，人民法院不予支持。

第十一条 业主将住宅改变为经营性用房，本栋建筑物内的其他业主，应当认定为物权法第七十七条所称"有利害关系的业主"。建筑区划内，本栋建筑物之外的业主，主张与自己有利害关系的，应证明其房屋价值、生活质量受到或者可能受到不利影响。

第十二条 业主以业主大会或者业主委员会作出的决定侵害其合法权益或者违反了法律规定的程序为由，依据物权法第七十八条第二款的规定请求人民法院撤销该决定的，应当在知道或者应当知道业主大会或者业主委员会作出决定之日起一年内行使。

第十三条 业主请求公布、查阅下列应当向业主公开的情况和资料的，人民法院应予支持：

（一）建筑物及其附属设施的维修资金的筹集、使用情况；

（二）管理规约、业主大会议事规则，以及业主大会或者业主委员会的决定及会议记录；

（三）物业服务合同、共有部分的使用和收益情况；

（四）建筑区划内规划用于停放汽车的车位、车库的处分情况；

（五）其他应当向业主公开的情况和资料。

第十四条 建设单位或者其他行为人擅自占用、处分业主共有部分、改变其使用功能或者进行经营性活动，权利人请求排除妨害、恢复原状、确认处分行为无效或者赔偿损失的，人民法院应予支持。

属于前款所称擅自进行经营性活动的情形，权利人请求行为人将扣除合理成本之后的收益用于补充专项维修资金或者业主共同决定的其他用途的，人民法院应予支持。行为人对成本的支出及其合理性承担举证责任。

第十五条 业主或者其他行为人违反法律、法规、国家相关强制性标准、管理规约，或者违反业主大会、业主委员会依法作出的决定，实施下列行为的，可以认定为物权法第八十三条第二款所称的其他"损害他人合法权益的行为"：

（一）损害房屋承重结构，损害或者违章使用电力、燃气、消防设施，在建筑物内放置危险、放射性物品等危及建筑物安全或者妨碍建筑物正常使用；

（二）违反规定破坏、改变建筑物外墙面的形状、颜色等损害建筑物外观；

（三）违反规定进行房屋装饰装修；

（四）违章加建、改建、侵占、挖掘公共通道、道路、场地或者其他共有部分。

第十六条　建筑物区分所有权纠纷涉及专有部分的承租人、借用人等物业使用人的，参照本解释处理。

专有部分的承租人、借用人等物业使用人，根据法律、法规、管理规约、业主大会或者业主委员会依法作出的决定，以及其与业主的约定，享有相应权利，承担相应义务。

第十七条　本解释所称建设单位，包括包销期满，按照包销合同约定的包销价格购买尚未销售的物业后，以自己名义对外销售的包销人。

第十八条　人民法院审理建筑物区分所有权案件中，涉及有关物权归属争议的，应当以法律、行政法规为依据。

第十九条　本解释自 2009 年 10 月 1 日起施行。

因物权法施行后实施的行为引起的建筑物区分所有权纠纷案件，适用本解释。

本解释施行前已经终审，本解释施行后当事人申请再审或者按照审判监督程序决定再审的案件，不适用本解释。

最高人民法院关于审理城镇房屋租赁合同纠纷案件具体应用法律若干问题的解释

（2009 年 9 月 1 日　法释〔2009〕11 号）

为正确审理城镇房屋租赁合同纠纷案件，依法保护当事人的合法权益，根据《中华人民共和国民法通则》、《中华人民共和国物权法》、《中华人民共和国合同法》等法律规定，结合民事审判实践，制定本解释。

第一条　本解释所称城镇房屋，是指城市、镇规划区内的房屋。

乡、村庄规划区内的房屋租赁合同纠纷案件，可以参照本解释处理。但法律另有规定的，适用其规定。

当事人依照国家福利政策租赁公有住房、廉租住房、经济适用住房产生的纠纷案件，不适用本解释。

第二条　出租人就未取得建设工程规划许可证或者未按照建设工程规划许可证的规定建设的房屋，与承租人订立的租赁合同无效。但在一审法庭辩论终结前取得建设工程规划许可证或者经主管部门批准建设的，人民法院应当认定有效。

第三条　出租人就未经批准或者未按照批准内容建设的临时建筑，与承租人订立的租赁合同无效。但在一审法庭辩论终结前经主管部门批准建设的，人民法院应当认定有效。

租赁期限超过临时建筑的使用期限，超过部分无效。但在一审法庭辩论终结前经主管部门批准延长使用期限的，人民法院应当认定延长使用期限内的租赁期间有效。

第四条　当事人以房屋租赁合同未按照法律、行政法规规定办理登记备案手续为由，请求确认合同无效的，人民法院不予支持。

当事人约定以办理登记备案手续为房屋租赁合同生效条件的，从其约定。但当事人一方已经履行主要义务，对方接受的除外。

第五条　房屋租赁合同无效，当事人请求参照合同约定的租金标准支付房屋占有使用费的，人民法院一般应予支持。

当事人请求赔偿因合同无效受到的损失，人民法院依照合同法的有关规定和本司法解释第九条、第十三条、第十四条的规定处理。

第六条　出租人就同一房屋订立数份租赁合同，在合同均有效的情况下，承租人均主张履行合同的，人民法院按照下列顺序确定履行合同的承租人：

（一）已经合法占有租赁房屋的；

（二）已经办理登记备案手续的；

（三）合同成立在先的。

不能取得租赁房屋的承租人请求解除合同、赔偿损失的，依照合同法的有关规定处理。

第七条　承租人擅自变动房屋建筑主体和承重结构或者扩建，在出租人要求的合理期限内仍不予恢复原状，出租人请求解除合同并要求赔偿损失的，人民法院依照合同法第二百一十九条的规定处理。

第八条　因下列情形之一，导致租赁房屋无法使用，承租人请求解除合同的，人民法院应予支持：

（一）租赁房屋被司法机关或者行政机关依法查封的；

（二）租赁房屋权属有争议的；

（三）租赁房屋具有违反法律、行政法规关于房屋使用条件强制性规定情况的。

第九条　承租人经出租人同意装饰装修，租赁合同无效时，未形成附合的装饰装修物，出租人同意利用的，可折价归出租人所有；不同意利用的，可由承租人拆除。因拆除造成房屋毁损的，承租人应当恢复原状。

已形成附合的装饰装修物，出租人同意利用的，可折价归出租人所有；不同意利用的，由双方各自按照导致合同无效的过错分担现值损失。

第十条　承租人经出租人同意装饰装修，租赁期间届满或者合同解除时，除当事人另有约定外，未形成附合的装饰装修物，可由承租人拆除。因拆除造成房屋毁损的，承租人应当恢复原状。

第十一条 承租人经出租人同意装饰装修，合同解除时，双方对已形成附合的装饰装修物的处理没有约定的，人民法院按照下列情形分别处理：

（一）因出租人违约导致合同解除，承租人请求出租人赔偿剩余租赁期内装饰装修残值损失的，应予支持；

（二）因承租人违约导致合同解除，承租人请求出租人赔偿剩余租赁期内装饰装修残值损失的，不予支持。但出租人同意利用的，应在利用价值范围内予以适当补偿；

（三）因双方违约导致合同解除，剩余租赁期内的装饰装修残值损失，由双方根据各自的过错承担相应的责任；

（四）因不可归责于双方的事由导致合同解除的，剩余租赁期内的装饰装修残值损失，由双方按照公平原则分担。法律另有规定的，适用其规定。

第十二条 承租人经出租人同意装饰装修，租赁期间届满时，承租人请求出租人补偿附着装饰装修费用的，不予支持。但当事人另有约定的除外。

第十三条 承租人未经出租人同意装饰装修或者扩建发生的费用，由承租人负担。出租人请求承租人恢复原状或者赔偿损失的，人民法院应予支持。

第十四条 承租人经出租人同意扩建，但双方对扩建费用的处理没有约定的，人民法院按照下列情形分别处理：

（一）办理合法建设手续的，扩建造价费用由出租人负担；

（二）未办理合法建设手续的，扩建造价费用由双方按照过错分担。

第十五条 承租人经出租人同意将租赁房屋转租给第三人时，转租期限超过承租人剩余租赁期限的，人民法院应当认定超过部分的约定无效。但出租人与承租人另有约定的除外。

第十六条 出租人知道或者应当知道承租人转租，但在六个月内未提出异议，其以承租人未经同意为由请求解除合同或者认定转租合同无效的，人民法院不予支持。

因租赁合同产生的纠纷案件，人民法院可以通知次承租人作为第三人参加诉讼。

第十七条 因承租人拖欠租金，出租人请求解除合同时，次承租人请求代承租人支付欠付的租金和违约金以抗辩出租人合同解除权的，人民法院应予支持。但转租合同无效的除外。

次承租人代为支付的租金和违约金超出其应付的租金数额，可以折抵租金或者向承租人追偿。

第十八条 房屋租赁合同无效、履行期限届满或者解除，出租人请求负有腾房义务的次承租人支付逾期腾房占有使用费的，人民法院应予支持。

第十九条 承租人租赁房屋用于以个体工商户或者个人合伙方式从事经营活动，承租人在租赁期间死亡、宣告失踪或者宣告死亡，其共同经营人或者其他合伙人请求按照原租赁合同租赁该房屋的，人民法院应予支持。

第二十条 租赁房屋在租赁期间发生所有权变动，承租人请求房屋受让人继续履行原租赁合同的，人民法院应予支持。但租赁房屋具有下列情形或者当事人另有约定的除外：

（一）房屋在出租前已设立抵押权，因抵押权人实现抵押权发生所有权变动的；

（二）房屋在出租前已被人民法院依法查封的。

第二十一条 出租人出卖租赁房屋未在合理期限内通知承租人或者存在其他侵害承租人优先购买权情形，承租人请求出租人承担赔偿责任的，人民法院应予支持。但请求确认出租人与第三人签订的房屋买卖合同无效的，人民法院不予支持。

第二十二条 出租人与抵押权人协议折价、变卖租赁房屋偿还债务，应当在合理期限内通知承租人。承租人请求以同等条件优先购买房屋的，人民法院应予支持。

第二十三条 出租人委托拍卖人拍卖租赁房屋，应当在拍卖 5 日前通知承租人。承租人未参加拍卖的，人民法院应当认定承租人放弃优先购买权。

第二十四条 具有下列情形之一，承租人主张优先购买房屋的，人民法院不予支持：

（一）房屋共有人行使优先购买权的；

（二）出租人将房屋出卖给近亲属，包括配偶、父母、子女、兄弟姐妹、祖父母、外祖父母、孙子女、外孙子女的；

（三）出租人履行通知义务后，承租人在十五日内未明确表示购买的；

（四）第三人善意购买租赁房屋并已经办理登记手续的。

第二十五条 本解释施行前已经终审，本解释施行后当事人申请再审或者按照审判监督程序决定再审的案件，不适用本解释。

最高人民法院关于审理涉及国有土地使用权合同纠纷案件适用法律问题的解释

（2005 年 6 月 18 日公布　法释〔2005〕5 号）

根据《中华人民共和国民法通则》、《中华人民共和国合同法》、《中华人民共和国土地管理法》、《中华人民共和国城市房地产管理法》等法律规定，结合民事审判实践，就审理涉及国有土地使用权合同纠纷案件适用法律的问题，制定本解释。

一、土地使用权出让合同纠纷

第一条 本解释所称的土地使用权出让合同，是指市、县人民政府土地管理部门作为出让方将国有土地使用权在一定年限内让与受让方,受让方支付土地使用权出让金的协议。

第二条 开发区管理委员会作为出让方与受让方订立的土地使用权出让合同,应当认定无效。

本解释实施前,开发区管理委员会作为出让方与受让方订立的土地使用权出让合同,起诉前经市、县人民政府土地管理部门追认的,可以认定合同有效。

第三条 经市、县人民政府批准同意以协议方式出让的土地使用权,土地使用权出让金低于订立合同时当地政府按照国家规定确定的最低价的,应当认定土地使用权出让合同约定的价格条款无效。

当事人请求按照订立合同时的市场评估价格交纳土地使用权出让金的,应予支持;受让方不同意按照市场评估价格补足,请求解除合同的,应予支持。因此造成的损失,由当事人按照过错承担责任。

第四条 土地使用权出让合同的出让方因未办理土地使用权出让批准手续而不能交付土地,受让方请求解除合同的,应予支持。

第五条 受让方经出让方和市、县人民政府城市规划行政主管部门同意,改变土地使用权出让合同约定的土地用途,当事人请求按照起诉时同种用途的土地出让金标准调整土地出让金的,应予支持。

第六条 受让方擅自改变土地使用权出让合同约定的土地用途,出让方请求解除合同的,应予支持。

二、土地使用权转让合同纠纷

第七条 本解释所称的土地使用权转让合同,是指土地使用权人作为转让方将出让土地使用权转让于受让方,受让方支付价款的协议。

第八条 土地使用权人作为转让方与受让方订立土地使用权转让合同后,当事人一方以双方之间未办理土地使用权变更登记手续为由,请求确认合同无效的,不予支持。

第九条 转让方未取得出让土地使用权证书与受让方订立合同转让土地使用权,起诉前转让方已经取得出让土地使用权证书或者有批准权的人民政府同意转让的,应当认定合同有效。

第十条 土地使用权人作为转让方就同一出让土地使用权订立数个转让合同,在转让合同有效的情况下,受让方均要求履行合同的,按照以下情形分别处理:

(一)已经办理土地使用权变更登记手续的受让方,请求转让方履行交付土地等合同义务的,应予支持;

(二)均未办理土地使用权变更登记手续,已先行合法占有投资开发土地的受让方请求转让方履行土地使用权变更登记等合同义务的,应予支持;

（三）均未办理土地使用权变更登记手续，又未合法占有投资开发土地，先行支付土地转让款的受让方请求转让方履行交付土地和办理土地使用权变更登记等合同义务的，应予支持；

（四）合同均未履行，依法成立在先的合同受让方请求履行合同的，应予支持。

未能取得土地使用权的受让方请求解除合同、赔偿损失的，按照《中华人民共和国合同法》的有关规定处理。

第十一条 土地使用权人未经有批准权的人民政府批准，与受让方订立合同转让划拨土地使用权的，应当认定合同无效。但起诉前经有批准权的人民政府批准办理土地使用权出让手续的，应当认定合同有效。

第十二条 土地使用权人与受让方订立合同转让划拨土地使用权，起诉前经有批准权的人民政府同意转让，并由受让方办理土地使用权出让手续的，土地使用权人与受让方订立的合同可以按照补偿性质的合同处理。

第十三条 土地使用权人与受让方订立合同转让划拨土地使用权，起诉前经有批准权的人民政府决定不办理土地使用权出让手续，并将该划拨土地使用权直接划拨给受让方使用的，土地使用权人与受让方订立的合同可以按照补偿性质的合同处理。

三、合作开发房地产合同纠纷

第十四条 本解释所称的合作开发房地产合同，是指当事人订立的以提供出让土地使用权、资金等作为共同投资，共享利润、共担风险合作开发房地产为基本内容的协议。

第十五条 合作开发房地产合同的当事人一方具备房地产开发经营资质的，应当认定合同有效。

当事人双方均不具备房地产开发经营资质的，应当认定合同无效。但起诉前当事人一方已经取得房地产开发经营资质或者已依法合作成立具有房地产开发经营资质的房地产开发企业的，应当认定合同有效。

第十六条 土地使用权人未经有批准权的人民政府批准，以划拨土地使用权作为投资与他人订立合同合作开发房地产的，应当认定合同无效。但起诉前已经办理批准手续的，应当认定合同有效。

第十七条 投资数额超出合作开发房地产合同的约定，对增加的投资数额的承担比例，当事人协商不成的，按照当事人的过错确定；因不可归责于当事人的事由或者当事人的过错无法确定的，按照约定的投资比例确定；没有约定投资比例的，按照约定的利润分配比例确定。

第十八条 房屋实际建筑面积少于合作开发房地产合同的约定，对房屋实际建筑面积的分配比例，当事人协商不成的，按照当事人的过错确定；因不可归责于当事人的事由或者当事人过错无法确定的，按照约定的利润分配比例确定。

第十九条　在下列情形下，合作开发房地产合同的当事人请求分配房地产项目利益的，不予受理；已经受理的，驳回起诉：

（一）依法需经批准的房地产建设项目未经有批准权的人民政府主管部门批准；

（二）房地产建设项目未取得建设工程规划许可证；

（三）擅自变更建设工程规划。

因当事人隐瞒建设工程规划变更的事实所造成的损失，由当事人按照过错承担。

第二十条　房屋实际建筑面积超出规划建筑面积，经有批准权的人民政府主管部门批准后，当事人对超出部分的房屋分配比例协商不成的，按照约定的利润分配比例确定。对增加的投资数额的承担比例，当事人协商不成的，按照约定的投资比例确定；没有约定投资比例的，按照约定的利润分配比例确定。

第二十一条　当事人违反规划开发建设的房屋，被有批准权的人民政府主管部门认定为违法建筑责令拆除，当事人对损失承担协商不成的，按照当事人过错确定责任；过错无法确定的，按照约定的投资比例确定责任；没有约定投资比例的，按照约定的利润分配比例确定责任。

第二十二条　合作开发房地产合同约定仅以投资数额确定利润分配比例，当事人未足额交纳出资的，按照当事人的实际投资比例分配利润。

第二十三条　合作开发房地产合同的当事人要求将房屋预售款充抵投资参与利润分配的，不予支持。

第二十四条　合作开发房地产合同约定提供土地使用权的当事人不承担经营风险，只收取固定利益的，应当认定为土地使用权转让合同。

第二十五条　合作开发房地产合同约定提供资金的当事人不承担经营风险，只分配固定数量房屋的，应当认定为房屋买卖合同。

第二十六条　合作开发房地产合同约定提供资金的当事人不承担经营风险，只收取固定数额货币的，应当认定为借款合同。

第二十七条　合作开发房地产合同约定提供资金的当事人不承担经营风险，只以租赁或者其他形式使用房屋的，应当认定为房屋租赁合同。

四、其　　他

第二十八条　本解释自 2005 年 8 月 1 日起施行；施行后受理的第一审案件适用本解释。

本解释施行前最高人民法院发布的司法解释与本解释不一致的，以本解释为准。

最高人民法院关于审理商品房买卖合同纠纷案件适用法律若干问题的解释

（2003 年 3 月 24 日　法释〔2003〕7 号）

为正确、及时审理商品房买卖合同纠纷案件，根据《中华人民共和国民法通则》、《中华人民共和国合同法》、《中华人民共和国城市房地产管理法》、《中华人民共和国担保法》等相关法律，结合民事审判实践，制定本解释。

第一条　本解释所称的商品房买卖合同，是指房地产开发企业（以下统称为出卖人）将尚未建成或者已竣工的房屋向社会销售并转移房屋所有权于买受人，买受人支付价款的合同。

第二条　出卖人未取得商品房预售许可证明，与买受人订立的商品房预售合同，应当认定无效，但是在起诉前取得商品房预售许可证明的，可以认定有效。

第三条　商品房的销售广告和宣传资料为要约邀请，但是出卖人就商品房开发规划范围内的房屋及相关设施所作的说明和允诺具体确定，并对商品房买卖合同的订立以及房屋价格的确定有重大影响的，应当视为要约。该说明和允诺即使未载入商品房买卖合同，亦应当视为合同内容，当事人违反的，应当承担违约责任。

第四条　出卖人通过认购、订购、预订等方式向买受人收受定金作为订立商品房买卖合同担保的，如果因当事人一方原因未能订立商品房买卖合同，应当按照法律关于定金的规定处理；因不可归责于当事人双方的事由，导致商品房买卖合同未能订立的，出卖人应当将定金返还买受人。

第五条　商品房的认购、订购、预订等协议具备《商品房销售管理办法》第十六条规定的商品房买卖合同的主要内容，并且出卖人已经按照约定收受购房款的，该协议应当认定为商品房买卖合同。

第六条　当事人以商品房预售合同未按照法律、行政法规规定办理登记备案手续为由，请求确认合同无效的，不予支持。

当事人约定以办理登记备案手续为商品房预售合同生效条件的，从其约定，但当事人一方已经履行主要义务，对方接受的除外。

第七条　拆迁人与被拆迁人按照所有权调换形式订立拆迁补偿安置协议，明确约定拆迁人以位置、用途特定的房屋对被拆迁人予以补偿安置，如果拆迁人将该补偿安置房屋另行出卖给第三人，被拆迁人请求优先取得补偿安置房屋的，应予支持。

被拆迁人请求解除拆迁补偿安置协议的，按照本解释第八条的规定处理。

第八条　具有下列情形之一的，导致商品房买卖合同目的不能实现的，无法取得房屋的买受人可以请求解除合同、返还已付购房款及利息、赔偿损失，并可以请求出卖人承担不超过已付购房款一倍的赔偿责任：

（一）商品房买卖合同订立后，出卖人未告知买受人又将该房屋抵押给第三人；

（二）商品房买卖合同订立后，出卖人又将该房屋出卖给第三人。

第九条　出卖人订立商品房买卖合同时，具有下列情形之一，导致合同无效或者被撤销、解除的，买受人可以请求返还已付购房款及利息、赔偿损失，并可以请求出卖人承担不超过已付购房款一倍的赔偿责任：

（一）故意隐瞒没有取得商品房预售许可证明的事实或者提供虚假商品房预售许可证明；

（二）故意隐瞒所售房屋已经抵押的事实；

（三）故意隐瞒所售房屋已经出卖给第三人或者为拆迁补偿安置房屋的事实。

第十条　买受人以出卖人与第三人恶意串通，另行订立商品房买卖合同并将房屋交付使用，导致其无法取得房屋为由，请求确认出卖人与第三人订立的商品房买卖合同无效的，应予支持。

第十一条　对房屋的转移占有，视为房屋的交付使用，但当事人另有约定的除外。

房屋毁损、灭失的风险，在交付使用前由出卖人承担，交付使用后由买受人承担；买受人接到出卖人的书面交房通知，无正当理由拒绝接收的，房屋毁损、灭失的风险自书面交房通知确定的交付使用之日起由买受人承担，但法律另有规定或者当事人另有约定的除外。

第十二条　因房屋主体结构质量不合格不能交付使用，或者房屋交付使用后，房屋主体结构质量经核验确属不合格，买受人请求解除合同和赔偿损失的，应予支持。

第十三条　因房屋质量问题严重影响正常居住使用，买受人请求解除合同和赔偿损失的，应予支持。

交付使用的房屋存在质量问题，在保修期内，出卖人应当承担修复责任；出卖人拒绝修复或者在合理期限内拖延修复的，买受人可以自行或者委托他人修复。修复费用及修复期间造成的其他损失由出卖人承担。

第十四条　出卖人交付使用的房屋套内建筑面积或者建筑面积与商品房买卖合同约定面积不符，合同有约定的，按照约定处理；合同没有约定或者约定不明确的，按照以下原则处理：

（一）面积误差比绝对值在3%以内（含3%），按照合同约定的价格据实结算，买受人请求解除合同的，不予支持；

（二）面积误差比绝对值超出3%，买受人请求解除合同、返还已付购房款及利息的，应予支持。买受人同意继续履行合同，房屋实际面积大于合同约定面积的，面积误差比在3%以内(含3%)部分的房价款由买受人按照约定的价格补足,面积误差比超出3%部分的房价款由出卖人承担,所有权归买受人;房屋实际面积小于合同约定面积的,面积误差比在3%以内(含3%)部分的房价款及利息由出卖人返还买受人,面积误差比超过3%部分的房价款由出卖人双倍返还买受人。

第十五条 根据《合同法》第九十四条的规定,出卖人迟延交付房屋或者买受人迟延支付购房款,经催告后在三个月的合理期限内仍未履行,当事人一方请求解除合同的,应予支持,但当事人另有约定的除外。

法律没有规定或者当事人没有约定,经对方当事人催告后,解除权行使的合理期限为三个月。对方当事人没有催告的,解除权应当在解除权发生之日起一年内行使;逾期不行使的,解除权消灭。

第十六条 当事人以约定的违约金过高为由请求减少的,应当以违约金超过造成的损失30%为标准适当减少;当事人以约定的违约金低于造成的损失为由请求增加的,应当以违约造成的损失确定违约金数额。

第十七条 商品房买卖合同没有约定违约金数额或者损失赔偿额计算方法,违约金数额或者损失赔偿额可以参照以下标准确定:

逾期付款的,按照未付购房款总额,参照中国人民银行规定的金融机构计收逾期贷款利息的标准计算。

逾期交付使用房屋的,按照逾期交付使用房屋期间有关主管部门公布或者有资格的房地产评估机构评定的同地段同类房屋租金标准确定。

第十八条 由于出卖人的原因,买受人在下列期限届满未能取得房屋权属证书的,除当事人有特殊约定外,出卖人应当承担违约责任:

(一)商品房买卖合同约定的办理房屋所有权登记的期限;

(二)商品房买卖合同的标的物为尚未建成房屋的,自房屋交付使用之日起90日;

(三)商品房买卖合同的标的物为已竣工房屋的,自合同订立之日起90日。

合同没有约定违约金或者损失数额难以确定的,可以按照已付购房款总额,参照中国人民银行规定的金融机构计收逾期贷款利息的标准计算。

第十九条 商品房买卖合同约定或者《城市房地产开发经营管理条例》第三十三条规定的办理房屋所有权登记的期限届满后超过一年,由于出卖人的原因,导致买受人无法办理房屋所有权登记,买受人请求解除合同和赔偿损失的,应予支持。

第二十条 出卖人与包销人订立商品房包销合同,约定出卖人将其开发建设的房屋交由包销人以出卖人的名义销售的,包销期满未销售的房屋,由包销人按照合同约定的包销价格购买,但当事人另有约定的除外。

第二十一条 出卖人自行销售已经约定由包销人包销的房屋,包销人请求出卖人赔偿损失的,应予支持,但当事人另有约定的除外。

第二十二条 对于买受人因商品房买卖合同与出卖人发生的纠纷，人民法院应当通知包销人参加诉讼；出卖人、包销人和买受人对各自的权利义务有明确约定的，按照约定的内容确定各方的诉讼地位。

第二十三条 商品房买卖合同约定，买受人以担保贷款方式付款，因当事人一方原因未能订立商品房担保贷款合同并导致商品房买卖合同不能继续履行的，对方当事人可以请求解除合同和赔偿损失。因不可归责于当事人双方的事由未能订立商品房担保贷款合同并导致商品房买卖合同不能继续履行的，当事人可以请求解除合同，出卖人应当将收受的购房款本金及其利息或者定金返还买受人。

第二十四条 因商品房买卖合同被确认无效或者被撤销、解除，致使商品房担保贷款合同的目的无法实现，当事人请求解除商品房担保贷款合同的，应予支持。

第二十五条 以担保贷款为付款方式的商品房买卖合同的当事人一方请求确认商品房买卖合同无效或者撤销、解除合同的，如果担保权人作为有独立请求权第三人提出诉讼请求，应当与商品房担保贷款合同纠纷合并审理；未提出诉讼请求的，仅处理商品房买卖合同纠纷。担保权人就商品房担保贷款合同纠纷另行起诉的，可以与商品房买卖合同纠纷合并审理。

商品房买卖合同被确认无效或者被撤销、解除后，商品房担保贷款合同也被解除的，出卖人应当将收受的购房贷款和购房款的本金及利息分别返还担保权人和买受人。

第二十六条 买受人未按照商品房担保贷款合同的约定偿还贷款，亦未与担保权人办理商品房抵押登记手续，担保权人起诉买受人，请求处分商品房买卖合同项下买受人合同权利的，应当通知出卖人参加诉讼；担保权人同时起诉出卖人时，如果出卖人为商品房担保贷款合同提供保证的，应当列为共同被告。

第二十七条 买受人未按照商品房担保贷款合同的约定偿还贷款，但是已经取得房屋权属证书并与担保权人办理了商品房抵押登记手续，抵押权人请求买受人偿还贷款或者就抵押的房屋优先受偿的，不应当追加出卖人为当事人，但出卖人提供保证的除外。

第二十八条 本解释自2003年6月1日起施行。

《中华人民共和国城市房地产管理法》施行后订立的商品房买卖合同发生的纠纷案件，本解释公布施行后尚在一审、二审阶段的，适用本解释。

《中华人民共和国城市房地产管理法》施行后订立的商品房买卖合同发生的纠纷案件，在本解释公布施行前已经终审，当事人申请再审或者按照审判监督程序决定再审的，不适用本解释。

《中华人民共和国城市房地产管理法》施行前发生的商品房买卖行为，适用当时的法律、法规和《最高人民法院〈关于审理房地产管理法施行前房地产开发经营案件若干问题的解答〉》。

最高人民法院关于国有土地开荒后用于农耕的土地使用权转让合同纠纷案件如何适用法律问题的批复

（2012年11月1日　法释〔2012〕14号）

甘肃省高级人民法院：

你院《关于对国有土地经营权转让如何适用法律的请示》（甘高法〔2010〕84号）收悉。经研究，答复如下：

开荒后用于农耕而未交由农民集体使用的国有土地，不属于《中华人民共和国农村土地承包法》第二条规定的农村土地。此类土地使用权的转让，不适用《中华人民共和国农村土地承包法》的规定，应适用《中华人民共和国合同法》和《中华人民共和国土地管理法》等相关法律规定加以规范。

对于国有土地开荒后用于农耕的土地使用权转让合同，不违反法律、行政法规的强制性规定的，当事人仅以转让方未取得土地使用权证书为由请求确认合同无效的，人民法院依法不予支持；当事人根据合同约定主张对方当事人履行办理土地使用权证书义务的，人民法院依法应予支持。

最高人民法院关于当事人达不成拆迁补偿安置协议就补偿安置争议提起民事诉讼人民法院应否受理问题的批复

（2005年8月11日　法释〔2005〕9号）

浙江省高级人民法院：

你院浙高法〔2004〕175号《关于双方未达成拆迁补偿安置协议当事人就补偿安置争议向法院起诉，法院能否以民事案件受理的请示》收悉。经研究，答复如下：

拆迁人与被拆迁人或者拆迁人、被拆迁人与房屋承租人达不成拆迁补偿安置协议，就补偿安置争议向人民法院提起民事诉讼的，人民法院不予受理，并告知当事人可以按照《城市房屋拆迁管理条例》第十六条的规定向有关部门申请裁决。

最高人民法院关于破产企业国有划拨土地使用权应否列入破产财产等问题的批复

（2003 年 4 月 18 日　法释〔2003〕6 号）

湖北省高级人民法院：

你院鄂高法〔2002〕158 号《关于破产企业国有划拨土地使用权应否列入破产财产以及有关抵押效力认定等问题的请示》收悉。经研究，答复如下：

一、根据《中华人民共和国土地管理法》第五十八条第一款第（四）项及《城镇国有土地使用权出让和转让暂行条例》第四十七条的规定，破产企业以划拨方式取得的国有土地使用权不属于破产财产，在企业破产时，有关人民政府可以予以收回，并依法处置。纳入国家兼并破产计划的国有企业，其依法取得的国有土地使用权，应依据国务院有关文件规定办理。

二、企业对其以划拨方式取得的国有土地使用权无处分权，以该土地使用权为标的物设定抵押，除依法办理抵押登记手续外，还应经具有审批权限的人民政府或土地行政管理部门批准。否则，应认定抵押无效。如果企业对以划拨方式取得的国有土地使用权设定抵押时，履行了法定的审批手续，并依法办理了抵押登记，应认定抵押有效。根据《中华人民共和国城市房地产管理法》第五十条和《中华人民共和国担保法》第五十六条的规定，抵押权人只有在以抵押标的物折价或拍卖、变卖所得价款缴纳相当于土地使用权出让金的款项后，对剩余部分方可享有优先受偿权。但纳入国家兼并破产计划的国有企业，其用以划拨方式取得的国有土地使用权设定抵押的，应依据国务院有关文件规定办理。

三、国有企业以关键设备、成套设备、厂房设定抵押的效力问题，应依据法释〔2002〕14 号《关于国有工业企业以机器设备等财产为抵押物与债权人签订的抵押合同的法律效力问题的批复》办理。

国有企业以建筑物设定抵押的效力问题，应区分两种情况处理：如果建筑物附着于以划拨方式取得的国有土地使用权之上，将该建筑物与土地使用权一并设定抵押的，对土地使用权的抵押需履行法定的审批手续，否则，应认定抵押无效；如果建筑物附着于以出让、转让方式取得的国有土地使用权之上，将该建筑物与土地使用权一并设定抵押的，即使未经有关主管部门批准，亦应认定抵押有效。

本批复自公布之日起施行，正在审理或者尚未审理的案件，适用本批复，但对提起再审的判决、裁定已经发生法律效力的案件除外。

会议纪要

最高人民法院第八次民事商事审判工作会议纪要(民事部分)(节选)

(2016年11月30日)

四、关于房地产纠纷案件的审理

房地产纠纷案件的审判历来是民事审判的重要组成部分,审理好房地产纠纷案件对于保障人民安居乐业,优化土地资源配置,服务经济社会发展具有重要意义。随着我国经济发展进入新常态、产业结构优化升级以及国家房地产政策的调整,房地产纠纷案件还会出现新情况、新问题,要做好此类纠纷的研究和预判,不断提高化解矛盾的能力和水平。

(一)关于合同效力问题

13. 城市房地产管理法第三十九条第一款第二项规定并非效力性强制性规定,当事人仅以转让国有土地使用权未达到该项规定条件为由,请求确认转让合同无效的,不予支持。

14. 物权法第一百九十一条第二款并非针对抵押财产转让合同的效力性强制性规定,当事人仅以转让抵押房地产未经抵押权人同意为由,请求确认转让合同无效的,不予支持。受让人在抵押登记未涂销时要求办理过户登记的,不予支持。

(二)关于一房数卖的合同履行问题

15. 审理一房数卖纠纷案件时,如果数份合同均有效且买受人均要求履行合同的,一般应按照已经办理房屋所有权变更登记、合法占有房屋以及合同履行情况、买卖合同成立先后等顺序确定权利保护顺位。但恶意办理登记的买受人,其权利不能优先于已经合法占有该房屋的买受人。对买卖合同的成立时间,应综合主管机关备案时间、合同载明的签订时间以及其他证据确定。

(三)关于以房抵债问题

16. 当事人达成以房抵债协议,并要求制作调解书的,人民法院应当严格审查协议是否在平等自愿基础上达成;对存在重大误解或显失公平的,应当予以释明;对利用协议损害其他债权人利益或者规避公共管理政策的,不能制作调解书;对当事人行为构成虚假诉讼的,严格按照民事诉讼法第一百一十二条和《最高人民法院关于适用〈中华人民共和国民事诉讼法〉的解释》第一百九十条、第一百九十一条的规定处理;涉嫌犯罪的,移送刑事侦查机关处理。

17. 当事人在债务清偿期届满后达成以房抵债协议并已经办理了产权转移手续，一方要求确认以房抵债协议无效或者变更、撤销，经审查不属于合同法第五十二条、第五十四条规定情形的，对其主张不予支持。

（四）关于违约责任问题

18. 买受人请求出卖人支付逾期办证的违约金，从合同约定或者法定期限届满之次日起计算诉讼时效期间。

合同没有约定违约责任或者损失数额难以确定的，可参照《最高人民法院关于审理民间借贷案件适用法律若干问题的规定》第二十九条第二款规定处理。

最高人民法院关于当前民事审判工作中的若干具体问题（节选）

（2015 年 12 月 24 日）

一、关于房地产纠纷案件的审理问题

房地产纠纷案件的审判是民事审判的重要组成部分，审理好房地产纠纷案件对于贯彻落实国家宏观经济政策，保障人民安居乐业具有重要意义。随着我国经济发展进入新常态、产业结构优化升级以及国家房地产政策的调整，去年以来，全国法院受理的房地产案件类型也随之发生变化。从我们调研了解的情况看，近三年来房地产案件呈逐年上升态势，但区域分布不均衡，一、二线城市缓慢增长，三、四线城市，尤其是前期房价涨幅较大的三、四线城市，案件数量增长较快，个别城市呈爆发式增长。要按照中央关于调整产业结构，继续稳控房地产市场的目标开展好房地产案件审判工作。

第一，要通过案件的审理引导建立健康有序的房地产市场秩序。最高法院民一庭一直坚持以依法维护各方当事人权益，促进房地产业健康发展，作为审理此类案件的基本理念和思路。这个理念和思路没有变。在此，我要特别强调的是，房地产市场行情变化与法院的受案数量、案件类型、裁判尺度、司法政策等有着直接关系，要根据房地产市场变化的不同，找准贯彻这个理念和思路的侧重点和着力点。随着部分二、三线城市房地产市场由卖方市场向买方市场逐步转变，开发商诉请解除国有土地使用权出让合同、返还土地出让金的案件以及买受人主张合同无效或解除合同的案件增长较快，一房多卖、重复抵押、虚假按揭等违背诚实信用的现象大量存在。要注重发挥合同效力的多层次性，慎用合同无效。要注意区分房屋质量不合格和一般性瑕疵，准确判断当事人是否享有合同解除权，引导树立市场经济条件下契约意识和契约精神，防止通过法院判决的形式，助长有违诚信原则的恶意毁约行为。对于开发商确因资金链断裂无力交房或无法办

理房产证的，也要及时通过合同解除等方式依法保护购房者的利益，同时依据法律规定适度分担损失，更好平衡各方利益。要密切关注因房地产价格下跌产生的群体性事件，加强与当地党委政府的沟通协调，及时做好处置预案，防止产生连锁反应。

第二，要注意房地产买卖与民间借贷相交织类型案件的特点。房地产不仅是具有居住功能的消费品，也是融资投资的工具，甚至具有资本市场上金融产品的某些特征。要尊重该类案件特殊的规律，对于既签订民间借贷合同又签订房屋买卖合同的，要具体分析，既要准确理解民间借贷司法解释第二十四条关于法律行为性质的界定，又要注意区分不同案件基本事实，尊重市场主体的交易安排，避免机械适用。比如先签订借款合同，借款到期后无力还债，双方又签订房屋买卖合同，将前期借款转为购房款的，就不应再定性为借款法律关系。当然，要严格禁止变相高利贷、流押等不法行为；对于房地产商非法融资及一房多卖、重复抵押的，在相对人均为善意的情况下，要按照物权优先于债权的原则、物权成立时间先后以及合同履行情况等，确定权利优先保护的顺位。尤其要注意正确认识占有的权利推定效力，妥善处理占有与登记之间的冲突，依法保护合法占有人的权益。

第三，关于处分权受限制的房地产转让合同效力。合同效力问题的实质是公权力对私法自治的评价。大家都知道，在房地产领域，存在土地出让、合作开发和房屋买卖的一、二、三级市场，从公权力的干预程度上看，是依次减弱的，因此，在对合同效力的把握上，也要依次放宽。要特别注意这三个市场在经济制度、法律制度和法理等方面存在的不同安排和规则。实践中，出卖人在签订房产转让合同时未取得房屋所有权证书、未经其他共有权人同意或者房产已经设定抵押或被依法查封的，房产转让合同的效力问题争议较大。我们认为，总体上看，房地产转让已经属于房地产三级市场，应该更多地发挥私法自治的功能。具体法律适用上，买卖合同司法解释虽然主要适用动产，但在不动产交易上，也要与该解释第三条规定的精神保持一致，要正确适用合同效力和物权变动区分原则，发挥合同法和物权法在不同交易阶段的调整功能，既要严格体现合同对当事人的拘束力，也要通过物权变动的管制保障国家相关政策贯彻落实。对这类合同不宜简单认定合同无效，可以考虑根据当事人过错程度，通过违约责任来平衡双方利益。

最高人民法院关于当前商事审判工作中的若干具体问题（节选）

（2015年12月24日）

九、关于以物抵债合同纠纷案件的审理问题

债权人与债务人之间存在金钱债务，有时双方约定以特定物替代原金钱债务的清偿。实务上将该种替代履行债务的方式称为以物抵债。一般情形下，当事人设定以物抵债的目的是为了及时还清债务。但有的以物抵债则是为了达到其他非法目的，恶意逃避债务，损害第三人的合法权益。我们认为，在以物抵债案件审理中，既要注重以物抵债在了结债务、化解矛盾纠纷、节约交易成本等方面的积极作用，不能对以物抵债约定轻易否定；同时，也要严格审查当事人缔结以物抵债的真实目的，对借以物抵债损害相对人、第三人利益的行为应予以否定。对这些问题我们将在《物权法》担保物权编司法解释中进一步研究。

第一，关于债务履行期届满前约定的以物抵债。债权人与债务人在债务履行期届满前就作出以物抵债的约定，由于债权尚未到期，债权数额与抵债物的价值可能存在较大差距。如果此时直接认定该约定有效，可能会导致双方利益显失公平。所以在处理上一般认为应参照《物权法》关于禁止流押、流质的相关规定，不确认该种情形下签订的以物抵债协议的效力。在后果处理上：1. 如果此时抵债物尚未交付给债权人，而债权人请求确认享有抵债物所有权并要求债务人交付的，不予支持。今年最高人民法院颁布的民间借贷司法解释第二十四条规定：当事人以签订买卖合同作为民间借贷合同的担保，应当按照民间借贷法律关系审理。债务人不履行生效判决确定的金钱债务，债权人可以申请拍卖买卖合同标的物以偿还债务。上述处理思路与该司法解释规定是一致的。2. 如果此时抵债物已交付给债权人，参照《物权法》中质押的有关规定，债务人请求债权人履行清算义务或主张回赎的，法院应予支持。

第二，关于债务履行期届满后约定的以物抵债。债务履行期届满后，债权的数额就得以确定，在此基础上达成的以物抵债协议，一般不会存在显失公平的问题。在以物抵债行为不存在违反法律、行政法规禁止性规定的情形下，应当尊重当事人的意思自治。在后果的处理上：1. 如果此时抵债物尚未交付给债权人，债务人反悔但未能提供证据证明有能力继续履行原债务，债权人请求债务人履行以物抵债约定的，应予支持。此时，对法院是否还应就该物履行清算程序的问题，一种意见认为应当履行，债权人不能就超过债权部分受偿。另一种意见则认为，此时因以物抵债约定系事后达成，所以不会对债务人造成不公平，故无需履行上述程序，债权人可以就抵债物直接受偿。当然，如果该抵债行为损害第三人利益，第三人可以参照《物权法》第一百九十五条第一款的规定主张撤销。这两种意见中，我们倾向于后一种意见。2. 如果抵债物已交付给债权人，债务人反悔的，不予支持。但为防止一方当事人利用以物抵债协议损害对方的合法权益，当存在《合同法》第五十四条规定的情形时，债权人、债务人均可请求变更或撤销以物抵债行为。对当事人利用以物抵债恶意逃债，第三人既可依据《合同法》第五十二条的规定主张抵债行为无效，也可依据《合同法》第七十四条的规定行使撤销权。①

最高人民法院《2011年全国民事审判工作会议纪要》(节选)

(2011年)

三、关于房地产纠纷案件

15. 在农村集体所有土地上建造房屋并向社会公开销售，应当依据合同法第五十二条和土地管理法第四十三条规定，认定该买卖合同无效。

将宅基地上建造的房屋出卖给本集体经济组织成员以外的人的合同，不具有法律效力；出售给本集体经济组织成员的，应当符合法律、行政法规和国家政策关于宅基地分配、使用条件的规定。

在确定合同无效后的损失承担时，应综合考虑当事人的过错，避免处理结果导致当事人利益的失衡。

16. 数份房屋买卖合同均为合法有效且各买受人均要求履行合同的，应按照已经办理房屋所有权移转登记、合法占有房屋以及买卖合同成立先后顺序等确定权利保护顺位。确定买卖合同成立时间，应综合考虑合同在主管机关备案的时间、合同载明的签订时间以及其他证据证明的合同签订时间等。

预告登记期间内，未经预告登记的权利人同意，房屋所有权人所为的处分行为，不得对抗预告登记权利人。

17. 当事人以转让房地产时未达到城市房地产管理法第三十九条第一款第(二)项规

---

① [相关法条]《物权法》第一百九十五条第一款：债务人不履行到期债务或者发生当事人约定的实现抵押权的情形，抵押权人可以与抵押人协议以抵押财产折价或者以拍卖、变卖该抵押财产所得的价款优先受偿。协议损害其他债权人利益的，其他债权人可以在知道或者应当知道撤销事由之日起一年内请求人民法院撤销该协议。

《合同法》第五十四条：下列合同，当事人一方有权请求人民法院或者仲裁机构变更或者撤销：

(一)因重大误解订立的；

(二)在订立合同时显失公平的。

一方以欺诈、胁迫的手段或者乘人之危，使对方在违背真实意思的情况下订立的合同，受损害方有权请求人民法院或者仲裁机构变更或者撤销。

当事人请求变更的，人民法院或者仲裁机构不得撤销。

《合同法》第七十四条：因债务人放弃其到期债权或者无偿转让财产，对债权人造成损害的，债权人可以请求人民法院撤销债务人的行为。债务人以明显不合理的低价转让财产，对债权人造成损害，并且受让人知道该情形的，债权人也可以请求人民法院撤销债务人的行为。

撤销权的行使范围以债权人的债权为限。债权人行使撤销权的必要费用，由债务人负担。

定的条件为由，请求认定转让合同无效的，不予支持。

18. 当事人以国有土地使用权或资金出资进行合作开发，并以一方名义进行开发建设的，因合作项目产生的债权债务，按照物权法第一百零二条的规定处理。

另一种意见：当事人以国有土地使用权或资金出资进行合作开发，并以一方名义进行开发建设的，因合作项目产生的债权债务，应当严格遵循合同相对性原则处理。

19. 对房屋买卖合同明确约定以按揭贷款方式付款，且买受人能够举证证明其确因首付款比例提高、贷款利率提高或不能办理按揭贷款等因素，导致无履约能力的，其以不可归责于双方当事人的事由为由请求解除合同，并要求出卖人返还收受的购房款或者定金的，可以支持。

对合同未明确约定以按揭贷款方式付款的，买受人以信贷政策变化为由请求解除买卖合同的，原则上不予支持；但买受人举证证明订立合同时出卖人明知且接受其实际将以按揭方式付款的，人民法院应依据相关法律、司法解释的规定，审查其解除合同的理由是否成立。

20. 房屋买受人在合同签订后由于相应住房限购政策的实施而无法办理房屋所有权转移登记的，买受人以不可归责于双方当事人的原因导致合同目的无法实现为由，请求解除合同，返还所支付的购房款和定金的，可以支持。当事人并主张赔偿损失的，原则不予支持。

21. 人民法院对因国家宏观调控政策调整导致双方当事人解除房屋买卖合同后的损失，应适当区分基本住房、改善性住房和投资性住房予以公平处理，依法保护普通民众特别是弱势群体和低收入阶层的利益。对购买基本住房或改善性住房的，出卖人在解除合同后请求买受人赔偿损失的，原则上不予支持；对购买投资性住房的，出卖人在合同解除后请求买受人承担相应补偿责任的，人民法院应当依据公平原则进行处理；合同约定定金的，补偿数额原则上以定金数额为限；没有约定定金的，原则上不超过合同标的额的10%；对购买投资性住房的，应依据合同法的相关规定处理。

22. 对因国家宏观调控政策变化引发的居间报酬纠纷应加以重视。房屋买卖双方确因中介机构的居间行为订立合同的，除合同另有约定外，一方当事人以宏观调控政策调整无法继续履行合同为由，请求解除居间合同并要求返还已支付的居间报酬的，原则上不予支持。但约定的居间报酬确实过高，当事人请求适当酌减的，人民法院可以根据案件具体情况，根据公平原则处理。

对于中介机构故意隐瞒真实情况、违规操作，恶意促成买卖双方交易，导致房屋买卖合同无法履行，严重损害委托人利益的，中介机构请求委托人支付居间报酬的，不予支持；委托人请求中介机构赔偿损失的，应当根据当事人的过错程度处理。

答复、函复

最高人民法院对关于无证售房问题的答复

（2014 年 10 月 16 日）

网民所反映的问题主要涉及人民法院在审理开发商无预售许可证销售商品房的损害赔偿时的裁判标准不统一问题，主要表现在以下两个方面：一是由人民法院判决开发商退还房款和利息，并且支付一倍的预付款赔偿；二是由人民法院在购房人也有过错的情况下，不支持赔偿的请求。网民建议，在开发商无证售房且房价大涨的情况下，能否考虑判决开发商对业主作出一定数额的赔偿。

针对网民所反映的裁判标准不统一问题，目前我国法律和相关司法解释已经有明确的规定，具体表现在：

其一，对于实践中开发商没有取得预售许可证明即出售商品房的，根据《最高人民法院关于审理商品房买卖合同纠纷案件适用法律若干问题的解释》第二条的规定，该商品房预售合同无效，但是在起诉前开发商已经取得商品房预售许可证明的，可以认定该商品房买卖合同有效。

其二，在商品房预售合同被认定无效之后，根据《中华人民共和国合同法》第五十七条的规定，合同无效的，不影响合同中独立存在的有关解决争议方法的条款的效力。因此，如果该预售商品房合同有关于解决争议的约定，则人民法院应尊重该当事人约定的效力，将该约定作为处理当事人之间争议的依据。在合同无效且合同中并无有关解决争议方法的情况下，应进一步根据《中华人民共和国合同法》第五十八条的规定，因该合同取得的财产，应当予以返还，不能返还或者没有必要返还的，应当折价补偿。与此同时，有过错的一方应当赔偿对方因此所受到的损失，双方都有过错的，应当各自承担相应的责任。

其三，为了进一步解决实践中如何处理无证预售商品房合同无效后的赔偿损失问题，《最高人民法院关于审理商品房买卖合同纠纷案件适用法律若干问题的解释》第九条规定，在开发商故意隐瞒没有取得商品房预售许可证明的事实或者提供虚假商品房预售许可证明的情况下，开发商应当返还购房人已经支付的购房款及利息，并应承担不超过已付购房款一倍的赔偿责任，即规定了针对开发商欺诈行为的惩罚性赔偿。至于开发商没有欺诈或者故意隐瞒的情况，则应根据上述合同法的规定，进行法律适用，因此，如果人民法院能够认定，开发商与购房人对于合同无效均有过错，则应根据双方的过错程度，判决各自承担相应的责任,这是适用合同法的结果。

对于网民所说的裁判标准不统一问题,最高人民法院将在实践中综合上述法律、司法解释所规定的三个方面,进一步规范司法行为,统一裁判标准。

至于网民建议,在开发商无证售房且房价大涨的情况下,能否考虑判决开发商对业主作出一定数额的赔偿,鉴于此问题属于适用上述法律规定的问题,需要根据具体的情况加以处理。换言之,网民的建议已经在我国法律和最高人民法院的司法解释中有所规定,故网民的建议其实只是法律适用层面的问题,而非立法或者统一司法裁判标准的问题。

最高人民法院关于《城市房地产抵押管理办法》在建工程抵押规定与上位法是否冲突问题的答复

(2012 年 11 月 28 日 〔2012〕行他字第 8 号)

山东省高级人民法院:

你院鲁高法函〔2012〕3 号请示收悉,经征求全国人大常委会法制工作委员会、住房和城乡建设部意见,答复如下:

在建工程属于《担保法》规定的可以抵押的财产范围。法律对在建工程抵押权人的范围没有作出限制性规定,《城市房地产抵押管理办法》第三条第五款有关在建工程抵押的规定,是针对贷款银行作为抵押权人时的特别规定,但并不限制贷款银行以外的主体成为在建工程的抵押权人。

最高人民法院研究室关于农村土地补偿费分配纠纷是否受理问题的研究意见

(2012 年 1 月)

有关部门就农村土地补偿费分配纠纷是否受理问题征求最高人民法院研究室意见。我室经研究认为:

农村集体经济组织与其成员因已经收到的土地补偿费,在成员之间就具体分配比例产生的纠纷,属于平等民事主体之间的纠纷。当事人就该纠纷起诉到人民法院,只要符合《中华人民共和国民事诉讼法》第一百零八条的规定,人民法院应当受理。

最高人民法院研究室关于以物抵债调解书是否具有发生物权变动效力的研究意见

（2012 年 1 月）

有关部门就以物抵债调解书是否具有发生物权变动效力的问题征求最高人民法院研究室意见。我室经研究认为：

物权法第二十八条规定的“人民法院的法律文书”应当包括判决书、裁定书和调解书。但以物抵债调解书只是对当事人之间以物抵债协议的确认，其实质内容是债务人用以物抵债的方式来履行债务，并非对物权权属的变动。因此，不宜认定以物抵债调解书能够直接引起物权变动。

第三编　地方法院会议纪要、规定、意见、答复、解答

北　京　市

北京市高级人民法院房屋买卖合同纠纷会议纪要

（2014 年 12 月 16 日）

近年来，我市法院受理的房屋买卖合同纠纷案件中出现了一些新问题、新情况。为统一裁判标准和执法尺度，市高院民一庭组织市一、二、三中院及部分基层法院民庭召开了专题座谈会，经充分深入讨论，就该类案件审理中的相关法律适用问题，形成以下纪要内容：

一、符合房屋现售条件的商品房预售合同的效力

出卖人未取得商品房预售许可证明即签订预售合同转让房屋，在一审法庭辩论终结前房屋已经竣工验收合格的，可以认定为商品房现售，当事人以出卖人未取得商品房预售许可证明为由主张合同无效的，不予支持。

二、预约合同的效力和履行

当事人以出卖人在签订预购书、购房意向书等预约协议时未取得商品房预售许可证明为由，要求确认预约协议无效的，不予支持，但预约协议被认定为商品房预售合同的除外。

预约协议订立后，当事人一方无正当理由拒绝签订房屋买卖合同，守约方起诉要求法院强制违约方订立买卖合同的，一般不予支持。

三、基于假按揭签订房屋买卖合同的效力

当事人为套取银行贷款虚构房屋买卖事实订立买卖合同，双方并无买卖房屋的真实意思表示，房屋买卖合同无效。当事人尚未还清银行贷款的，对于合同无效的法律后果可以参照《最高人民法院关于审理商品房买卖合同纠纷案件适用法律若干问题的解释》第 25 条的规定处理。

四、房屋买卖中阴阳合同的效力

当事人在房屋买卖合同(包括双方已经签字的网签合同)中为规避国家税收监管故意隐瞒真实的交易价格,该价格条款无效,但该条款无效不影响合同其他部分的效力。当事人以逃避国家税收为由,要求确认买卖合同全部无效的,不予支持。

当事人对房屋买卖合同(包括双方已经签字的网签合同)的效力及履行存在争议,经审查其名为房屋买卖,实为赠与等其他法律行为的,应根据隐藏法律行为的性质进行处理。

五、购房指标转让合同的效力

当事人签订合同将房屋(包括拆迁安置用房等)的购买指标转让给他人,当事人一方主张转让合同无效的,一般不予支持,但当事人转让经济适用住房等政策性保障住房购房指标的除外。

六、无权处分合同的效力和履行

夫妻一方未经另一方同意,以自己名义转让登记在自己名下的法定共有房屋,当事人以出卖人在缔约时对房屋没有所有权或者处分权为由主张房屋买卖合同无效的,不予支持。

前款房屋已经交付但尚未办理过户登记,不符合《物权法》第 106 条第 1 款规定的善意取得构成要件,买卖合同构成法律上的履行不能,买受人要求继续履行买卖合同办理房屋过户登记的,法院应当释明买受人可以主张解除合同,经释明买受人坚持不变更诉讼请求的,应当判决驳回其诉讼请求。房屋买卖合同解除的,善意买受人有权要求出卖人承担包括赔偿房屋差价损失在内的违约责任。

前款房屋已经过户登记到买受人名下,但不符合《物权法》第 106 条第 1 款规定的善意取得其他构成要件,夫妻另一方依据该规定要求追回房屋的,应予支持。

"善意"的判断时点以买受人申请过户登记时为准。

七、房屋共有权利人的诉讼地位与责任承担

夫妻一方转让登记在自己名下的法定共有房屋,买受人要求继续履行合同办理房屋过户登记,法院应当对出卖人(登记方)的行为是否构成无权处分或无权代理进行审查,并释明买受人可以申请追加夫妻另一方作为共同被告或第三人参加诉讼,买受人不申请的,法院可以通知夫妻另一方作为无独立请求权第三人参加诉讼。夫妻另一方以出卖人构成无权处分为由要求追回房屋的,可以作为有独立请求权第三人参加诉讼。夫妻另一方向法院表示同意出卖人转让房屋的,可以不追加其参加诉讼。

经审查夫妻另一方追认出卖人的处分行为或有证据证明其以自己的行为同意履行的,构成对房屋过户登记债务的加入,应当判决夫妻双方共同为买受人办理房屋过户登记手续;出卖人的行为构成《最高人民法院关于适用〈中华人民共和国婚姻法〉若干问题的解释(一)》第 17 条第(2)项或《民法通则》第 66 条第 1 款规定的,该买卖合同对夫妻

另一方具有约束力,应当判决夫妻双方共同为买受人办理房屋过户登记手续。

八、冒名签订房屋买卖合同的效力

出卖人冒用房屋所有权人名义(如伪造所有权人身份证明、找相貌近似者冒充所有权人交易等)擅自转让房屋,可以参照《合同法》第48条无权代理的规定认定房屋买卖合同无效,该合同对房屋所有权人没有约束力,但买受人有证据证明构成《合同法》第49条规定表见代理的除外。

买受人信赖出卖人享有代理权法律外观的形成系不可归因于房屋所有权人的,不构成前款规定的表见代理。

九、连环买卖中的合同效力

房屋连环买卖中,前一手房屋买卖合同被确认无效,并不必然影响后一手房屋买卖合同的效力,法院应当根据后一手买卖合同是否存在其他法定无效情形予以认定。但后一手买卖合同的买受人能否取得房屋权利,应当依据《物权法》第106条关于善意取得的规定进行处理。

十、借名买房的认定和处理

借名人以出名人(登记人)为被告提起诉讼,要求确认房屋归其所有的,法院应当向其释明,告知其可以提起合同之诉,要求出名人为其办理房屋过户登记手续。

《北京市高级人民法院关于审理房屋买卖合同纠纷案件适用法律若干问题的指导意见(试行)》第16条规定中的政策性保障住房包括经济适用住房、两限房等保障中低收入家庭住房困难的房屋。借名人要求办理房屋过户登记手续,经审查借名购买的经济适用住房的原购房合同系2008年4月11日(含)之前签订的,可以参照前述指导意见第6条第2款的规定处理。

房屋腾退纠纷中,被告方以双方之间存在借名买房关系作为抗辩的,法院应当释明其可以提出反诉要求办理房屋过户登记手续,当事人坚持不反诉的,应就其抗辩是否成立进行审理并作出判定。

十一、请求合同继续履行的处理

当事人要求继续履行房屋买卖合同,但诉讼请求中没有具体履行内容的,法院应当向当事人释明,要求其变更诉讼请求明确具体履行内容,如支付购房款、交付房屋、办理房屋过户登记等,并告知仅判决继续履行合同存在履行内容不明确无法执行的风险;当事人坚持不变更的,可以根据当事人的请求作出相应的判决,并告知当事人在履行中发生新的争议可就具体履行内容另行起诉。

十二、商品房不符合交付条件的处理

买受人要求交付商品房,经审查房屋已经完工但未办理竣工验收手续,不符合法定强制性交付条件的,可以判决出卖人在合理期限内组织工程竣工验收,并将验收合格的房屋交付给买受人,但买卖合同存在永久性履行不能情形的除外。

买受人明知商品房不具备法定或约定交付条件仍同意接收房屋后，又以房屋不具备交付条件为由主张逾期交房违约金的，不予支持，但买受人有权要求出卖人依据法律规定或合同约定完善房屋交付条件，并主张因房屋交付条件不具备给其造成的实际损失。

商品房买卖合同示范文本约定出卖人"于房屋实际交付之日起三十日内支付违约金"，出卖人实际逾期交付房屋的，买受人应当依合同约定的履行期限主张逾期交房违约金；房屋逾期尚未实际交付，买受人主张逾期交房违约金，出卖人以合同约定的履行期限尚未届至为由提出抗辩的，不予采信。

十三、买受人拒绝接收商品房的处理

出卖人交付的房屋符合商品房买卖合同约定及法定的强制性交付条件和质量标准，买受人以房屋质量存在表面瑕疵为由拒绝接收房屋，并要求出卖人承担逾期交房违约责任的，一般不予支持，但买受人确有证据证明房屋在交付时存在功能性质量瑕疵以致严重影响正常居住使用的除外。买受人接收房屋不影响出卖人对房屋的质量瑕疵承担保修义务。

十四、因"出卖人原因"未办理房屋过户登记的认定

商品房买卖合同约定买受人委托出卖人代为办证，出卖人未在合同约定或法定办证期限内将房屋过户登记到买受人名下，并通知买受人领取房屋权属证书的，应当承担逾期办证的违约责任，但出卖人有证据证明办证逾期系因买受人未缴纳办证所需相关税费或提供相关证明等自身原因造成的除外。

商品房买卖合同未明确约定出卖人代为办证的，出卖人仍负有为买受人办理房屋过户登记的义务，即出卖人应当在合同约定或法定办证期限届满的三十日前，完成房屋初始登记并将协助办证所需的必要证明材料备齐提交房屋登记机关，且依合同约定或其他合理方式告知买受人可以自行申请房屋过户登记。出卖人未履行上述义务的，应当承担逾期办证的违约责任。

因行政部门原因导致买受人未能在合同约定或法定期限内取得房屋所有权登记的，可以根据其影响程度减轻或免除出卖人的逾期办证违约责任。

十五、对待给付义务的同时履行

买受人要求出卖人交付房屋或办理房屋过户登记，经审查合同约定买受人支付剩余购房款的义务先于或与出卖人的交房、过户义务同时履行，且买受人同意依约支付剩余购房款但出卖人拒绝受领的，法院应当向出卖人释明可以反诉要求支付剩余购房款，经释明出卖人坚持不反诉，仅以买受人未支付剩余购房款作为拒绝履行抗辩的，法院应当依据买受人的诉讼请求判决："出卖人在买受人依合同约定支付剩余购房款时，交付房屋、协助买受人办理房屋过户登记手续"。

十六、一房数卖中买受人的权利顺位

一房数卖中的数个买受人均要求继续履行房屋买卖合同的，应当依据《全国民事审判工作会议纪要》第二部分第（二）方面、《北京市高级人民法院关于审理房屋买卖合同纠纷案件适用法律若干问题的指导意见（试行）》第13条的规定确定权利保护顺位。在房屋查封期间占有房屋的买受人，其权利不能对抗在先查封房屋的买受人；办理商品房预售合同备案或房屋网签手续买受人的权利，不能对抗合法占有房屋的买受人。

买受人要求办理房屋过户登记的案件中，法院应当告知其可以申请对房屋采取保全措施，法院在必要时可以在查封房屋处张贴封条或者公告，并提取保存有关财产权证照。

十七、第三人过户登记请求权的行使

房屋买卖合同中约定出卖人应向买受人指定的第三人办理房屋过户登记手续的，该第三人有权直接要求出卖人办理房屋过户登记；买受人也可以要求出卖人向其指定的第三人履行合同义务，但第三人拒绝受领的除外。

十八、出卖人死亡后房屋买卖合同的履行

出卖人在签订房屋买卖合同后死亡，买受人有权要求出卖人的继承人在继承遗产范围内继续履行合同债务，交付房屋并办理房屋过户登记。法院应当依据买受人的诉讼请求判决："出卖人的继承人协助买受人办理房屋过户登记手续"。

十九、房屋涨价损失与一倍赔偿的并用

出卖人具有《最高人民法院关于审理商品房买卖合同纠纷案件适用法律若干问题的解释》第8、9条规定的违约情形，导致商品房买卖合同解除，买受人要求同时赔偿房屋涨价损失和不超过已付购房款一倍损失的，可予以支持，但合同另有约定的除外。出卖人有证据证明两项赔偿数额相加过分高于买受人所受实际损失的，可以酌情降低赔偿总额。

二十、同时主张逾期交房、办证违约金的处理

出卖人存在违反房屋买卖合同约定逾期交房和逾期办证的违约行为，买受人同时主张上述两项违约金的，可予以支持。出卖人主张两项违约金相加数额过高的，法院可以综合买受人所受实际损失、出卖人的过错程度、是否使用格式条款等因素，对于违约行为重复期间的违约金，择一高标准予以支持。

商品房买卖合同约定出卖人逾期取得初始登记和逾期办理过户登记应当支付违约金，买受人同时主张两项违约金的，依前款原则处理。

二十一、逾期办证违约金过高的判断标准

出卖人主张房屋买卖合同约定的逾期办证违约金数额明显过高，经审查买受人实际损失无法确定的，法院可以买受人已付购房款为基数，在日万分之三的标准范围内对违约金数额进行调整。

二十二、违约金分别主张与分段主张的调整

房屋买卖合同纠纷中，出卖人以买受人主张的违约金数额过高作为抗辩的，应区分以下情形处理：

(一)出卖人存在多项违约行为,买受人分别提起诉讼主张违约金,前诉法院已经做出处理的,后诉法院应当综合考虑前后案件的具体情况、买受人的实际损失、前诉案件的赔偿数额等因素综合确定赔偿数额。

(二)买受人就出卖人的同一违约行为分段起诉主张违约金,前诉法院已经确定出卖人支付违约金,出卖人有证据证明前诉案件确定的违约金数额加上买受人在后案中主张的违约金数额过分高于其所受实际损失的,应当判决部分驳回直至全部驳回买受人的诉讼请求。

(三)买受人就出卖人的同一违约行为先后主张迟延履行违约金和解除合同违约金,前诉法院已经确定出卖人承担迟延履行违约金的,后诉法院在支持解除合同违约金时,应当扣除出卖人已经承担的迟延履行违约金的数额。

二十三、违约金诉讼时效的认定

房屋买卖合同中约定当事人违反合同义务应承担的违约金为数额确定的一次性违约金的,诉讼时效期间从合同约定的义务履行期限届满之次日起算;约定违约金为按日(月)计付的继续性违约金的,以每个个别的债权分别单独适用诉讼时效,当事人在诉讼中提出时效抗辩的,违约金保护范围为当事人起诉之日前两年。期间有时效中断或中止情形的,适用《民法通则》关于诉讼时效中断或中止的相关规定。

二十四、民间借贷与代理售房的处理

民间借贷关系的借款人在借款时出具委托书,授权贷款人(或其指定的第三人)出售借款人的房屋,贷款人(或其指定的第三人)在借款人未偿还借款的情况下,以借款人名义转让其房屋,借款人主张买卖合同无效的,一般不予支持,但贷款人与买受人存在恶意串通行为,或者买受人明知或应当知道代理人实际没有代理权或滥用代理权的除外。贷款人应当将收取的购房款扣除贷款本金、合法利息等后剩余的款项及时退还给借款人。

借款人认为合同约定的房屋转让价格明显过低,显失公平的,可以依据《合同法》第54条第1款第(2)项的规定行使撤销权。转让价格是否明显过低的标准可以参照《最高人民法院关于适用〈中华人民共和国合同法〉若干问题的解释(二)》第19条的规定予以确定,即合同约定的房屋转让价格达不到当时交易地的市场交易价百分之七十的,一般可以视为价格明显过低。

法院应当严格审查授权委托书的内容、买卖合同的订立和履行是否符合市场交易习惯、买受人是否实际支付购房款并实地查看房屋、买受人的身份等因素综合予以认定。

二十五、民间借贷与以房抵债的处理

当事人在民间借贷债务履行期限届满前签订合同约定,借款人逾期不偿还借款即愿意以自己所有(或经第三人同意以第三人所有)的房屋抵偿归贷款人所有,该合同实为基础借贷债权的担保,应当根据当事人的真实意思表示认定双方之间系民间借贷法律关系。贷款人可以选择行使以下权利:(1)贷款人依原基础借贷法律关系主张偿还借款的,应予支持;(2)贷款人在履行清算义务的前提下,要求借款人办理房屋过户登记手续的,应予支持。房屋价值超过担保基础借贷债权(贷款本金、合法利息等)的,贷款人应将剩余款项返还给借款人。房屋价值以贷款人要求借款人办理房屋过户登记时予以确定。

当事人在民间借贷债务履行期限届满后签订合同约定以房抵债,性质上属于债务履行方式的变更,贷款人要求继续履行合同办理房屋过户登记手续的,应予支持。借款人认为抵债价格明显过低,显失公平的,可以参照本纪要第24条第2款规定处理。

二十六、以房抵债与调解

当事人以债务纠纷诉至法院,在诉讼中自愿达成以房抵债协议的,各级法院应当严格依据《最高人民法院关于房地产调控政策下人民法院严格审查各类虚假诉讼的紧急通知》的相关规定,加大对可能出现的虚假诉讼案件的审查力度,对抵债协议的内容一般不出具正式调解书予以确认,确实需要出具正式调解书的,应当报经所在法院主管副院长或庭长审核。

二十七、适用范围

本纪要中的房屋买卖合同,未在表述中指明仅适用于商品房买卖的,即包括商品房买卖和存量房买卖,但不包括农村房屋买卖。

北京市高级人民法院民事审判实务疑难问题研讨会会议纪要(节选)

(2006年9月14日)

二、关于农村私有房屋买卖合同的效力认定及案件的处理原则问题

关于农村私有房屋买卖合同效力的认定问题,2004年12月高院民一庭曾联合高院审监庭、立案庭等相关部门进行了专门研讨,并在充分吸收一、二中院调研意见的基础上,形成了会议纪要。根据会议所达成的共识,农村私有房屋买卖合同以认定无效为原则,以认定有效为例外;从买卖双方的主体身份来看,如果双方都是同一集体经济组织的成员,经过了宅基地审批手续的,可以认定合同有效。该会议纪要同时明确了"尊重历史,照顾现实"、"注重判决的法律效果和社会效果"以及"综合权衡买卖双方的利益"等认定合同无效之后的处理原则。会议纪要发布之后,我市法院主要参照上述原则处理此类问题。研讨中,与会人员深入分析了的农村私有房屋买卖合同效力的政策法律依据和相应的法律后果。

与会少数人员认为,目前我国的法律、法规及司法解释尚没有禁止农村私房买卖以及农村私房买卖合同应认定无效的明确规定。因此,农村私有房屋买的买卖应认定为有效。从法律后果来看，认定合同有效不仅有利于制约农民随意处分自己的房屋和宅基地，有利于稳定现有的房屋占有关系；而且“当事人不得因自己的错误行为而获利”，对出卖人事后主张合同无效进行必要的限制，有利于维护买受人的善意信赖，这也是“禁发言”和诚实信用原则的要求。

但是，与会多数人意见认为，农村私有房屋买卖合同应认定为无效，认定无效的根据是我国现行的土地法规、宅基地使用政策而得出的结论。目前，在我市农村私房买卖中，买房人名义上是买房，实际上是买地，这与我国严格限制宅基地流转的政策是相违背的；宅基地使用权是集体经济组织成员享有的权利，与特定的身份相联系，转让私有房屋往往导致宅基地使用权的非法流转；另一方面，宅基地的流转必然带来宅基地需求的加大，造成住宅用地向耕地延伸，这显然不符合《土地管理法》等相关法规关于保护耕地的立法意图。

根据多数人的意见，会议认为：农村私有房屋买卖应当认定无效，2004 年《会议纪要》中所确立的原则是恰当的，仍应坚持；认定无效虽然可能引发一些诉讼，但可以制约众多潜在的房屋买受人，发挥司法应有的导向作用。同时，与会大多数人认为，虽然买卖合同以认定无效为原则，但考虑个案的不同情况，可以根据实际情况依法确认合同效力。例如，买卖双方都是同一集体经济组织成员，或者诉讼时买受人已将户口迁入所在地的集体经济组织的，可以认定合同有效；对于 1999 年 1 月 1 日《土地管理法》修订之前，将房屋转让给回乡落户的干部、职工、退伍军人以及华侨、港澳台同胞的，亦可认定转让合同有效。

同时，与会人员一致认为：此类案件成讼多源于土地增值及土地征用、房屋拆迁将获得补偿安置等原因，出卖人受利益驱动儿起诉。在合同无效的原因方面，出卖人负有主要责任，买受人负有次要责任；在合同无效的处理上，应全面考虑出卖人因土地增值或拆迁、补偿所获得的利益，以及买受人因房屋现值和原买卖价格的差异造成损失两方面的因素，平衡买卖双方的利益，避免认定合同无效给当事人造成的利益失衡；对买受人已经翻建、扩建房屋的，应对其添附价值进行合理补偿；买受人确实无房居住的，应予以妥善安置。

北京市高级人民法院农村私有房屋买卖纠纷合同效力认定及处理原则研讨会会议纪要

（2004 年 12 月 15 日）

近年来，我市法院受理了一批涉及农村私有房屋买卖的合同纠纷案件，由于目前相关法律、法规不够明确，对合同效力认定认识存在差异，在一定程度上产生了此类案件在不同法院、不同业务庭、不同审判人员之间裁判标准不统一的问题。为研究、统一执法尺度,2004年12月,高院民一庭与审监庭、立案庭联合召开会议,就农村私有房屋买卖合同的效力认定及案件处理原则等问题进行了专门研讨,初步形成了处理意见,纪要如下:

一、涉及农村私有房屋买卖纠纷案件的主要情况

目前此类纠纷主要有以下情况:从诉讼双方和案由来看,主要为房屋出卖人诉买受人,要求确认合同无效并收回房屋;从买卖双方身份来看,出卖人为农村村民,买受人主要是城市居民或外村村民,也有出卖给同村村民的情况;从交易发生的时间看,多发生在起诉前两年以上,有的甚至在10年以上;从合同履行来看,大多依约履行了合同义务,出卖人交付了房屋,买受人入住并给付了房款,但多未办理服务登记变更或宅基地使用权变更登记手续;从诉讼的起因来看,多缘于土地增值以及土地征用、房屋拆迁等因素,房屋现值或拆迁补偿价格远远高于原房屋买卖价格,出卖人受利益驱动而起诉;从标的物现状来看,有的房屋已经过装修、翻建、改建等添附行为。

二、关于农村私有房屋买卖纠纷合同效力的认定

与会人员多数意见认为,农村私有房屋买卖合同应当认定无效。主要理由是:

首先,房屋买卖必然涉及宅基地买卖,而宅基地买卖是我国法律、法规所禁止的。根据我国土地管理法的规定,宅基地属于农民集体所有．由村集体经济组织或者村民委员会经营、管理。国务院办公厅1999年颁布的《关于加强土地转让管理严禁炒卖土地的通知》规定:"农民的住宅不得向城市居民出售,也不得批准城市居民占用农民集体土地建住宅,有关部门不得为违法建造和购买的住宅发放土地使用证和房产证。"国家土地管理局[1990]国土函字第97号《关于以其他形式非法转让土地的具体应用问题请示的答复》也明确规定:原宅基地使用者未经依法批准通过他人出资翻建房屋,给出资者使用,并从中牟利或获取房屋产权,是属"以其他形式非法转让土地"的违法行为之一。

其次,宅基地使用权是集体经济组织成员享有的权利,与特定的身份关系相联系,不允许转让。目前农村私房买卖中买房人名义上是买房,实际上是买地,在房地一体的格局下,处分房屋的同时也处分了宅基地,损害了集体经济组织的权益,是法律法规明确禁止的。

第三,目前,农村房屋买卖无法办理产权证书变更登记,故买卖虽完成,但买受人无法获得所有权人的保护。

第四,认定买卖合同有效不利于保护出卖人的利益,在许多案件中,出卖人相对处于弱者的地位,其要求返还私有房屋的要求更关涉到其生存权益。

与会者同时认为,此类合同的效力以认定无效为原则,以认定有效为例外,如果买卖双方都是同一集体经济组织的成员,经过了宅基地审批手续的,可以认定合同有效。

三、涉及农村私有房屋买卖纠纷案件的处理原则

与会者一致认为,处理此类案件应坚持以下原则:

第一，要尊重历史，照顾现实。农村私有房屋交易是在城乡人口流动加大、居住区域界限打破和城乡一体化的大背景下产生的，相关部门监管不力、农村集体经济组织相对涣散是造成这种现状的制度诱因，而土地市场价格的持续上扬，房屋拆迁补偿等利益驱动是引起此类案件的直接原因。审理此类案件应实事求是地看待上述背景；要考虑到目前城乡界限仍未完全打破，农村集体经济组织仍有一定的封闭性，农村土地属于集体所有，目前法律、政策限制集体土地流转是一种现实；同时要认识到此类案件产生的复杂性，并妥善解决相关的利益冲突和矛盾。

第二，要注重判决的法律效果和社会效果。判决要以"有利于妥善解决现有纠纷、有利于规范当事人交易行为"为指导，起到制约农民审慎处分自己房屋的积极效果。

第三，要综合权衡买卖双方的利益。首先，要全面考虑到合同无效对双方当事人的利益影响，尤其是出卖人因土地升值或拆迁、补偿所获利益，以及买受人因房屋现值和原买卖差价的差异造成的损失；其次，对于买受人已经翻建、扩建房屋的情况，应对其添附价值进行补偿；再次，判决返还、腾退房屋同时应注意妥善安置房屋买受人，为其留出合理的腾退时间，避免单纯判决腾退房屋给当事人带来的消极影响。

重　庆　市

重庆市高级人民法院民一庭关于当前民事审判疑难问题的解答（节选）

（2014 年 4 月 3 日）

三、房屋买卖合同纠纷

20. 夫妻一方未经另一方同意出卖登记在出卖人名下的夫妻共有房屋，第三人善意并支付合理对价，但房屋未登记过户，第三人向法院起诉要求过户时，如何处理？

答：最高人民法院《关于适用〈中华人民共和国婚姻法〉若干问题的解释（三）》（法释〔2011〕18 号）第十一条规定："一方未经另一方同意出售夫妻共同共有的房屋，第三人善意购买、支付合理对价并办理产权登记手续，另一方主张追回该房屋的，人民法院不予支持。"根据该条规定，第三人善意取得必须具备三个要件：善意购买、支付合理对价并办理产权登记手续。如果第三人已经善意取得，则所有人主张追回该房屋时，人民法院不予支持。缺乏三个要件的任何一个，均不构成善意取得，应按无权处分处理。根据《物权法》第一百零六条第一款的规定，无处分权人将不动产或者动产转让给受让人的，所有权人有权追回。因此，第三人在不符合善意取得条件下，主张办理房屋过户的请求，不符合法律规定,不应得到支持。为了保护自身权利,第三人可依据房屋买卖合同中违约责任条款追究出卖人的违约责任。

21. 如何认定农村房屋买卖合同的效力? 办理农村房屋所有权过户手续需要什么条件?

答:农村房屋买卖合同可分以下三种情况:一是同一集体经济组织的农村村民签订的农村房屋买卖合同,该类合同只要符合签约主体合格、内容合法、意思表示真实等合同有效的一般要件,就可依法认定为有效合同,不以取得出卖人所在的集体经济组织同意为有效要件。二是非同一集体经济组织的农村村民之间签订的农村房屋买卖合同,该类合同不仅需要符合合同有效的一般要件,而且还须取得出卖人所在的集体经济组织同意,否则应当认定为无效。三是城市居民与农村村民签订的农村房屋买卖合同,根据我国现行法律规定和政策要求,该类合同在当前应当认定为无效。此外,在合同有效的前提下,办理农村房屋所有权过户登记手续,必须符合"一户一宅"的原则。否则,不能发生物权变动的效力。

重庆市高级人民法院关于
当前民事审判若干法律问题的指导意见(节选)

(2007 年 11 月 22 日)

五、关于房地产纠纷案件的处理

34. 合同效力的认定

(1)建设用地使用权转让合同的效力。在当事人向人民法院起诉前,仍未取得建设用地使用权或仍未获得有批准权的人民政府批准的,有关的建设用地使用权转让合同应当认定为无效。

(2)房地产开发企业的经营资格对合同效力的影响。房地产经营资格是房地产开发企业开发经营能力和资信度的证明。审判实践中,不能过分强调保护投资者的利益而忽视国家对该领域的监督管理,对于当事人无房地产经营资格的,应确认合同无效。

(3)开发商未取得预售许可证所签订的商品房买卖合同的效力。开发商与买受人订立商品房预售合同,应当取得预售许可证明,否则预售合同无效。但在起诉前取得商品房预售许可证明的,可以认定预售合同有效。开发商虽在未取得预售许可证的情况下与买受人签订了预售合同,其后也未办理预售许可证,但在起诉前房屋已竣工验收的,可以认定预售合同有效。

35. 预约合同的处理。出卖人通过认购、订购、预订等方式向买受人收受定金作为订立商品房买卖合同担保的,如果具备预约的要件,应当认定为预约合同。应当区分预约合同与本约合同。出卖人拒绝签订商品房买卖合同,买受人请求继续履行合同签订本约的,法院不宜直接判决当事人履行签订合同的义务。如因出卖人的原因未能订立商品买卖合同,对方请求双倍返还定金的,一般应予支持;如未能签订本约的原因系出卖人故意违约,且给买受人造成损失的,买受人还可要求出卖人赔偿损失。

36. 商品房的交付。开发商交付商品房除了满足约定的交房条件处,还应当通过消防验收,未通过消防验收的,买受人可以拒绝接收,并可要求开发商承担违约责任。但合同另有约定的除外。

买受人接收了未通过消防验收的商品房,后商品房通过了消防验收,买受人又以出卖人交付房屋时未通过消防验收为由,请求判令出卖人承担逾期交房违约责任的,人民法院可以比照最高人民法院《关于审理商品房买卖合同纠纷案件适用法律若干问题的解释》逾期办证违约责任的规定酌定处理。

37. 关于办证义务。在合同没有特别约定的情况下,开发商负有办证义务。买受人在合同约定的或者法律规定的办证期间内未取得房屋权属证书的,如开发商在此期间内已完成房屋权属初始登记并提供了相关的办证资料,并通知买受人提交登记申请的,可认定开发商已履行了办证义务,不承担逾期办证的违约责任。

38. 一房多卖情形的处理。出卖人将商品房数次出卖所签订的合同,只要不违反法律的禁止性规定,均是有效合同。不能履行的,依法承担违约责任。在此情形下,先办理商品房登记手续的买受人取得商品房的所有权;未进行房屋产权登记但开发商已交付的,已经合法取得商品房的买受人取得商品房的所有权,但出卖人和买受人之间恶意串通的除外;既未登记,又未合法占有商品房的,先行支付购房款的买受人取得商品房的所有权;如果合同均未履行,依法成立在先的买卖合同的买受人履行合同的请求应予以支持。

39. 多项违约行为的处理。商品房买卖合同纠纷中,涉及逾期完善水电气等配套设施、逾期交付、逾期办证等多项违约行为的,应根据违约行为的性质和相互关系,综合适用违约责任。除当事人有明确约定的以外,在逾期交付的期限内承担了该项违约责任的,不另计负逾期办证和逾期完善水电气等配套设施的违约责任。有单项违约责任条款和总括性的违约责任条款的,总括性违约责任条款只在重大违约时适用,并不得同时适用单项违约责任条款。

40. 关于房屋租赁合同纠纷中有关问题的处理

(1)房屋租赁登记备案对租赁合同的影响。《城市房地产管理法》第五十三条规定的向有关部门登记备案,属于政府对房屋的一种管理行为。出租人没有办理房屋出租备案登记手续,不影响租赁合同的效力。

(2)承租人优先购买权。出租人出卖租赁房屋,侵犯承租人优先购买权的,应依照现行法律、法规及司法解释的规定处理,不能判令出卖人直接按照与第三人约定的同等条件与承租人签订买卖合同。

对法律规定的“同等条件”应作宽泛理解,不仅包括价格条件,而且也包括付款条件、出卖标的是否同一以及出卖人提出的其他条件等。

41. 关于房改房纠纷的处理。涉及房改房政策的房屋买卖合同纠纷,人民法院是否受理,应当结合当事人提出的诉讼请求作出判断。如当事人争议的事项是合同履行,如追索购房定金、购房款、办理过户手续及产权证书等,属于平等民事主体之间的权益纠纷,人民法院应当受理;如当事人争议的事项为是否适用房改政策以及如何适用房改政策,如职工是否应当参加房改、如何计算优惠条件等,不属于民事权益纠纷,人民法院不宜作为民事案件受理。

六、关于农村土地承包合同纠纷的处理

42. 土地补偿费分配纠纷。土地补偿费既是土地所有权的对价,按照《物权法》又包含了对用益物权人即土地承包经营权人的补偿。但土地承包经营权人的权利实现机制目前尚不明确。故“分不分”、“分多少”目前暂不宜受理。关于“分给谁”的问题,只要在确定征地补偿安置方案时具有集体经济组织成员资格,即使未实际分到承包地,仍应分得相应的土地征收补偿款。

43. 农村承包经营户的诉讼主体地位。诉讼中既不能以签订合同的户主为当事人,也不能以该户所有的家庭成员为当事人,应当以农村承包经营户为当事人,如“××农村承包经营户”,户主为诉讼代表人。

44. 土地、林地界畔争议是否属于民事争议。农村承包经营户之间因承包的土地、林地界畔发生争议,不属于民事争议,不能作为民事案件处理。只能依照《中华人民共和国土地管理法》第十六条的规定,通过行政渠道处理。

45. “家嫁女”(或入赘男)农村集体经济组织成员资格认定。

从我国农村集体经济组织所具有的自然共同体特征出发,以成员权理论为依据,以形成较为固定的生产、生活,并依法登记所在地常住户口为形式要件,以是否需要本集体经济组织农村土地为基本生活保障为实质要件,作为判断取得和丧失集体经济组织成员资格的标准。在认定农嫁女的成员资格时,可参考以下原则:

(1)农女嫁出后,户口仍在原集体经济组织,承包地亦未收回,但在男方固定生活的,应认定为具有嫁入地的农村集体经济组织成员资格。

(2)农女嫁出后,户口仍在原集体经济组织,承包地亦未收回,但本人或与配偶均外出务工,应认定为具有原农村集体经济组织成员资格。

(3)农女嫁出后,户口或承包地或承包地之一在娘家,但其在男方生产、生活,应认定为具有嫁入地的农村集体经济组织成员资格。

(4)农女嫁到城镇,户口迁入男方,无论其在娘家生产、生活,还是在城镇生活,只要未纳入国家公务员序列或城镇企业职工社会保障体系的，应认定为具有原农村集体经济组织成员资格。

嫁出后，因为离婚，又迁回原籍居住生活，但户口未迁回，应认定为具有嫁入地的集体组织成员资格，但在原籍重新分得了承包土地的，可以认定为具有原籍的集体经济组织成员资格。入赘男的农村集体经济组织成员的资格认定，参照上述精神处理。

上　海　市

上海市高级人民法院关于
房地产交易新型常见问题的最新司法意见

（2014年）

2014年7月，上海市高级人民法院民一庭主办、上海市第二中级人民法院民二庭承办了上海法院房地产审判适法统一研讨会。上海各级法院从事房地产审判工作的分管院长、庭长、审判骨干近七十余人参加了会议。现根据研讨会综述对上海法院的倾向性意见做一个摘录，供朋友们了解：

一、为套贷签订的房屋买卖合同的效力及处理

1. 为套取银行商业或公积金贷款，当事人签订房屋买卖合同的效力认定。

研讨会倾向性意见：当事人签订买卖房屋合同的目的是为了套取银行贷款，并无真实交易房屋的意思表示。双方也无交付房屋、支付房款等合同履行行为，还贷往往也是由出卖人借买受人名义实施，故从合同订立及履行等情况来看，当事人内心真实的意思表示与合同表示的意思相悖，属于较为典型的通谋虚伪意思表示，此类房屋买卖合同应为无效。

2. 在审判程序上是否追加银行等信贷机构作为第三人参加诉讼？

研讨会倾向性意见：虽然房屋买卖合同与抵押借款合同分属不同法律关系，但在处理上存在一定的牵连关系。房屋买卖合同无效的后果处理，必然涉及设置抵押权的房屋返还问题，故不宜完全割裂两者在处理上的关联性。上海高院也曾在《关于审理房地产买卖与抵押、租赁交叉纠纷若干问题的意见》第三条中规定："房屋买卖合同可能被确认为无效或被撤销、解除的，法院可将诉讼情况告知担保权人。若担保权人就此提出诉讼请求的，可与房屋买卖合同纠纷合并审理；若担保权人未申请参加诉讼的，仅处理房屋买卖合同纠纷，但应尽可能查明房屋上设定的权利，并在处理时予以考量。"故法院审理中应在查明房屋上设定权利情况的同时，可告知担保权人涉讼情况，由其自行作出决定。若担保权人作为有独立请求权第三人提出诉讼请求，抵押借款合同应当与房屋买卖合同纠纷合并审理；未提出诉讼请求的，仅处理房屋买卖合同纠纷。

二、以委托出售形式签订房屋买卖合同的效力认定

出卖人在借款时出具委托书，授权他人出售房屋。事后因欠款不还，受托人凭借委托书与买受人签订的房屋买卖合同的效力如何认定？

研讨会倾向性意见：在委托书真实有效的情况下，相对人有理由相信代理人获得了有效的授权，代理人所作出的代理行为有效，其订立的房屋买卖合同应为有效。但买受人明知或应当知道代理人没有代理权、与代理人恶意串通签订房屋买卖合同的除外。至于恶意串通要件的审查，主要从委托内容、合同订立、履行是否符合正常市场交易习惯和流程等方面进行衡量。

三、以买卖形式将房屋过户，为本人或他人借款担保，该房屋买卖合同的处理

1. 债务清偿期届满前，以买卖形式将房屋过户，为本人或他人借款担保，该房屋买卖合同效力的认定。

研讨会倾向性意见：在债务清偿期届满之前，当事人之间约定的房屋买卖关系，看似正常交易，但就其本意而言，该合同往往是为担保借款债务而存在，房屋买卖并非原、被告真实的意思表示。若无论债务人是否能够清偿债务，均需依买卖合同约定将房屋转移给相对方，实质上就是对担保财产所有权转移的约定，属于买卖担保型非典型流质，应为无效。但买卖合同中约定债务履行期届满时进行清算的除外。

2. 债务清偿期届满之后，以房抵债的房屋买卖合同效力的认定。

研讨会倾向性意见：债务履行期届满后，债务人在无力归还借款的情况下，与债权人就债务清偿达成以房抵债合意，是其履行债务的一种方式。双方签订房屋买卖合同后，一方当事人要求履行的，人民法院应予支持，但当事人虚构债务，或是规避宏观调控政策，或是违反法律法规强制性规定的除外。

四、房屋经连续多手买卖，对于后手房屋买卖合同的处理

1. 第一手房屋买卖合同被确认为无效后，对于第二手房屋买卖合同效力的认定问题。

研讨会倾向性意见：第一手房屋买卖合同被确认为无效，第二手房屋买卖合同效力不受第一手合同效力认定的影响，如不存在其他无效情形的，确认有效。但第二手买卖合同买受人是否可以获得房屋权利，应从善意取得制度的角度进行审查。

2. 若后手买受人基于善意取得，则应采用何种标准确定其属于善意？

研讨会倾向性意见：善意取得的认定标准，应当采用严格标准，买受人不仅善意且无过失，要从合同签订是否符合常理、房价、履行等诸多方面进行全面审查。

3. 后手买受人完成房屋产权登记后，要求在系争房屋内实际居住人员迁出如何处理？

研讨会倾向性意见:从产权登记情况来看,买受人已作为系争房屋的权利人登记在册,依法应享有占有、使用、收益、处分的权利,而实际占有人已非系争房屋的产权人无权在房屋内居住使用,买受人可基于物权请求权要求对方从房屋内搬离。但在个案处理中,应注意考量房屋的实际居住人员是否享有居住房屋的权利,或房屋买卖合同是否存在虚假交易,以及房屋现实交付是否存在履行障碍等情况,予以区分处理。

五、关于无权处分人签订房屋买卖合同效力的认定

以往审判实践中,非房屋权利人签订的房屋买卖合同一般认定为无效,但《最高人民法院关于审理买卖合同纠纷案件适用法律问题的解释》第三条"当事人一方以出卖人在缔约时对标的物没有所有权或处分权为由主张合同无效的,人民法院不予支持"规定颁布后,实践中引起较多争议。

研讨会倾向性意见:当事人以出卖人对房屋没有所有权或完整所有权为由主张房屋买卖合同无效的,人民法院不予支持。因出卖人原因导致房屋不能办理转移登记的,买卖人要求解除合同,并要求出卖人承担违约责任或损害赔偿的,人民法院应予支持。

六、关于假冒权利人(如伪造产权人身份证、找相貌近似者冒充产权人交易等)签订房屋买卖合同后,买受人是否可以适用善意取得制度

研讨会倾向性意见:在行为人假冒房屋权利人名义与买受人签订房屋买卖合同的情况下,房屋权利人并无交易房屋的意思表示,双方之间并不存在房屋买卖的合意,故房屋权利人主张合同无效的,人民法院应予支持。买受人主张善意取得的,人民法院不予支持。理由是善意取得制度的本质是以牺牲财产静态的安全来换取财产动态的安全,其理论基础在于物权的公示公信原则,即在不动产登记错误时,仍为第三人对不动产登记簿——虚假外观权利的信赖提供适度保护,以保障交易秩序的安全。但在冒名处分房屋过程中,买受人是基于行为人的欺骗行为,误以为是权利人出售房屋,故买受人对交易主体身份的误信而不存在对虚假权利外观的信赖保护的基础事实,因而不能适用不动产善意取得制度。

七、买卖夫妻共有房屋的合同的问题

审判实践中,对于房屋登记为夫妻两人共有的,只有一人签订房屋买卖合同,除非其获得另一方的委托,否则其无权对房屋进行处分的观点较为一致。但是,对于房屋登记在夫妻一方名下的,买受人与之签订房屋买卖合同,要求办理转移登记,夫妻以一方擅自处分夫妻共有财产为由进行抗辩的,法院是否予以支持?

研讨会未能形成倾向性意见。一种观点认为,基于不动产的公示公信原则,买受人有理由相信登记为权利人的出卖人对房屋享有完整的权利。即便是夫妻共有产权,也因该房屋登记在一方名下的行为,相对人有理由相信出卖人拥有相应的权利(如夫妻约定财产下的个人财产),或是代表夫妻来处分该房屋。因此,登记权利的夫妻一方与买受人签订的买卖合同,买受人要求履行的,应予支持。当然如有证据证明买受人存在过错,与出卖人恶意串通，损害夫妻另一方利益的除外。另一种观点认为，第三人请求转移登记系基于合同之债的请求权基础，而夫妻另一方的抗辩是基于物权的请求权基础，根据物权优于债权的法理，该抗辩自当可以阻却第三人的转移登记之诉请。

八、被查封房屋买卖合同的效力认定

研讨会倾向性意见：当事人一方以房屋被有权国家机关采取查封等强制措施等为由主张房屋买卖合同无效的，人民法院不予支持，但房屋未取得合法建造审批手续的除外。

九、关于“阴阳合同”中价格条款的效力认定

房屋买卖过程中，当事人出于规避税收征管、申请贷款等目的，签订“阴阳合同”，已成为房屋交易中“潜规则”。实践中的通常做法是，买卖双方在用于房地产管理部门登记备案的合同中约定一个房屋价格，该价格低于实际成交价格，双方再签订一个补充协议，约定买方应支付房屋装修款、设备款若干等，将差价补齐。对于该等价款条款的效力，实践中有争议。

研讨会倾向性意见：当事人签订房屋买卖合同与办理登记备案、抵押贷款等事宜提交的房屋买卖合同就相同事项约定不一致的，应以当事人真实意思表示来确定双方当事人的权利义务。判断时，除由提出异议方承担举证责任外，还应结合前后合同签订后的履行情况、前后合同约定的成交价与市场价格的差距大小、合同登记备案情况等综合判断。同时，若买卖双方存在做低房价等逃税行为的，将不仅破坏了国家对于不动产交易的税收体系，使国家应征税款流失，还会扰乱了不动产交易的市场秩序，故对于房屋交易中签订“阴阳合同”规避逃税等行为，人民法院可建议相关部门予以处理。

十、隐名购房问题的处理

通常情况下，购房人借用他人名义进行购房的，所有购房的资金均由购房人一次性或分期支付，而房屋最终也由购房人占有、使用、收益和处分。实践中，隐名购房人以其与名义购房人有协议约定且购房过程积极参与并实际出资为由要求确认其为真正的房屋产权人，而名义购房人则以产权登记具有公示公信力或否认双方存在私下约定要求驳回对方的诉讼请求。对当事人是否可以通过确权，实现产权变更存在不同意见。

研讨会倾向性意见：借名人与出借人达成隐名购房协议，借他人名义签订房屋买卖合同、支付房屋价款。在取得产权后，借名人请求确认房屋权属的，人民法院可以支持，但规避国家房产宏观调控政策情形的除外。

十一、户籍迁移违约金问题的处理

双方当事人在房屋买卖合同中一般约定，出卖人逾期迁出户口，将承担总房价日万分之五的违约金。有的案件据此计算至诉讼时，有的案件则是当事人多次诉讼要求出卖人支付违约金。若合同约定违约金连续计算，有的可能造成违约金畸高。由此，审判实践中，买受人依据合同约定主张出卖人承担逾期迁移户口违约责任的，出卖人经传票传唤拒不到庭参加诉讼，法院能否依职权对原告诉请的违约金进行调整？

研讨会倾向性意见：申请法院对违约金数额进行调整是当事人的诉讼权利，当事人经传票传唤无正当理由拒不到庭，视为放弃自己的诉讼权利，不利后果理应由当事人自行承担，法院不能依职权调整违约金。

上海市高级人民法院关于审理“二手房”买卖案件若干问题的解答

（2005年12月16日）

1. 本解答的适用范围

答：本解答所涉之“二手房”买卖，系指买卖双方经合意，出卖人转移房屋所有权于买受人，买受人支付一定对价而产生的民事合同关系。

新建商品房的买卖及公房使用权的转让，不适用本解答。

2. 未经房屋共同共有人同意，出卖人对外签订的“二手房”买卖合同，效力如何认定？

答：审判实践中，经常遇到房屋共有人以其他共有人擅自处分共有财产为由，主张其他共有人对外签订的“二手房”买卖合同无效。对此问题，应区别不同的情形分别处理。一是房屋出售时，权利登记仅为出卖人一人的，基于不动产的公示、公信原则，买受人有理由相信出卖人系房屋的完全权利人，其与出卖人之间签订的买卖合同，应认定为有效；但如有证据证明买受人存有过错，与出卖人恶意串通，损害其他共有人利益的除外。二是房屋出售时，权利登记为数人的，基于部分共同共有人不得擅自处分共有财产的法律规定，在其他权利人事后不予追认的情况下，应认定买卖合同无效；但买受人有理由相信出卖人有代理权，符合表见代理构成要件的，应确认买卖合同有效。

3. 未经在房屋内共同居住的其他成员同意，房屋所有权人对外签订的“二手房”买卖合同，效力如何认定？

答：房屋权利人个人购买所得的房屋，配偶或其他亲属因婚姻或亲属关系形成了同住事实，房屋所有权人有义务保障其居住权益，但该权益的存在并不构成对房屋所有权人处分房屋的限制。因此，未经在房屋内共同居住的其他成员同意并不影响房屋所有权人对外签订的房屋买卖合同的效力。

4. 2004年4月26日“期房限转”政策出台后，一方尚未取得房屋所有权证，即与他人订立转让合同。该转让合同的效力如何认定？

答：高院在今年6月16日《民事法律适用问答》（2005年第1期）对此作了阐述，明确不能仅因出卖方尚未取得房屋所有权证而认定转让合同无效。其理由是：房屋买卖合同的买方在尚未取得房屋所有权证之前，其虽不能享有房屋所有权，但享有买卖合同上的债权。而债权转让是合同法赋予合同当事人的权利之一，没有理由不允许当事人转让自己的合同权利，因此买方再予转让并不违反法律禁止性规定。至于上海市目前关于“期房限转”的地方性规定，其所规定的是当事人在取得房屋所有权证之前的再转让行为，房地产登记部门不予办理登记，该规定所产生的后果是受让方可能要承担无法实际取得房屋的风险，但并不影响转让合同的效力。

5. 当事人已就房屋买卖事宜达成了具体约定，但未签订《上海市房地产买卖合同》示范文本。当事人之间的买卖合同是否成立、有效？

答：《上海市房地产买卖合同》是上海市房屋土地资源管理局、上海市工商行政管理局共同制定的示范文本，当事人可以约定采用，或参照示范文本订立买卖合同。实践中，买卖双方就房屋买卖事宜达成一致意见后，为办理过户手续之需要，大多约定双方再需签订《上海市房地产买卖合同》示范文本。对此，买卖合同是否成立、有效应根据双方的合意情况，予以区别对待。

如双方明确以签订《上海市房地产买卖合同》为买卖合同成立、生效要件的，从其约定。

如双方并未作出上述约定，而双方已经签订的协议书具备了房屋买卖合同的主要内容，应视为买卖合同成立，并认定合同有效。双方约定再签订《上海市房地产买卖合同》，只是以格式合同的形式对买卖关系予以确认。当事人未签订《上海市房地产买卖合同》的，不影响原已成立的合同关系。

6. 合同签订后，一方不愿意再履行买卖合同，而另一方坚决要求继续履行的，如何处理？

答：按照约定全面履行合同义务是合同履行的一项基本原则。因此，除合同另有约定或出现可单方解除合同的法定情形外，无论是合同签订后的预期违约还是合同履行期届满后的实际违约，如另一方坚决要求继续履行的，除符合《合同法》第一百一十条规定外，应责令双方继续履行。在履行义务的同时，另一方还有其他损失的，应当赔偿损失。

对于确不能继续履行的，违约方应当赔偿因违约而给对方造成的损失，包括直接损失和预期可得利益损失。其中房屋涨跌损失的确定，可参照以下方式：一、双方协商确定的，从其约定；二、双方不能协商确定的：（一）原则上可比照最相类似房屋的市场成交价（首先是同幢相同楼层及房型；其次是相邻幢同楼层及房型；再次是相同区域内房屋）与买卖合同成交价之差确定房屋涨跌损失；（二）无最相类似房屋比照的，可通过专业机构评估确定房屋涨跌损失。认定损失的时间点应从保护守约方的利益出发，以守约方的请求为基础，结合合同约定的履行期限届满之日、违约方的违约行为确定之日以及审理中房屋的涨跌情况等，合理确定。

最后，守约方损失的认定还应综合考虑守约方的履约情况、违约方能预见的因房屋价值涨跌而产生的损失以及双方是否已采取必要措施防止损失扩大等因素。

7.“二手房”买卖合同中，因房屋质量问题引发纠纷，出卖人应如何承担房屋质量瑕疵担保责任？

答：买卖合同的出卖人应就买卖标的物向买受人承担质量瑕疵担保责任。但由于“二手房”买卖中的标的物一般已使用一定年限，并存在装修、装饰等现状，买受人对房屋的瑕疵状况也应有理性的判断。因此，对于出卖人故意隐瞒房屋质量瑕疵的，应承担赔偿责任。对于出卖人已如实告知瑕疵或买受人已明知瑕疵的，则出卖人不承担责任。对于房屋的隐蔽瑕疵，如并非出卖人在装璜、使用过程中所产生，而系房屋本身所固有的，若没有证据证明出售一方对此是知晓的，出卖人亦不承担瑕疵担保责任，但买受人可以房屋所有人身份，依据因合同转让而取得的权利，向开发商主张保修责任或赔偿责任。

8. 当事人分别签订了几份买卖合同，但约定的房价不一致。现当事人对于房屋成交价格产生争议，如何认定？

答：对于前后合同约定的房价不一致这一情况，根据后合同优先于前合同的原则，原则上应以后订立的合同为准。如一方当事人确有证据证明双方为规避纳税、骗取贷款等，而故意在此后的《上海市房地产买卖合同》等合同中订立虚假价格的，因该项变更非双方变更房价的真实意思，且具有非法目的，不应予以认定，仍应以前合同约定的成交价履行。

判断时，除由提出异议方承担举证责任外，还应结合前后合同签订后的履行情况、前后合同约定的成交价与市场价格的差距大小、合同登记备案情况等综合判断。此外，对于当事人确存在规避纳税、骗取贷款等行为的，可一并建议相关部门予以处理。

9. 买卖合同成立后，出卖人未能自动履行产权过户义务。对此，实践中买受方既有主张确权的，也有要求出卖人履行产权过户义务的，如何处理？

答：在买卖合同履行过程中，双方间存在的是债权债务关系，买受人只能依据合同约定，要求出卖人履行合同义务，包括按约将标的物的所有权移转给买受人。买受人不能依据买卖合同而直接取得标的物的所有权，实践中也可能由于出现法律上或者事实上不能履行等法定情形，而导致买受人不能实际取得标的物所有权的情况发生。同时，确权之诉系对民事权利是否存在、如何归属等加以确认，而如前述，在出卖人未自动履行所有权移转义务前，买受人尚未取得标的物的所有权，其依据合同约定要求确认房屋所有权归其所有，缺乏基础。因此，对出卖人不履行产权过户义务的，买受人不能直接要求确认房屋产权归其所有，只能按合同约定要求出卖人履行产权过户义务。

10. 二手房买卖中，当事人因户口问题发生争执，法院是否处理？

答：对于“二手房”买卖中，当事人约定出卖人迁出户口，并由买受人迁入户口，但嗣后因出卖人拒不迁出户口而引发纠纷的，我们已在 2003 年第 3 期《民事法律适用问答》中，对此问题作了明确，但实践中仍有不同理解。经研究，我们认为，当事人虽在买卖合同中就户口迁移事宜作出了约定，但户口迁移涉及相关行政部门的审批制度，属于行政管理范畴，不属于民事案件的受理范围。经释明后，当事人仍坚持主张迁移户口的，应裁定不予受理或驳回起诉。

上海市高级人民法院关于处理房屋租赁纠纷若干法律适用问题的解答

（2005 年 8 月）

一、租赁合同的效力

1. 出租人就同一租赁物同时与两个或两个以上的人订立租赁合同的，这些租赁合同的效力如何认定？

出租人就同一租赁物同时与不同承租人签订租赁合同的，租赁合同均为有效，承租人均可以依据租赁合同向出租人主张合同权利。合同签订时间在前的承租人主张后租赁合同无效的，不予支持。

租赁合同之一已实际履行，其他租赁合同的承租人主张履行合同的，因履行不能而不予支持。法院在审理过程中，可以向当事人予以释明，允许其变更诉讼请求，向出租人主张除合同实际履行之外的违约责任。

2. 租赁合同未经登记，是否影响租赁合同效力？

租赁合同登记与否，不影响租赁合同效力。但未经登记的租赁合同，不得对抗第三人。

最高人民法院《关于适用〈中华人民共和国合同法〉若干问题的解释（一）》第九条就合同登记与效力之间的关系有明确的规定。因此，《中华人民共和国城市房地产管理法》第五十三条虽然规定了房屋租赁合同应当向房产管理部门登记备案，但该条款并没有不办理登记租赁合同即为无效的规定，故该条规定不能影响租赁合同的效力。

但是，考虑到租赁合同具有承租人在租赁物出卖时享有的优先购买权以及买卖不破租赁等较强效力，如果租赁合同未经登记就具有这么强的效力，对于不知情的第三人会造成很大的损害，对交易安全造成严重的不利影响。因此，从平衡交易各方利益的角度看，我们倾向于未经登记的租赁合同不具有对抗善意第三人的效力。

3. 未经合法批准建造的房屋作为租赁标的物的，租赁合同是否有效？

未经合法批准建造的房屋，因其标的物具有违法性，该租赁合同应为无效。如被行政部门确定为违章建筑的或所建造的房屋没有合法审批手续的等。

二、转租合同

4. 未经出租人同意的房屋转租合同是否有效？

在没有其他无效原因存在的情况下，未经出租人同意的房屋转租合同有效。

租赁合同属于确立债权、债务关系的合同，而不是以产生物权变动效果为目的的合同。出租人对租赁物是否享有所有权、处分权，不是租赁合同必须考虑的内容。租赁合同的内容是出租人将租赁物交由承租人占有、使用，承租人支付相应的租金。承租人将依照合同取得的对租赁物的占有、使用权转移给次承租人享有，并不构成对租赁物的处分。《合同法》第二百二十四条第二款规定："承租人未经出租人同意转租的，出租人可以解除合同"。可见，对于承租人未经出租人同意转租的，合同法给出租人设定的救济途径是可以解除原租赁合同，而非宣告转租合同无效。

5. 承租人与次承租人就合同效力或合同解除产生争议的，是否需要追加出租人为合同当事人？

一种观点认为承租人与次承租人的关系，与出租人与承租人的关系是两个法律关系，不应当在一个案件中审理；另一种观点认为应当追加出租人为第三人，或通知出租人对租赁合同是否解除作出意思表示，然后决定本案的审理。

我们认为，承租人与次承租人之间的租赁纠纷与前一租赁合同是两个法律关系，如果在案件审理过程中追加出租人为第三人或通知出租人表达意见的话，势必造成讼累，不利于案件的审理。所以，不需要追加出租人为第三人或通知承租人。但是，承租人有证据证明出租人已通知解除租赁合同的，在案件审理过程中应当作为一个事实予以考虑；或出租人已另案诉讼要求与承租人解除租赁合同的，应当等待另案的处理结果。

6. 因原租赁合同解除而产生的纠纷，是否应追加次承租人为当事人？对次承租人向承租人主张解除合同并要求赔偿装修等添附损失的，是否要追加原出租人为案件的当事人？

因原租赁合同解除而产生的纠纷，如果出租人未将次承租人作为被告的，考虑到判决生效后的执行问题以及保护次承租人利益的需要，原则上可以追加次承租人作为无独立请求权的第三人参与诉讼。如果次承租人人数过多，且各方的利益也不同，则不宜追加次承租人为第三人，可根据情况需要，由当事人另行诉讼。

次承租人要求承租人解除合同并赔偿装修等添附损失的，属于合同当事人之间的纠纷，一般无须追加出租人为案件的第三人。

7. 因租赁合同解除而致次承租人不能继续使用租赁物的损失，应由谁承担违约责任？

由于出租人并未直接与次承租人形成租赁关系，根据合同相对性原则的要求，次承租人只能向转租人主张违约责任或损害赔偿责任，而不能直接要求出租人承担责任。

8. 经出租人同意的转租合同，如因转租人拖欠出租人租金，出租人要求解除，而次承租人要求继续履行转租合同的，是两个租赁合同同时解除，还是判明次承租人直接与出租人建立租赁关系？

一种观点认为，次承租人无过错且要求继续租赁，而出租人行使合同解除权的，在做出租人与次承租人建立租赁关系的调解工作无效的情况下，只能两个租赁合同同时解除。对两个合同解除的后果，原则上都应予以处理，但当行使释明权后，相关当事人不主张也不举证的，对后一个租赁合同解除的后果可不予处理。对解除两个租赁合同的后果处理，除明确由次承租人返还出租人租赁的房屋外，对违约责任及装潢损失的赔偿，则根据两个租赁合同中的约定处理。

另一种观点认为，对转租中，因承租人拖欠租金，次承租人无过错且要求继续租赁的，从保护次承租人的利益出发，可判明次承租人直接与出租人建立租赁关系。

我们认为，租赁合同因承租人未依约给付租金而致合同被解除的，则转租合同将因此而处于履行不能的状态。但原租赁合同与转租合同毕竟是两个合同，原出租人并非转租合同的当事人，不能强迫他继续履行转租合同。因此，除非出租人与次承租人就继续履行合同达成一致，否则，次承租人要求继续履行合同的主张不能支持。

9. 原租赁合同解除而产生的纠纷，次承租人作为案件的第三人，要求合同的承租人或出租人承担违约责任及赔偿装潢损失的，是否属反诉？是否应收诉讼费？

次承租人作为案件的第三人，一般情况下属于无独立请求权的第三人，不具有诉讼被告的地位，因此，无论其提出什么主张，都不能构成反诉。但出于解决纠纷的考虑，如果次承租人提出此类主张的，可以在其另行提起诉讼后，将该诉讼与原租赁合同解除纠纷合并审理。同时，另行诉讼属于新的诉讼，应当收取诉讼费。

10. 租赁合同解除后（转租合同也将同时解除），次承租人因此负有退房义务。次承租人逾期返还房屋的房屋使用费如何计算？

房屋使用费参照数额一般有租赁合同的租金、转租合同的租金、市场租金三个标准。我们认为，出租人就上述三个标准之一主张房屋使用费的，应当支持。

三、合同的履行

11. 出租人出租的房屋有瑕疵的，承租人如何支付租金？

《合同法》第二百三十一条规定："因不可归责于承租人的事由，致使租赁物部分或者全部毁损、灭失的，承租人可以要求减少租金或者不支付租金；因租赁物部分或者全部毁损、灭失，致使不能实现合同目的的，承租人可以解除合同。"因此，房屋有瑕疵的，首先分清房屋瑕疵的责任。在房屋瑕疵是出租人责任的情况下，根据租赁房屋瑕疵情况和承租人实际使用的情况，可以部分减少相应的租金；如果导致租赁房屋完全不能使用的，可以不付租金。

12. 由于第三人的原因影响承租人对房屋使用、收益的，承租人是否有权利要求减少租金？

合同责任是严格责任，只要是非承租人自己过错的原因影响承租人使用、收益的，承租人均可以向出租人主张合同权利，出租人不得以系第三人侵权为由而免除自己的责任。出租人与第三人之间的关系是另一法律关系。

13. 承租人承租的房屋遭到第三人侵权，承租人是否可以直接向侵权人主张侵权责任？

承租人基于承租权而对房屋具有使用、收益的权利，当第三人的行为影响其承租权时，承租人基于占有人的地位，可以相应地请求排除妨碍、损害赔偿。但承租人所主张的权利范围仅限于因占有地位享有的权利，而不得主张属于所有权人的权利。不过，房屋所有权人对房屋的权利与承租人对房屋的权利有时是会有交叉的。因此，双方的权利如何行使、协调，一直是比较有争议的问题。

我们认为，双方的权利行使应当坚持如下原则：即就双方权利重合的部分，其中一方行使权利的，另外一方可以加入已经主张权利的当事人一方，但不能重复主张这部分权利。所有权人的权利与承租人权利不一致的地方，应当各自主张。如侵权行为人针对承租人的营业而实施侵权行为，承租人可以要求侵权人承担责任，而所有权人则不能主张。同理，第三人所侵害的权利仅仅是所有权人的权利，而不影响承租人权利的行使的，承租人也不得主张。比如第三人未经出租人同意，而在出租人所有的房屋顶部堆放物品，但不影响楼下承租人对该房屋进行使用的，承租人就不能向第三人主张权利。

14. 租赁合同解除时，租赁物上的添附物或其残值如何处理？

《合同法》第二百二十三条第二款规定：“承租人未经出租人同意，对租赁物进行改善或增设他物的，出租人可以要求承租人恢复原状或者赔偿损失。”因此，租赁合同解除时，添附物可以取回的，由添附人取回，不能取回的，租赁双方对房屋添附的处理有约定的按约定，没有约定的，可以视不同情况分别处理：一、未经出租人同意，承租人自行决定添附的，承租人应当自行将添附物除去。如不能除去的，出租人一般不必补偿。因为在这种情况下，如果要求出租人给予补偿，对出租人而言，该补偿将构成强制得利的补偿。而依照不当得利的规则，强制得利是不应补偿的。二、经过出租人同意的添附，在合同解除后，由于该添附物不能取回，已经成为添附方的损失。对于这种损失，原则上按照过错承担赔偿责任。如虽系承租方违约，但所留装潢物对于出租方确有再利用价值的，可由出租方酌情给予补偿。

15. 租赁合同当事人约定，租赁物上的添附物或其残值在合同终止时归出租人。现因一方当事人违约而致合同提前被解除的，添附物归属如何确定？

如果双方约定合同终止时添附物归出租人的，则该约定属于关于添附物归属的附条件的约定。即以合同正常履行完毕，作为将添附物价值完全移转给出租人的条件。因此，根据附条件法律行为的规则，如因出租人违约而致条件不能成就的，则承租人取回添附物；添附物不能取回的，承租人可以参照上条，要求出租人赔偿。如果因承租人违约导致合同解除的，视为阻止条件成就的行为，应当确认添附物归出租人所有；同时，出租人也不必给予承租人赔偿。但是，所留装潢物对于出租方确有再利用价值的，参照上条规定处理。

四、优先购买权

16. 未经登记的租赁合同，承租方是否有优先购买权？

租赁合同中的承租方依照法律规定依法享有优先购买权，不因登记与否而影响该项权利。但是，未经登记的租赁合同，其承租人的优先购买权不得对抗第三人。这里所说的不能对抗第三人，是指一旦房屋所有权已经变更，除非能够证明第三人是恶意的，否则，未经登记的租赁合同的承租人不得以优先购买权为由要求优先取得房屋所有权。

当然，优先购买权是租赁合同中承租人的一项法定权利，由于出租人向第三人出卖房屋的行为导致承租人不能实现优先购买权的，应当视为出租人违约，承租人可以要求出租人承担违约责任。

17. 出租人就租赁房屋已经与第三人订立买卖合同，承租人要求行使优先购买权的，其优先购买权如何行使？

优先购买权的行使是以取得租赁物的所有权为目的的，因此，在其他人尚未取得租赁物所有权之前，承租人行使优先购买权的，都可以得到支持。也就是说，如果出租人仅仅与第三人订立了合同，而尚未办理过户、登记手续，且承租人也在知道或者应当知道该情形的 3 个月内提出优先购买要求的，无论第三人是否为善意，也不管租赁合同是否登记，承租人都可以要求优先购买该房屋。在房屋已经过户登记为第三人所有时，则要根据第三人是否为善意而决定承租人是否可以行使优先购买权。而租赁合同是否登记、第三人是否知晓租赁事实等则为判断第三人是否善意的重要考虑因素。

18. 承租人的优先购买权主要在哪些情形下受到限制？

主要有共有人优先购买、出租人基于特殊身份而出卖租赁物、租赁物以特定方式发生权属变化等等。如出租人将房屋赠与他人的，房屋被强制征收、征用的，房屋以招标形式出卖的，以及房屋被强制执行等。这主要是考虑到，在赋予承租人优先购买权的同时，也要保障出租人的合法权益，而不是牺牲出租人的权利来满足承租人的要求。因此，优先购买权的行使不是没有任何条件和限制的，它不能损害出卖人的实体利益，而且也不是绝对地剥夺其他人的购买机会。因此，共有人主张优先购买权的，共有人的优先购买权优于承租人的优先购买权，承租人的优先购买权不能对抗共有人的优先购买权；出租人基于与第三人的亲属关系或其他特殊关系，以低于市价出卖房屋，而离开该人身关系，出租人则不愿出售房屋的，一般情况下承租人不能享有优先购买权；承租人仅租赁部分房屋，而出租人出售整体房屋的，承租人也不是当然可以行使优先购买权。

就上述情况而言，因共有人对房屋拥有的是所有权，即使是按份共有，对外而言，每个共有人也都是所有权人。因此，与承租人相比仍然更有优先性。而基于特殊人身关系建立的买卖关系，也与一般的买卖关系不同，它含有身份关系的考虑在内。即仅仅是基于这种特殊的身份关系，出租人才会给出较优惠的出卖条件。没有这些特殊的身份，出租人就不会给出这样的出卖条件，也就不存在承租人同等条件下的优先购买问题。就房屋的部分与整体而言，法律本身就是规定承租人对其承租的部分房屋有优先购买权，而对其他部分则没有优先购买权，故承租人的权利不能超出合同的范围。因此，如果将租赁部分单独出卖给承租人，对整体房屋其他部分出卖不产生实质性影响的，承租人对此部分可以行使优先购买权；反之，则不能行使优先购买权。否则，就是对出租人实体权利构成损害。

19. 房屋在租赁期间被拍卖，承租人是否可就该拍卖房屋行使优先购买权？

拍卖是买卖的一种特殊形式，但其性质是买卖，不能剥夺承租人优先购买的权利，出租人或者拍卖行依然有义务通知承租人拍卖事宜。具体操作可以参照最高法院《关于人民法院民事执行中拍卖、变卖财产的规定》，其中第十六条规定："拍卖过程中，有最高应价时，优先购买权人可以表示以该最高价买受，如无更高应价，则拍归优先购买权人；如有更高应价，而优先购买权人不作表示的，则拍归该应价最高的竞买人"。

20. 对于承租人以行使优先购买权为由，诉讼请求确认出租人与第三人的房屋买卖合同无效，但未提出行使优先购买权的，如何处理？

一种观点认为，承租人优先购买权一般包含两个诉讼请求：一为请求出租人与第三人买卖合同关系无效，二是请求与出租人建立"同等条件下"的买卖合同关系。这两个诉讼请求是承租人优先购买权的具体化。为避免讼累，切实维护承租人的优先购买权，法院在保护承租人优先购买权的判决中，可以在判决出租人与第三人买卖合同关系无效的同时，直接判决承租人与出租人买卖关系成立，出租人应依法交付房屋，承租人应（在同等条件、期限内）支付购房款。如不判明，承租人的优先购买权实际上可能无法实现。第二种观点认为，对保护承租人优先购买权的判决中，只要宣告买卖合同无效即可，无需再强行判决承租人与出租人优先购买房屋的关系成立及其他。出租人可再根据房市的情况重新确定房屋的价格，只要出租人出卖房屋，承租人可以再主张其优先购买权。

我们认为，承租人在诉讼过程中仅主张确认买卖合同无效，而未要求行使优先购买权，经法院释明后不变更诉讼请求的，对其诉讼请求不予支持。理由是：优先购买权作为法律赋予承租人的一项权利，其目的在于保证承租人可以相对优先地取得租赁物的所有权。为此，法律允许承租人申请宣告恶意订立的买卖合同无效，以实现这个目的。也就是说申请宣告无效等都是手段，而不是目的。而法律规定保护的是承租人实现优先购买的目的。在当事人不主张购买的情况下，就说明他没有实现这个目的的意思。因此，也就没有继续加以保护的必要。故承租人不主张优先购买权，而仅要求确认合同无效的，不应支持。

21. 出租人将房屋出售于第三人，因承租人行使优先购买权而将该房屋出卖给承租人时，出租人与承租人之间的买卖合同的主要内容如价款、付款方式等如何确定？

出租人与第三人签订的买卖合同应当作为出租人与承租人之间买卖合同的内容。

通说认为承租人的优先购买权在权利分类上属于形成权，即享有优先购买权的承租人作出以同等条件购买系争房屋的意思表示时，该意思表示到达出租人一方时买卖合同即为成立。一般情况下，承租人主张优先购买权时，出租人已经与第三人签订了房屋买卖合同，而所谓同等条件即应当理解为买卖合同的权利义务。

22. 如何确定优先购买权的放弃？

放弃的形式有两种，明示和默示。明示表现为出租人向承租人作出出卖房屋的意思表示后，或者承租人知道房屋出卖事实的，承租人明确表示不予购买；默示可以表现为出租人向承租人作出出卖房屋的意思表示后，或者承租人知道房屋出卖事实的，承租人在合理期限内没有买受系争房屋的意思表示，或表现为积极为出租人寻找买家，承租人另行寻找租赁房屋等。

23. 出租人通知承租人有无形式要件要求？

合同法规定出租人在房屋出卖前合理的期限内通知承租人，该合理期限以出租人确定的期限而定。在该期限内，承租人行使其优先购买权，超过该期限的，即可推定承租人放弃优先权。

出租人的通知形式可以灵活多样，如可通过信函、在租赁房屋处张贴告示等形式均可。但无论以什么形式通知，都应当以送达承租人为必要。单纯以登报公告等形式进行通知，而未针对承租人进行通知的，不发生通知的效果。

24. 出租人在房屋出售前对承租人未尽通知义务，承租人应在多长期限内行使优先购买权？

承租人的优先购买权属于以形成权的行使为前提的权利，故该形成权的行使应以除斥期间制度加以规定，即承租人应自知悉出卖事实时起一定期限内行使先买权。该制度与合同法规定的出租人应当给出"合理期限"一起（一为基于当事人自由意思产生，一为没有当事人意思表示时补充当事人意思），共同构成承租人行使优先购买权的程序性规定。

关于"合理期限"问题，具体标准如何，应由当事人根据实际情况而定，不宜强制划一。而关于承租人行使权利的除斥期间，不少人认为法律没有规定。我们认为最高人民法院《关于贯彻执行〈中华人民共和国民法通则〉若干问题的意见》第118条的规定，实际上就可以理解为对此问题作出的规定。该条规定："出租人出卖出租房屋，应提前三个月通知承租人，承租人在同等条件下，享有优先购买权。"从该条文的表述本身来看，其目的无非是在出租人未及时通知承租人的情况下，给予承租人以行使权利的期间。因为，在出租人通知承租人购买时，实际上是要在承租人和其他人提出相同条件时，优先将租赁物出卖于承租人。那么，出租人的主要义务就是将出卖的意思通知承租人。而承租人在收到通知后必须在合理期限内行使其权利。而设定优先购买权行使期限的目的，则在于督促承租人尽早行使权利。因此，其目的应该是：出租人出卖租赁物的，应当通知承租人。承租人在接到通知后,应当在合理期限内决定是否购买。该期限最长为3个月。

因此,我们倾向于认为,承租人行使优先购买权的期间,应该为出租人知道或者应当知道出租人出卖房屋之日起的3个月。

25. 出租人虽然没有通知承租人行使优先购买权,但房屋已几经转手出售,现房屋承租人主张优先购买的,应如何处理?

首先,应当判断承租人是否超过期限行使权利;其次,对于租赁的房屋已经出售并几经转手,只要后几个环节的房屋买受人中有一个是善意购买的,承租人就不能再主张优先购买。当然,承租人不能行使优先购买权的,可以要求出租人承担相应责任。

26. 租赁合同未经登记对承租人优先购买权的影响

我国法律规定,房屋租赁应实行登记备案制度。但房屋租赁的登记备案与否不影响租赁合同的效力,故审判实践中当事人为逃避税收等,租赁合同未经登记备案的情况较多。

一种观点认为,未经登记备案的租赁合同,承租人的优先购买权不能对抗善意第三人。因为租赁合同未经登记公示,第三人因此可能不知道所购房屋上存在租赁关系,而与出租人建立买卖关系,该第三人是善意第三人。在此情况下,承租人的优先购买权不能对抗善意第三人。另一种观点认为,只有在动产取得问题上存在善意取得制度,不动产取得不存在善意取得问题,承租人优先购买权是法定的权利,可以对抗任何第三人。

我们倾向第一种观点。这样处理有利于保护第三人的交易安全,在当前房价上涨形势下,也可防止部分出卖人为反悔卖房,恶意与他人串通假造租赁合同关系,达到悔约的目的。承租人的优先购买权因此不能实现的,可以请求出租人进行赔偿。

27. 承租人优先购买权的案由问题

实践中,有的案由为租赁合同优先购买权纠纷,有的案由为买卖合同纠纷。主张案由为租赁合同优先购买权纠纷者认为,优先购买权纠纷源于租赁合同关系,无租赁关系,就无优先购买权,故应以租赁合同优先购买权纠纷为案由。主张案由为买卖合同纠纷者认为,优先购买权纠纷的诉讼请求主要是两个:一为请求出租人与第三人买卖合同关系无效,二是请求与出租人建立"同等条件下"的买卖合同关系,对出租抵押物造成承租人的损失承担赔偿责任;如果抵押人已书面告知承租人对该财产已抵押的,抵押权实现造成承租人的损失,由承租人自己承担。可见,后成立的承租权对先设立的抵押权无对抗力,抵押权人实现权利时可以不考虑租赁事实的存在,租赁关系对于受让人无约束力。

同时应当注意,出租人与承租人之间的租赁合同有效,由于抵押权人行使抵押权致使承租人不能行使承租权的,承租人可以据此主张违约请求权。双方当事人有约定的除外。

28. 承租人优先购买权案件当事人的诉讼地位问题

审判实践中，承租人作为原告起诉，有的仅将出租人列为被告，有的将出租人和买受人列为共同被告，有的将出租人列为被告、买受人列为无独立请求权的第三人。我们认为应当将出租人与买受人列为共同被告。

五、租赁物的出卖

29. 租赁期间对外出卖房屋的，如何确定出租主体的变更时间？

租赁期间发生所有权变动导致产生新的租赁合同的，新的法律关系的产生以该房屋所有权变更登记的时间为准。买卖房屋双方对此另有约定的按约定。

《合同法》第二百二十九条规定"租赁物在租赁期间发生所有权变动的，不影响租赁合同的效力"，这就是"买卖不破租赁"的规定，事实上，还包括赠与、互易等形式的所有权变更情况。审判实践中，新旧法律关系交替的时间点掌握很重要。由于房屋买卖而产生的新的租赁关系，该时间点就掌握在所有权发生变动的时间，也就是房屋权利变更登记的时间。

30. "买卖不破租赁"的适用是否要求租赁合同登记？

未经登记的租赁合同，当房屋所有权发生变化时，承租人不能以"买卖不破租赁为由"向新的房屋权利人要求租赁合同继续履行。但是，承租人有证据证明新的房屋权利人知道或者应当知道租赁事实的除外。

在保护承租人权利的同时，也应当考虑保护房屋买受人的权利，两者的权利在法律上是平等的。德国由于二战后居住房屋紧张，为保护居住人的利益而创设了"买卖不破租赁"的法律规定，以后一些国家也将"买卖不破租赁"作为自己的法律，我国就是如此。应该说，租赁合同由于其准物权的特性，"买卖不破租赁"有其一定的法理基础。随着经济的发展，当初的立法理由已经日渐弱化，特别是大量商业租赁的存在与当初保护居民居住权的立法意图不相一致。在保护承租人利益的同时，如何保护买受人的利益成为值得思考的问题。我们认为，《上海市房屋租赁条例》第十五条第二款关于"房屋租赁合同未经登记备案的，不得对抗第三人"的规定，使我们得以将两者利益予以平衡。当租赁合同未予登记，或者买受人不知道系争房屋租赁事实的，相应的法律后果不能由买受人承担。承租人也不能以"买卖不破租赁"为由，对抗买受人对房屋处分的权利，不能要求房屋租赁合同继续履行。

同时，出卖人未向买受人告知租赁事实，导致承租人不能主张"买卖不破租赁"而合同不能继续履行的，应当认定出租人违约。承租人可以向出租人主张相应的违约责任。

六、租赁与抵押

31. 租赁的房屋能否进行抵押？如何实现抵押物的优先受偿权？

出租人可以将出租的房屋进行抵押，租赁不影响抵押权人实现其优先受偿权。同时，抵押权的实现亦不影响租赁合同的继续履行，也就是说，租赁合同的效力及于买受人。

租赁关系直接针对的是房屋使用、收益的权利，而抵押权针对的是房屋的交换价值，二者并无本质冲突，出租人可以对房屋行使充分的处分权。抵押权人对已出租的房屋同意抵押的，该风险由其自行承担，抵押权人不能以该权利对抗承租权。抵押权实现后，也不影响租赁合同的履行。为此，《最高人民法院关于适用〈中华人民共和国担保法〉若干问题的解释》第六十五条规定："抵押人将已出租的财产抵押的，抵押权实现后，租赁合同在有效期内对抵押物的受让人继续有效"。

32. 抵押的房屋能否进行租赁？租赁合同是否有效？

抵押权与出租权是房屋所有权人的权利，房屋所有权人将已抵押房屋出租的，租赁合同有效，但租赁权不能对抗抵押权。

《关于适用〈中华人民共和国担保法〉若干问题的解释》第六十六条规定："抵押人将已抵押的财产出租的，抵押权实现后，租赁合同对受让人不具有约束力。抵押人将已抵押的财产出租时，如果抵押人未书面告知承租人该财产已抵押，抵押人对出租抵押物造成承租人的损失承担赔偿责任；如果抵押人已书面告知承租人对该财产已抵押的，抵押权实现造成承租人的损失，由承租人自己承担。"可见，后成立的承租权对先设立的抵押权无对抗力，抵押权人实现权利时可以不考虑租赁事实的存在，租赁关系对于受让人无约束力。

同时应当注意，出租人与承租人之间的租赁合同有效，由于抵押权人行使抵押权致使承租人不能行使承租权的，承租人可以据此主张违约请求权。双方当事人有约定的除外。

七、合同的解除

33. 如何确定合同解除的时间？

一般情况下，可以分以下三种情况：1. 诉讼之前，双方当事人协商解除租赁合同的，协商确定之日为合同解除之日；2. 一方当事人行使合同解除权，对方有异议提起诉讼，经法院审理后认为行使合同解除权并无不当的，解除合同通知送达之日为合同解除之日；3. 一方当事人行使合同解除权，对方有异议提起诉讼，经法院审理认为该当事人无合同解除权，但双方当事人在诉讼中均同意解除合同的，可以在判决或调解书中明确合意解除之日为合同解除之日。

合同解除的时间点是对租赁法律关系存在与否的重要判断。《合同法》第九十三条、第九十四条规定了当事人具有合同解除权的几种情形，《合同法》第九十六条规定了合同解除的方式。实践中，对当事人是否具有合同解除权，合同是否已经解除，合同解除的时间点如何确定往往会有不同的意见。对于当事人是否具有合同解除权，可以依据《合同法》第九十三条、九十四条和分则中的特别规定作出判断，这里不作罗列。对合同是否已经解除，也可以通过当事人是否具有合同解除权以及是否正确行使了合同解除权进行审查。本条是专门就合同解除时间点的确定提供几种判断依据。

《合同法》第九十六条第一款规定："当事人一方依照本法第九十三条第二款、第九十四条的规定主张解除合同的，应当通知对方。合同自通知到达对方时解除。对方有异议的，可以请求人民法院或者仲裁机构确认解除合同的效力"。因此，双方当事人就是否有合同解除权产生争议时，经法院审查认为一方当事人确有解除权的，有解除权一方的通知到达对方时解除权即产生效力，合同解除。这种情况下，由于合同解除是已经存在的事实，法院可以在判决说理部分确认合同业已解除，如果判决主文中需要确认合同解除的，应当注意合同解除之日为通知送达之日。经审查认为一方当事人无解除权的，则通知到达对方时并不能产生合同解除的效力，合同应当继续履行。合同继续履行并不排除双方当事人可以在诉讼过程中就解除合同达成一致。我们倾向于第一种意见。因为优先购买权本身也包含了买卖的内容，而单纯的买卖合同纠纷不能体现优先购买纠纷的特点。

34. 合同解除权消灭的情形有哪些？

在判断合同解除权是否已经消灭，主要从以下四种情形分析：1. 双方当事人对合同解除权约定了行使期限的，期限届满权利人不行使的，解除权消灭；2. 双方未约定解除权行使期限，经对方催告后权利人未在合理期限内行使解除权，解除权消灭；3. 双方未约定解除权行使期限，对方亦未催告的，权利人未在合理期限内主张解除权的，解除权消灭，该合理期限一般掌握在一年；4. 由于未按时支付租金而使出租人具有合同解除权，但承租人表示支付后期租金而出租人同意的，解除权消灭。

权利因主张而成就，因放弃而消灭，合同解除权同样如此。《合同法》第九十五条规定："法律规定或者当事人约定解除权行使期限，期限届满当事人不行使的，该权利消灭；法律没有规定或者当事人没有约定解除权行使期限，经对方催告后在合理期限内不行使的，该权利消灭"。实践中较难把握的是，法律未规定租赁合同的解除权行使期限，而当权利人怠于行使权利时，将导致权利长期处于一种不确定的状态。我们认为，这种长期怠于行使权利的状况也是权利消灭的一种情形。最高人民法院《关于审理商品房买卖合同纠纷案件适用法律若干问题的解释》第十五条第二款规定："法律没有规定或者当事人没有约定，经对方当事人（合同违约方）催告后，解除权行使的合理期限为三个月。对方没有催告的，解除权应当在解除权发生之日起一年内行使；逾期不行使的，解除权消灭"。对此，我们建议关于租赁合同的解除权行使期限可以参照把握。

天　津　市

天津市高级人民法院关于依法妥善审理房屋买卖合同纠纷案件的通知

（2016年11月16日　津高法〔2016〕158号）

今年以来，房屋买卖合同纠纷案件数量大幅增长，尤其是在“二手房”买卖纠纷中出现了界定继续履行条件、确定违约损失赔偿幅度等新问题。为了依法妥善审理好此类案件，统一裁判标准和执法尺度，高院民一庭组织一、二中院及部分基层法院召开了专题座谈会，就该类案件审理中的热点难点问题进行了深入研讨，并就一些具体问题形成了共识。现就审判实践中应当注意的相关问题通知如下：

一、处理原则

审理上述案件时，要严格依照法律、行政法规和司法解释的规定。既要遵循诚实信用原则，依法保护守约方的合法权益，又要兼顾合同的客观履行情况和条件，买卖双方的合同目的和居住条件，秉承“调解优先，调判结合”的理念，依法合理平衡各方当事人的合法权益。

二、适用范围

本《通知》中的“房屋买卖”，是指城镇区域内国有土地上的“二手房”买卖，不包括公产房、企业产房屋买卖。商品房买卖合同纠纷可以参照本《通知》处理。法律、行政法规和司法解释另有规定的，适用其规定。

三、关于合同效力的认定问题

当事人尚未签订房地产行政主管部门要求的《天津市房产买卖协议》，但自行签订或者通过房产中介机构签订的协议书具备了房屋买卖合同主要内容的，应认定房屋买卖合同成立。经审查不存在法定无效情形的，应当认定合同有效。当事人明确约定以签订《天津市房产买卖协议》为买卖合同成立、生效要件的，从其约定。

出卖人转让仅登记在自己名下的共有房屋，未征得其他权利人同意，基于不动产的公示公信原则，如买受人有理由相信出卖人系房屋的完全权利人，其与出卖人之间签订的买卖合同应认定为有效。但有证据证明买受人存在过错，或者出卖人恶意串通，损害其他共有人利益的除外。

四、关于合同继续履行的问题

当事人按照房地产行政主管部门的要求签订《天津市房产买卖协议》以后，一方已依约履行主要义务并主张继续履行合同,另一方拒绝履行产权过户、交接房款、交付房屋等后续合同义务,除属于《合同法》第一百一十条规定情形以外,人民法院应予支持。

当事人已经签订房产买卖协议或者已经与房产中介机构签订包含居间内容的房产买卖协议,但尚未签订《天津市房产买卖协议》的,一方主张继续履行合同,另一方拒绝履行合同义务的,除属于《合同法》第一百一十条规定情形以外,人民法院应综合考量房地产行政主管部门意见、合同履行进度、房款交付情况、房屋实际状态等因素,确定涉案房屋买卖合同是否具备继续履行的条件。如果具备继续履行合同条件的,人民法院可以支持当事人继续履行合同的诉讼请求。如果不具备继续履行合同条件的,人民法院可以向当事人释明无法执行的风险,并告知其可以变更诉讼请求。

当事人对合同的履行与解除有特别约定的,从其约定。

当事人要求继续履行合同,应当在诉讼请求中明确具体履行内容,如支付购房款、交付房屋、办理产权过户登记等。

对于出卖人不履行产权过户义务的,买受人可以按合同约定要求出卖人履行产权过户义务,但不能直接请求人民法院确认房屋产权归其所有。

五、关于违约金的问题

合同约定给付违约金的,当事人可以向违约方主张支付违约金,当事人主张违约金高于或低于实际损失的,人民法院应当依法处理。当事人请求增加违约金的,应当依照《最高人民法院关于适用〈中华人民共和国合同法〉若干问题的解释(二)》第二十八条的规定处理。认定违约金过分高于造成的损失,应当依照《最高人民法院关于适用〈中华人民共和国合同法〉若干问题的解释(二)》第二十九条的规定处理。

六、关于损失赔偿的问题

1. 当事人一方不履行合同义务或者履行合同义务不符合约定给对方造成损失的,应当赔偿损失。按照《合同法》第一百一十三条规定,损失赔偿额包括合同履行后可以获得的利益。一方违约且发生房屋价格涨跌情形的,涨跌差价属于合同履行后可以获得的利益,实际损失金额的确定应结合所处区域实际情况、守约方的履约情况、违约方订立合同时对房屋涨跌情形的预见能力、当事人的过错程度等因素综合判定,但最低额度不应低于房屋价格涨跌差价的50%。

2. 房屋价格涨跌差价可以参照以下方式确定:

(1)双方能够协商确定的,从其约定;

(2)双方不能协商确定的:①原则上可比照最相类似房屋的市场成交价与买卖合同成交价之差确定房屋涨跌差价;②无最相类似房屋比照的,可通过专业机构评估确定房屋涨跌差价。认定涨跌差价的时间点应以守约方的请求为基础,结合合同约定的履行期限届满之日、违约方的违约行为确定之日、双方是否及时采取措施防止损失扩大、涉诉房屋的具体涨跌情况等合理确定。

七、关于受房地产调控政策影响案件的处理问题

因受限贷、限购、禁购等房地产调控政策的直接影响，合同确实无法继续履行的，一般应认定合同不能履行属于不可归责于双方当事人的情形，当事人据此请求人民法院变更或者解除合同的，人民法院应当结合案件的实际情况准予变更或者解除合同。

因前述原因，当事人解除合同以后，出卖人应当将已经收到的购房款或定金返还给买受人，买受人应将接收的房屋返还给出卖人。因解除合同造成的损失一般情况下应按照公平原则由双方合理分担。如因一方当事人过错导致当事人利益严重失衡，损失方要求加大对方承担比例的，可酌情予以支持。

正在审理中的一、二审案件参照本《通知》试行，已经做出生效裁判的案件不再适用。如在试行中遇有问题，及时向高院民一庭反馈。

福　建　省

福建省高级人民法院关于审理商品房买卖合同纠纷案件疑难问题的解答

（2008 年 7 月 25 日）

1. 问：最高人民法院《关于审理商品房买卖合同纠纷案件适用法律若干问题的解释》（以下简称商品房买卖合同司法解释）第四条规定的“不可归责于当事人双方的事由”应如何认定？

答：“不可归责于当事人双方的事由”是指双方当事人均无过错而导致商品房买卖合同未能订立的情形。例如，双方当事人在商品房的认购、订购、预订等协议中未约定的与商品房买卖有关的内容，在签订正式商品房买卖合同时，经磋商无法达成一致意见的；收受定金后，因第三人的原因或自然灾害致使该商品房项目未能建设或未能按原约定建设等情形。

因一方当事人恶意磋商导致合同无法订立的，应当按照法律关于定金的规定处理。例如，在签订认购、订购、预订等协议后，买受人反悔，为了能退回定金，在订立商品房买卖合同时，对双方未约定的事项故意提出一些苛刻条件（例如要求出卖人在不合理的期限内交房）的，不属于不可归责于双方当事人的事由。如果无法确认是否一方当事人故意，则适用“因不可归责于当事人双方的事由，导致商品房买卖合同未能订立的，出卖人应当将定金返还买受人”之规定，返还定金。

2. 问：出卖人取得《商品房预售许可证》之前，向买受人收取购房定金，后因非买受人的原因双方无法按期订立购房合同，买受人请求出卖人双倍返还定金，出卖人则以未取得预售许可证为由主张订购行为无效的，能否依据《商品房买卖合同司法解释》第九条的规定认定其无效？定金应否双倍返还？

答：当事人在订立商品房买卖合同之前交付的购房定金属于立约定金，是为担保正式签订商品房买卖合同而交付。双方当事人之间的订购协议并非商品房买卖合同，因此不适用《商品房买卖合同司法解释》第九条的规定。订购协议效力的认定依照《合同法》第五十二条确定。买受人请求双倍返还定金的，依照《商品房买卖合同司法解释》第四条的规定处理。

3. 问：因出卖人原因未能订立商品房买卖合同，出卖人双倍返还定金后，买受人能否要求出卖人赔偿其他损失？如果出卖人应赔偿损失，赔偿范围如何确定？买受人能否要求赔偿房屋涨价（即合同约定价格与房屋现价之间的差额）的损失？

答：买受人可以请求出卖人双倍返还定金，并赔偿其信赖利益，例如，为订立商品房买卖合同而支出的费用及利息等损失，使其恢复到未认购商品房前之财产状态。但请求出卖人赔偿其房屋涨价的损失的，不予支持。

4. 问：《商品房买卖合同司法解释》第八条、第九条规定，出卖人恶意违约和欺诈的，买受人可以请求出卖人承担不超过已付购房款一倍的赔偿责任。具体赔偿数额是依买受人的主张确定，还是由法院行使自由裁量权确定？

答：买受人主张不超过已付购房款一倍的赔偿数额的，一般应予支持。但由此造成双方当事人利益明显失衡，出卖人要求减少的，人民法院可以根据案件的具体情况，予以适当减少。

5. 问：因出卖人违约而解除商品房买卖合同，买受人请求赔偿损失的，赔偿范围如何确定？买受人能否要求赔偿房屋涨价的损失？如果买受人只交付部分购房款，赔偿数额是否应予减少？

答：因出卖人违约导致合同无法继续履行，买受人被迫解除合同后，请求出卖人赔偿其房屋涨价损失的，应予支持。但买受人为签订和履行该合同所支出的费用，系获得房屋涨价利益的成本，因此，买受人同时请求赔偿房屋涨价损失和为签订及履行该合同所支出的费用的，不应同时予以支持。买受人未交清全部购房款的，不影响其主张因解除合同而应获得的损失赔偿。

出卖人违约不导致合同无法继续履行，买受人可以选择继续履行或者解除合同。如果买受人请求解除合同，则无权要求赔偿房屋涨价的损失，损失赔偿额仅以信赖利益为限。

6. 问：出卖人具有《商品房买卖合同司法解释》第八条规定的违约情形，导致商品房买卖合同目的不能实现，无法取得房屋的买受人解除合同后，同时请求出卖人赔偿房屋涨价损失和不超过已付购房款一倍的赔偿责任的，应当如何处理？

答:买受人同时请求出卖人赔偿房屋涨价损失和承担不超过一倍购房款的赔偿责任的,应当支持两者中赔偿数额更高的诉讼请求。

7. 问:商品房买卖合同纠纷中,出卖人欺诈的,买受人能否请求按《福建省房屋消费者权益保护条例》的规定予以双倍赔偿?

答:出卖人承担惩罚性赔偿责任应以《商品房买卖合同司法解释》第八条、第九条列举的五种情形导致合同被确认无效或者被撤销、解除为限。

8. 问:《商品房买卖合同司法解释》第十三条第一款规定:"因房屋质量问题严重影响正常居住使用,买受人请求解除合同和赔偿损失的,应予支持。"其中"严重影响正常居住使用"如何认定?

答:认定是否"因房屋质量问题严重影响正常居住使用",应当结合是否对买受人的生命和财产安全、身体健康造成重大影响、是否严重干扰和影响了买受人的正常生活、可否修复等,予以综合判断。

9. 问:如何认定所交付的商品房面积,以判断与商品房买卖合同约定的面积是否相符?

答:商品房买卖合同中对商品房面积如何确定有约定的,从其约定;未约定或者约定不明的,以房屋产权登记面积或者房地产行政主管部门审核确定的房产测绘成果为准。

10. 问:按建筑面积预售的商品房,交付使用的房屋总建筑面积与商品房预售合同约定的建筑面积误差不超过3%,但公摊面积增加、套内面积变小的,如何处理?买受人能否要求解除合同?

答:按建筑面积预售的商品房,所交付的房屋虽然总建筑面积不变,但套内实际建筑面积小于合同约定的,有约定的按约定处理;没有约定的,可比照《商品房买卖合同司法解释》第十四条的规定处理。套内建筑面积的单价按合同约定的总价除以合同约定的套内建筑面积计算。

11. 问:商品房买卖合同中既约定了以套计价,又约定了套内面积与公摊面积,若发生面积误差,如何处理?

答:若商品房买卖合同对面积误差的调整方式有明确约定,从其约定;若合同中未约定或者约定不明,则视为按建筑面积计价。

12. 问:买受人以购买的商品房存在面积误差或者质量问题为由,向出卖人主张权利的,诉讼时效应当从何时起算?

答:当事人以交付的商品房面积与合同约定存在误差为由请求补足房价款或者返还房价款及利息的,诉讼时效从其知道或者应当知道房地产行政主管部门审核确定该房产测绘成果之日起算,但当事人明确约定以另外的方式确定该商品房面积的除外。

买受人以商品房存在质量问题为由请求出卖人赔偿损失的,诉讼时效从其知道或者应当知道该质量问题造成其损失之日起算;请求出卖人予以修复的,诉讼时效从其知道或者应当知道该质量问题之日起算,但尚未超过保修期的除外。

13. 问:出卖人交付的房屋实际层高、小区绿化面积、环境等不符合合同约定,但双方当事人未约定违约金数额或者损失赔偿额计算方法的,如何确定违约金数额或者损失赔偿额?买受人以此为由要求解除合同的,能否支持?

答:违约金数额或者损失赔偿额可综合考虑出卖人的违约程度、对房价的影响大小、对买受人使用造成的不利影响大小以及案件的具体情况等,由人民法院酌定。

出卖人交付的房屋实际层高、绿化面积、小区环境等不符合合同约定,如果造成根本性违约,买受人请求解除合同的,应予支持。但是,出卖人交付的房屋实际层高、绿化面积等虽然不符合合同约定,但符合国家及当地的相关规范要求的,一般不认为构成根本性违约。

14. 问:如何认定约定的违约金过高或过低?能否将超过《商品房买卖合同司法解释》第十七条、第十八条规定的违约金数额或者损失赔偿额计算标准的30%作为判断违约金过高的依据?将低于第十七条、第十八条规定的计算标准作为判断违约金过低的依据?

答:《商品房买卖合同司法解释》第十七条、第十八条第二款规定,在逾期付款、逾期交房或者逾期办证等情形下,双方当事人未约定违约金数额或者损失赔偿额计算方法时,可以参照该规定的标准计算,并非必须以此为标准计算。因此,《商品房买卖合同司法解释》第十七条、第十八条第二款规定的计算标准不应作为认定约定的违约金过高或者过低的依据。约定的违约金是否过分高于或者低于造成的损失,原则上应由主张过高或者过低的当事人承担举证责任;损失数额难以确定的,由负有举证责任的当事人承担不利后果。

15. 问:如何认定出卖人的逾期办证责任?合同约定应由出卖人负责办理房屋权属证书,但买受人不提供相关证件、不予配合造成迟延办证的,出卖人是否应当承担违约责任并且继续履行办证义务?《商品房买卖合同司法解释》第十八条第一款规定的"由于出卖人的原因",是否包括因行政部门或者其他第三方原因造成的迟延办证情形?

答:双方当事人约定由出卖人负责办理房屋权属证书,出卖人未在约定的期限内办妥房屋权属证书的,应当承担违约责任,但因买受人的原因造成办证逾期的除外。因买受人原因迟延办证的,出卖人虽然不承担违约责任,但仍应继续履行办证义务。

双方当事人未明确约定由出卖人负责办理房屋权属证书的,出卖人仅承担协助办证义务,即在法定期限内,将需要由其提供的办理房屋权属登记的资料(包括法律、法规规定应报送的资料以及房地产行政主管部门要求提供的其他资料),报送房屋所在地房地产行政主管部门,并告知买受人。由于行政部门或者其他非出卖人原因导致买受人未能在《商品房买卖合同司法解释》第十八条第一款规定的期限内取得房屋权属证书的,出卖人不承担违约责任。

16. 问:出卖人已经将需要由其提供的办理房屋权属登记的资料报送房屋所在地房地产行政主管部门,但未告知买受人的,是否应当承担逾期办证的违约责任?逾期办证违约金应当计算至出卖人完成报备义务时止,还是买受人实际取得房屋权属证书时止?

答:出卖人已经将需要由其提供的办理房屋权属登记的资料报送房屋所在地房地产行政主管部门,但未告知买受人,致使买受人未能及时申请办理房屋权属证书的,出卖人应当承担由此产生的逾期办证的违约责任。按日计付违约金的,违约金数额应当按照实际导致办证拖延的天数计算,即,从《商品房买卖合同司法解释》第十八条第一款规定的出卖人应当承担违约责任之日起,计算至买受人知道或者应当知道出卖人完成报送资料义务之日止。

17. 问:《商品房买卖合同司法解释》第十八条第一款规定的“房屋权属证书”是否包括土地使用权证书?即,买受人已经在第十八条第一款规定的期限内取得房屋所有权证书,但因出卖人原因未在该期限内取得土地使用权证书的,能否请求出卖人承担违约责任?如果出卖人已经就买受人未按时取得房屋所有权证书承担了违约责任,买受人又请求出卖人就未按时取得土地使用权证书承担违约责任,两者的违约期间重叠部分,出卖人是否可以不再重复支付违约金?

答:《商品房买卖合同司法解释》第十八条第一款规定的“房屋权属证书”包括房屋所有权证书和土地使用权证书。因出卖人原因致使买受人未在《商品房买卖合同司法解释》第十八条第一款规定的期限内取得土地使用权证书的,出卖人应当承担违约责任。

除当事人有特殊约定外,出卖人就买受人未按时取得房屋所有权证书承担了违约责任后,买受人又请求出卖人就未按时取得土地使用权证书承担违约责任的,两者的违约期间重叠部分之违约金,不应予以支持。

18. 问:出卖人与买受人约定只办理房屋所有权证书,土地使用权属他人(如同一幢楼的底层用户)所有的,是否有效?

答:依照我国《城市房地产管理法》第三十一条的规定,房地产转让时,房屋的所有权与该房屋占用范围内的土地使用权同时转让。商品房买卖合同约定只转移房屋所有权,不转移土地使用权的,该约定无效。

19. 问:买受人逾期支付购房款或者未依约足额支付购房款,能否成为出卖人逾期交房、逾期办理房屋权属证书的抗辩事由?是否应视出卖人有无具备交房、办证条件区别对待?

答:依照双方当事人的约定,买受人付款义务应当先于或者与出卖人的交房、办证义务同时履行的,买受人逾期支付全部或部分购房款时,出卖人可以行使后履行抗辩权或者同时履行抗辩权,其交房、办证的期限可予相应顺延。

20. 问:由于出卖人的原因,导致买受人无法办理房屋权属证书,但买受人不起诉要求退房,仅要求出卖人支付逾期办证违约金的,如何处理?

答:合同有效,但因出卖人原因导致无法办理房屋权属证书,双方当事人均不主张解除合同的,法院不应判决解除合同。买受人仅起诉要求出卖人支付逾期办证违约金的,按照法律关于违约金的规定处理。

21. 问:买受人请求出卖人履行协助办理房屋权属证书之义务有无诉讼时效?买受人请求出卖人承担逾期交房、逾期办证的违约金的诉讼时效从何时起算?

答:买受人请求出卖人履行协助办理房屋权属证书义务的,不适用我国《民法通则》关于诉讼时效的规定。但买受人请求出卖人支付逾期交房、逾期办证违约金的,适用诉讼时效的规定。商品房买卖合同对逾期交房、逾期办证违约金的支付日期有约定的,诉讼时效从约定之次日起算;无约定的,一次性支付的违约金的诉讼时效从合同约定的应交房之次日以及《商品房买卖合同司法解释》第十八条第一款规定的出卖人应承担逾期办证违约责任之日起算;按日计付的违约金的诉讼时效应当分别每一日单独计算。

22. 问:商品房买卖合同中约定房屋交付使用的条件为"商品房经竣工验收合格",其中竣工验收合格除包括经设计、施工、监理、建设单位验收合格外,是否还应包括消防等专项验收合格?

答:交付使用的房屋不仅应当经设计、施工、监理、建设单位等验收合格,还应当符合法律、法规关于房屋交付使用的其他强制性规定,包括消防验收。

23. 问:出卖人在交付商品住宅时不能提供《住宅质量保证书》和《住宅使用说明书》的,是否构成违约?

答:出卖人不能提供《住宅质量保证书》和《住宅使用说明书》的,构成违约,买受人因此拒绝接收商品住宅的,由此产生的逾期交房责任应当由出卖人承担。

24. 问:出卖人通知交房时,尚不具备交房条件(如消防未验收合格),买受人拒绝接收,在符合交房条件后,出卖人是否必须再次通知交房?

答:在房屋具备交付使用条件后,出卖人应当告知买受人并再次通知其接收房屋。因出卖人未告知导致买受人迟延接收房屋的,出卖人仍应承担由此产生的逾期交房责任。

25. 问:商品房买卖合同中约定买受人应缴纳房屋专项维修资金,但对如何缴纳约定不明(例如缴纳数额和应向谁缴纳等未作具体约定),出卖人能否将买受人未缴纳该款作为其未按期交房的抗辩事由?

答:如果根据商品房买卖合同的约定,买受人缴纳房屋专项维修资金之义务应先于或者与出卖人交房义务同时履行,但因房屋专项维修资金如何缴纳约定不明,导致买受人未缴纳该项费用的,出卖人不得将买受人未缴纳该项资金作为逾期交房的抗辩事由。

26. 问:设计变更的,(1)买受人要求退房并要求出卖人承担违约责任,而合同中没有约定违约金数额或者损失赔偿额的计算方法的,应如何确定违约金数额或损失赔偿额?(2)买受人不主张退房,而要求按原合同履行的,如何处理?

答:出卖人变更设计的,可参照《商品房销售管理办法》第二十四条的规定处理。买受人要求退房的,出卖人应当承担违约责任。合同对违约金数额或者损失赔偿额的计算方法未作约定的,违约金数额或者损失赔偿额可以按照买受人已付购房款总额,参照中国人民银行规定的金融机构计收逾期贷款利息的标准计算,从买受人交款之日计算至出卖人返还购房款之日止。房屋已经建成或者因其他原因无法恢复原设计,买受人请求出卖人交付原设计的商品房的,不予支持。

27. 问:出卖人未取得商品房预售许可证,与包销人订立的包销合同是否有效?包销人是否应当具备房地产开发经营资格?因商品房买卖合同产生纠纷,买受人以包销人为被告起诉的,是否应当追加出卖人参加诉讼?出卖人的诉讼地位如何?

答:出卖人未取得商品房预售许可证,不影响包销合同的效力,但包销合同中约定的包销期间早于商品房预售许可时间的,早于部分的包销期间的约定无效。现有法律、法规并未规定包销人应当具备房地产开发经营资格,因此,当事人以此为由主张包销合同无效的,不予支持。因商品房买卖合同产生纠纷,买受人仅以包销人为被告起诉的,应当追加出卖人为共同被告。

28. 问:以担保贷款为付款方式的商品房买卖合同,一方当事人起诉要求确认该合同无效或者撤销、解除该合同,法院是否应当告知担保权人可以作为有独立请求权的第三人参加诉讼?是否应先行确定无效、撤销或者解除的请求能得到支持后再予以告知?商品房买卖合同被确认无效或者被撤销、解除的,如果担保权人并未作为有独立请求权的第三人提出诉讼请求,出卖人返还给买受人的购房款是否应当包括贷款在内?

答:无论当事人要求确认商品房买卖合同无效或者撤销、解除该合同的诉讼请求能否得到支持,法院均应告知担保权人可以作为有独立请求权的第三人参加诉讼。如果担保权人并未作为有独立请求权的第三人提出诉讼请求,出卖人返还给买受人的购房款应当包括贷款在内。

29. 问:房屋拆迁合同纠纷中,拆迁人逾期办证的违约责任,是否适用《商品房买卖合同司法解释》第十八条的规定?

答:房屋拆迁合同对逾期办证的违约责任未作约定的,可参照《商品房买卖合同司法解释》第十八条的规定处理,即由于拆迁人的原因,被拆迁人在下列期限届满前未能取得房屋权属证书的,除当事人有特殊约定外,拆迁人应当承担违约责任:(一)房屋拆迁合同约定的办理房屋权属登记的期限;(二)合同签订时,产权调换的房屋尚未建成的,自房屋交付使用之日起90日;(三)合同签订时,产权调换的房屋已建成的,自合同订立之日起90日。违约金可以按照被拆迁人已支付的房价款(包括产权调换的差价款和被拆迁房屋的折价款),参照中国人民银行规定的金融机构计收逾期贷款利息的标准计算。

30. 问:公民个人或者未取得房地产开发经营资格的企业转让自有房屋,是否适用《商品房买卖合同司法解释》?合同效力如何认定?房地产开发企业在原申请自建房屋的工业用地上建成商品房，并对外销售的，是否适用《商品房买卖合同司法解释》？

答：公民个人或者非房地产开发经营企业转让自有房屋，不适用《商品房买卖合同司法解释》的规定，其合同效力依《合同法》以及相关法律、法规确定。房地产开发企业在原申请自建房屋的工业用地上建成商品房，并对外销售的，适用《商品房买卖合同司法解释》的规定。

福建省厦门市中级人民法院关于审理商品房买卖合同纠纷中逾期交房和逾期办证若干问题的指导意见

（2004 年 7 月 2 日）

为统一我市两级法院审理商品房买卖合同纠纷对逾期交房和逾期办证等事宜的裁判尺度，根据有关法律、法规和最高人民法院《关于审理商品房买卖合同纠纷案件适用法律若干问题的解释》（以下简称《商品房买卖解释》）及我市具体情况，提出如下意见，供我市两级法院在审理该类案件中参考。

第一条 审理商品房买卖合同纠纷，对双方当事人在合同中已约定的权利义务，不违反法律和行政法规规定的，应按当事人的约定；当事人没有约定或约定不明的，适用最高人民法院《商品房买卖解释》等相关规定。

第二条 买受人因出卖人交付的商品房未经验收或验收不合格拒绝接收的，予以支持。

出卖人在交房时不能提供《住宅质量保证书》和《住宅使用说明书》的，应认定出卖人不具备交房条件，由此产生的逾期交房违约责任由出卖人承担。

第三条 买受人已接受出卖人交付的商品房钥匙，除当事人另有约定外，应视为商品房已经交付使用，即出卖人完成了《商品房买卖解释》第十一条规定的房屋转移占有。

买受人已接受了出卖人所交付的商品房钥匙，又以出卖人没有同时交付《住宅质量保证书》和《住宅使用说明书》为由主张出卖人承担因不具备交房条件而逾期交房违约责任的，不予支持。

前两款规定适用于 1998 年 7 月 20 日国务院《城市房地产开发经营管理条例》施行之后签订的商品房买卖合同，之前签订的商品房买卖合同适用当时法律和行政法规、规章的规定。

第四条 出卖人未按照商品房买卖合同约定的时间交房应承担逾期交房的违约责任。逾期交房的违约金以合同约定的交房日为起算点，以实际交房日为止算点。违约金按《商品房买卖解释》第十六条和第十七条规定的标准计算。

第五条 《商品房买卖解释》第十八条和第十九条规定的“出卖人原因”,应理解为:出卖人在履行商品房买卖合同权属交付前应承担的有关办理权属登记的义务,主要包括商品房建设完工以后应履行的初始产权登记的有关手续。

非出卖人所应承担的法定义务或约定义务之外的原因造成逾期办证的,不能视为“出卖人的原因”。

第六条 因出卖人原因致使买受人未能在合同约定期限或《商品房买卖解释》确定期限内办理商品房的权属登记手续,买受人请求出卖人承担违约责任的,予以支持。

出卖人已向权属登记机关办理商品房产权初始登记的,视为已完成了办理权属登记相关义务。

第七条 当事人在商品房买卖合同中约定了逾期办理商品房权属证书违约金的,按合同约定;合同无约定的,违约金自《城市房地产开发经营管理条例》实施后 90 日(即 1998 年 10 月 19 日)开始计算。

第八条 当事人在合同中约定办理权属登记期限的,逾期办理的违约金自期限届满之次日开始计算。

在商品房预售合同中,当事人没有约定办理权属登记期限的,逾期办理的违约金从实际交房日起 90 日开始计算;提前交房的,则从约定的交房日起 90 日开始计算。

在商品房现房买卖合同中,当事人没有约定办理权属登记期限的,自合同签订之日起 90 日开始计算。

前述第二、三款违约金止算点,为:至出卖人取得权属登记机关出具了办理权属登记的收件收据之日止。

第九条 买受人要求出卖人承担逾期履行办理商品房的权属证书义务违约金的计算标准,当事人有约定从约定;当事人没有约定的,参照中国人民银行公布的同期同类贷款利率计算。

《商品房买卖解释》第十八条规定的“已付购房款总额”,包括买受人支付的首期款和通过银行按揭方式支付给出卖人的按揭款。

第十条 出卖人因测绘事宜引起逾期办理权属登记违约纠纷的,买受人主张出卖人承担 2001 年 6 月 1 日《商品房销售管理办法》施行之前违约金的,不予支持;主张出卖人承担《商品房销售管理办法》施行之后的违约金,予以支持。但出卖人有证据证明引起逾期办理权属登记之事宜非其原因造成的,该逾期期间,不视为出卖人的原因。

第十一条 当事人因逾期交房或逾期办理权属登记而提起违约之诉,相对方在一审庭审辩论结束前提出诉讼时效抗辩理由的,违约金保护范围为当事人起诉之日前两年。期间有时效中断或中止情形,适用中断或中止的规定。

前款规定适用于 2003 年 6 月 1 日最高人民法院《商品房买卖解释》施行之前签订的合同。

第十二条　本指导意见由本院审判委员会负责解释。

本指导意见自2004年7月2日起施行。施行之前已生效的一、二审案件不适用本指导意见。

广　东　省

广东省高级人民法院《全省民事审判工作会议纪要》(节选)

(2012年)

一、关于房地产纠纷案件

(一)关于合同效力问题

1. 要准确理解和适用法律、行政法规的强制性规定,依法维护合同效力。《物权法》第一百九十一条第二款并非针对抵押财产转让合同的效力性强制性规定,当事人仅以转让抵押房地产未经抵押权人同意为由,请求确认转让合同无效的,不予支持。受让人因抵押登记未涂销无法办理物权转移登记而请求解除合同的,应予支持;受让人要求转让人承担相应的民事责任的,应考虑当事人的过错程度等因素进行处理。

2. 当事人订立转让不动产的合同后,该不动产被依法查封,不能因该不动产被查封而否定该转让合同的法律效力,但受让人要求解除合同并赔偿损失的,可予支持。买受人请求判令出卖人在解封前办理过户登记手续的,人民法院应向其释明可以变更诉讼请求为解除合同或在解封后办理过户登记手续;买受人坚持不变更的,驳回该项诉讼请求。

3. 不动产被依法查封后,当事人订立转让该不动产的合同,可认定有效。但转让合同约定在该不动产解封前办理过户登记手续的条款无效。出卖人不能依约履行合同,买受人要求解除合同的,应予支持;买受人要求出卖人继续履行合同并在该不动产解封后办理过户登记手续的,应予支持。出卖人故意隐瞒不动产被查封的事实与他人签订转让合同,买受人请求撤销转让合同的,应予支持。

4. 出租人就未取得建设工程规划许可证或者未按照建设工程规划许可证的规定建设的房屋与承租人订立租赁合同,当事人以工商行政管理部门已核准该房屋为经营场所为由主张租赁合同有效的,根据最高人民法院《关于审理城镇房屋租赁合同纠纷案件具体应用法律若干问题的解释》第二条的规定,人民法院不予支持。

5. 出租人未经行政主管部门批准改变房屋用途,并与承租人订立租赁合同,当事人请求确认租赁合同无效的,根据最高人民法院《关于审理城镇房屋租赁合同纠纷案件具体应用法律若干问题的解释》第八条的规定,人民法院不予支持。当事人要求解除合同的，应予支持。

6. 房屋买卖合同或房屋租赁合同对房屋的交楼标准有约定的，按约定办理；如该约定违反《城乡规划法》第45条、《建筑法》第61条、《消防法》第13条等法律、行政法规的强制性规定的，应认定该条款无效，但不影响合同其他部分的效力。出卖人交付的商品房应满足基本的安全条件和买受人的基本居住要求，具体把握标准可审查房屋电梯、水电、煤气等是否可以正常使用。

（二）关于善意取得问题

7. 转让人转让登记在其名下的房地产不符合法律规定或者当事人约定的转让条件，如果受让人是善意，且支付了合理对价并已经办理了房地产过户登记手续的，可以依据《物权法》第一百零六条第一款的规定办理。

（三）关于房屋买卖合同的履行问题

8. 商品房买卖合同约定按套内建筑面积计算单价，公共部位和公用房屋分摊建筑面积的建设费用计入套内建筑面积销售单价内，不再另行计价，如交付房屋时建筑面积少于合同约定的，出卖人应依最高人民法院《关于审理商品房买卖合同纠纷案件适用法律若干问题的解释》第十四条的规定承担违约责任。具体赔偿数额可参照如下方式计算：总房价÷（套内面积+分摊面积）×减少面积。

（四）关于一房数卖的合同履行及违约责任问题

9. 在审理一房数卖纠纷案件时，如果数份合同均为有效且各买受人均要求履行合同，一般应按照已经办理房屋所有权变更登记、合法占有房屋以及买卖合同成立先后等顺序确定权利保护顺位。恶意办理登记的买受人，其权利不能优先于已经合法占有该房屋的买受人；变更登记、合法占有发生在预告登记有效期内的，登记权利人或占有人的权利不能对抗预告登记权利人。对于买卖合同的成立时间，应综合合同在主管机关的备案时间、合同载明的签订时间以及其他证据证明的合同签订时间等因素进行确定。

10. 在二手房交易中，出卖人在订立房屋买卖合同后，又将房屋出卖给第三人，无法取得房屋的买受人请求解除合同，并要求出卖人赔偿房屋差价损失、履约费用等损失的，可予支持。但买受人依据最高人民法院《关于审理商品房买卖合同纠纷案件适用法律若干问题的解释》第八条的规定，要求出卖人承担不超过已付购房款一倍的赔偿责任的，不予支持。

（五）关于房地产调控政策问题

11. 商品房买卖合同签订后，如政府部门出台限购限贷政策的，人民法院应查明买受人是否属于限购或限贷范围。确因限购限贷政策无法办理房屋所有权变更登记，或者不能订立商品房担保贷款合同并导致商品房买卖合同不能继续履行，当事人请求解除合同的，人民法院可参照最高人民法院《关于审理商品房买卖合同纠纷案件适用法律若干问题的解释》第二十三条的规定予以支持。买受人请求判令出卖人办理过户登记手续的，人民法院应向其释明可以变更诉讼请求；买受人坚持不变更的，驳回其诉讼请求。

12. 要注意发挥司法审判在规范和引导房地产居间合同市场中的作用。房屋买卖双方当事人确因居间人的居间行为订立合同，如果房屋买卖合同明确约定以按揭贷款方式付款且买受人因不能办理约定的按揭手续，或买受人由于相应住房限购政策的实施而无法办理房屋所有权变更登记，居间人以已经促成合同订立为由请求支付居间报酬的，一般不予支持，但居间人要求委托人支付从事居间活动支出的合理费用的，应予支持。居间人故意隐瞒真实情况、违规操作，恶意促成买卖双方订立合同，如果房屋买卖合同不能履行，严重损害委托人利益的，对居间人请求委托人支付报酬的，不予支持；委托人请求居间人赔偿所造成损失的，应根据当事人的过错程度处理。

（六）关于合作开发房地产合同的性质认定问题

13. 审判实践中对名为合作开发房地产实为其他性质的合同进行转性认定时，应当注意不拘泥于合同具有明确的“不承担经营风险”的约定，而应以当事人双方权利义务内容的实质作为认定的依据。如根据合同约定，提供土地一方仅分得固定数量或固定比例房屋，且在房屋无法建成的情况下，相对方仍然需要支付与约定分得房屋相对应的价款或赔偿金的，则应认定为建设用地使用权转让合同。

14. 当事人签订名为合作开发房地产实为建设用地使用权转让等其他性质的合同，第三人有理由相信当事人之间为合作开发房地产合同关系的，转让人应对受让人因该房地产项目产生的对外债务承担连带责任。

广东省高级人民法院关于审理商品房买卖合同纠纷案件若干问题的指导意见

（2003年10月24日）

为了正确审理商品房买卖合同纠纷案件，根据《中华人民共和国民法通则》、《中华人民共和国合同法》、《中华人民共和国城市房地产管理法》、《中华人民共和国担保法》、最高人民法院《关于审理商品房买卖合同纠纷案件适用法律若干问题的解释》、《关于适用〈中华人民共和国担保法〉若干问题的解释》和《广东省商品房预售管理条例》等法律法规、司法解释的规定，结合审判实践，提出如下指导意见。

1. 人民法院在审理《城市房地产管理法》施行后订立的商品房买卖合同发生的一、二审纠纷案件时，对于当事人请求解除合同的，均应适用最高人民法院《关于审理商品房买卖合同纠纷案件适用法律若干问题的解释》第十五条第二款关于合同解除权行使期限的规定。但对方当事人确实已无法履行合同主要义务的情形除外。

前款所引述的合同解除权的行使期限属于除斥期间，不存在期间的中止、中断和延长的情形。对方当事人在解除权发生之日起的一年内进行催告的，解除权的行使期限自催告之日起计算三个月。

2. 根据最高人民法院《关于审理商品房买卖纠纷案件适用法律若干问题的解释》第十八条的规定，出卖人只有在因其自身的原因导致买受人不能在合同约定或法律规定的期限内领取房屋权属证书的情形下，才需承担逾期办证的违约责任。因此，出卖人能举证证明其已在合同约定或法律规定的办证期限内之合理时间将有关办理房屋权属证书的资料交给政府主管部门并已具备办证条件的，可不承担逾期办证的违约责任。

3. 在一方当事人的违约行为给对方当事人造成的损失数额难以确定的情形下，当事人以约定的违约金过分高于或低于所造成的损失为由要求减少或增加违约金的，人民法院一般不予支持。

4. 在审理以担保贷款为付款方式的商品房买卖合同纠纷案件时，要注意正确区分和认定当事人之间合同关系的法律性质。在此类案件中，一般存在两份合同书，即买受人与出卖人签订的商品房买卖合同书和买受人、担保权人及出卖人签订的商品房担保贷款合同书。在后一份合同书中，一般存在三个法律关系，即买受人与担保权人之间的借款合同关系、买受人与担保权人之间的以尚未建成或者已竣工的房屋为抵押物的抵押合同关系、出卖人与担保权人之间以保证或回购等具体条款加以确定的保证合同关系。

5. 在以担保贷款为付款方式的商品房买卖合同纠纷案件中，抵押合同与保证合同是借款合同的从合同，借款合同无效的，抵押合同、保证合同也无效。但抵押合同、保证合同另有约定的除外。

商品房买卖合同与借款合同不存在主从合同的关系，商品房买卖合同无效的，借款合同不因此而无效。但因商品房买卖合同被确认无效或者被撤销、解除，致使借款合同的目的无法实现，当事人请求解除借款合同的，人民法院应予支持。

6. 因买受人要求出卖人支付逾期交楼违约金或出卖人要求买受人支付逾期付款违约金而发生的纠纷，一般不应通知担保权人作为当事人参加诉讼。但买受人以逾期付款是因为担保权人的违约行为造成为由，申请人民法院追加担保权人作为第三人参加诉讼的，人民法院应予支持。

7. 出卖人或买受人请求确认商品房买卖合同无效或撤销、解除商品房买卖合同的，人民法院应当在开庭前告知担保权人可以作为有独立请求权的第三人参加诉讼。若担保权人就借款合同和抵押、保证合同另行起诉的，人民法院一般应将该案与商品房买卖合同纠纷合并审理。商品房买卖合同被确认无效或者被撤销、解除后，借款合同也被解除的，人民法院可判决出卖人将买受人所欠担保权人借款本息直接支付给担保权人，其余款项支付给买受人。

若担保权人不参加诉讼的，法院仅审理商品房买卖合同纠纷。商品房买卖合同被确认无效或者被撤销、解除的，出卖人应将收受的购房款（包括买受人已实际支付的款项和向担保权人所借款项）本息返还买受人，违约责任按双方约定和有关法律规定处理。出卖人与买受人达成解除商品房买卖合同并由出卖人代替买受人清偿其所欠担保权人全部债务，其余款项则返还给买受人的和解协议的，人民法院应予支持。

8. 买受人未按照借款合同的约定还款，担保权人以执行回购条款为由请求出卖人承担连带保证责任、偿还买受人所欠贷款本息的，人民法院应予支持。

9. 出卖人与买受人恶意串通，为骗取借款而签订虚假商品房买卖合同的，该商品房买卖合同因恶意串通、损害第三人利益而无效，担保权人可依照《合同法》第五十四条第二款、第五十五条的规定对借款合同行使撤销权。

借款合同被撤销后，由买受人承担还款责任，出卖人承担连带清偿责任。

10. 担保权人与买受人、出卖人签订预售商品房担保贷款合同后，因登记部门的原因致使其未办理预售商品房担保贷款合同备案登记或抵押登记的，人民法院可以认定预售商品房担保贷款合同中的抵押合同关系有效，但不得对抗第三人。

11. 商品房担保贷款合同中关于"抵押房产的全部或部分发生毁损，不论何时和何种原因，亦不论何人过失，均由买受人负全部责任，并赔偿由此引起的一切损失"的条款，加重了买受人的责任，导致当事人利益的失衡，人民法院在当事人请求时可依据《合同法》第四十条的规定，以提供格式条款一方加重对方责任为由，认定该条款无效。房屋毁损、灭失的风险，在交付使用前由出卖人承担，交付使用后由买受人承担；买受人接到出卖人的书面交房通知，无正当理由拒绝接收的，房屋毁损、灭失的风险自书面交房通知确定的交付使用之日起由买受人承担。如果抵押房产已经买了保险的，保险金应当作为抵押财产。

12. 对于因建设工程"烂尾"而解除商品房买卖合同和商品房担保贷款合同后，担保权人要求买受人返还款项时，买受人以出卖人的商品房预售款开户银行违反《广东省商品房预售管理条例》第三十三条第二款规定的法定监管义务而造成其损失为由，要求银行承担赔偿责任的，如果担保权人同时是出卖人的商品房预售款开户银行，人民法院应对买受人的主张一并审理；如果担保权人不是出卖人的商品房预售款开户银行的，人民法院应告知买受人另行起诉。

13. 对于商品房担保贷款合同中关于买受人不得将抵押房产出租、转让的条款，人民法院可依据《合同法》第四十条的规定，以提供格式条款一方排除对方主要权利为由，认定该条款无效。

14. 买受人未经担保权人同意将抵押房产出租的，可认定租赁合同有效，但担保权人在实现抵押权时，承租人的租赁权不具有优先于抵押权的效力。

如果买受人在出租抵押房产时，未书面告知承租人该财产已抵押的，买受人对出租抵押物造成承租人的损失承担赔偿责任；如果买受人已书面告知承租人该财产已抵押的，因实现抵押权造成承租人的损失，由承租人自行承担。

15. 买受人未经担保权人同意将抵押房产转让的，可认定转让合同有效。如果原来已办理抵押登记或商品房担保贷款合同备案登记的，担保权人仍可以行使抵押权。受让人可以代替原买受人清偿其全部债务后，向原买受人追偿。受让人不代替原买受人清偿债务时，因担保权人行使抵押权给受让人造成损失的，对于原买受人所欠担保权人的债务部分，应由原买受人承担清偿责任，其余损失则由受让人和原买受人按照过错大小分担。但当事人另有约定的除外。

如果原来未办理抵押登记或商品房担保贷款合同备案登记的，担保权人不能对抵押物行使抵押权。因此给担保权人造成损失的，由原买受人承担赔偿责任。

广东省高级人民法院关于审理农村集体土地出让、转让、出租用于非农业建设纠纷案件若干问题的指导意见

（2001 年 10 月 30 日）

为了正确审理农村集体土地出让、转让、出租用于非农业建设纠纷案件，根据我国《宪法》、《土地管理法》、《城市房地产管理法》、《城市规划法》、《担保法》、《合同法》、《土地管理法实施条例》、《村庄和集镇规划建设管理条例》以及《广东省实施〈中华人民共和国土地管理法〉实施办法》等法律法规的有关规定，结合审判实践，提出如下指导意见。

1. 人民法院审理农村集体土地出让、转让、出租用于非农业建设纠纷案件，如果涉及的土地在起诉前没有被依法批准为建设用地或经行政主管部门依法批准补办了征用手续转为国有土地，仍属于农用地且当事人已在该地块进行非农业建设的，裁定驳回起诉，并告知当事人向行政主管部门申请处理。当事人在行政主管部门对涉及的土地及其地上建筑物、构筑物或其他设施进行处理后，可就因履行合同而发生的财产纠纷再向人民法院提起民事诉讼。

2. 人民法院审理农村集体土地出让、转让、出租用于非农业建设纠纷案件，如果涉及的土地在村庄、集镇规划区和城市规划区内，虽然农村集体土地在起诉前已被依法批准为建设用地或经行政主管部门依法批准补办了征用手续转为国有土地，但当事人未按规划审批程序批准，未依法领取建设用地规划许可证和建设工程规划许可证，或者违反建设工程规划许可证的规定，建筑建筑物、构筑物或其他设施的，裁定驳回起诉，并告知当事人向行政主管部门申请处理。当事人在行政主管部门对涉及的地上建筑物、构筑物或其他设施进行处理后，可就因履行合同而发生的财产纠纷再向人民法院提起民事诉讼。

3. 当事人因农村集体土地出让、转让、出租用于非农业建设纠纷向人民法院提起民

事诉讼，部分诉讼请求涉及违法用地或非法建筑需先由行政主管部门处理后才能确定其财产权益关系，部分请求不涉及，且两部分诉讼请求可分的，人民法院可以对不涉及违法用地或非法建筑的部分直接审理并作出判决，对涉及违法用地或非法建筑的部分，则不予审理，并告知当事人向行政主管部门申请处理。

4. 当事人因对市、县人民政府批准的征地补偿、安置方案有争议，向人民法院提起民事诉讼，主张提高或降低补偿、安置标准的，人民法院不予受理，已经受理的，裁定驳回起诉，并告知当事人向县级以上人民政府申请处理。当事人对征地补偿、安置问题达成了协议，在履行过程中发生争议，向人民法院提起民事诉讼的，人民法院应当受理。

5. 当事人因集体土地权属发生争议，向人民法院提起民事诉讼，主张集体土地权属的，人民法院不予受理，已经受理的，裁定驳回起诉，并告知当事人向人民政府申请处理。

6. 农村集体经济组织经依法批准用集体土地使用权以入股、联营等形式，与其他单位、个人兴办企业而将集体土地使用权转让给所兴办的企业所签订的合同，应当认定有效。农村集体经济组织将其所持有的以土地折价的股份转让的，其实质是转让集体土地使用权，一般应认定转让合同无效，但经县级以上人民政府依法批准转让的除外。

7. 依法取得建设用地的企业，因破产、兼并等情形，依照《土地管理法》第 63 条的规定转让集体土地上的房屋等地上附着物及其占用范围内的土地使用权的，应当认定转让合同有效。

8. 当事人依法以乡（镇）、村企业的厂房等建筑物及其占用范围内的土地使用权抵押的，在实现抵押权时，依照《担保法》第 55 条第二款的规定转让集体土地使用权的，应当认定转让合同有效。

9. 当事人依法以其承包并经发包方同意抵押的荒山、荒沟、荒丘、荒滩等荒地的土地使用权抵押的，在实现抵押权时，依照《担保法》第 55 条第二款的规定转让集体土地使用权的，应当认定转让合同有效。

10. 当事人在已经县级以上人民政府批准为建设用地的集体土地上建成厂房、仓库、办公楼、商业铺位等出租，经工程质量验收和消防验收合格的，可认定租赁合同有效。当事人与他人合作在已经县级以上人民政府批准为建设用地的集体土地上建成厂房、仓库。办公楼、商业铺位等出租，经工程质量验收和消防验收合格的，也可认定租赁合同有效。当事人与他人合作在集体土地上建成房屋出售的，应认定合作合同无效。

11. 农村村民将经依法批准修建的住宅出租的，可认定租赁合同有效。

12. 当事人将农村村民住宅建设用地转让、出租或以合建形式变相转让农村村民住宅建设用地而签订的合同，一般应认定无效。但 1999 年 1 月 1 日《土地管理法》修订以前，农村村民将经依法取得的宅基地使用权连同房屋转让给本村村民、回乡落户的干部、职工、退伍军人以及华侨、港澳台同胞的，以及 1999 年 1 月 1 日《土地管理法》修订以后，农村村民将经依法取得的宅基地使用权连同房屋转让给本村村民的，可认定转让合同有效。

13. 当事人在签订出让、转让、出租农村集体土地合同时，所涉集体土地虽然没有经依法批准为建设用地，但在起诉前已被依法批准为建设用地的，不影响合同的效力。

14. 当事人将经依法批准给其使用的集体建设用地出让、转让、出租而签订的合同，虽不具有上列第 6 – 13 条所述可认定合同有效的情形，但经县级以上人民政府土地行政主管部门批准的，可认定合同有效。

15. 上列第 6 – 14 条所述可认定为有效的合同，双方当事人在签订合同后，应按法律、行政法规规定和合同约定，到行政主管部门办理土地使用权变更登记或其他有关手续。一方拖延不办，并以未办理土地使用权变更登记或其他有关手续为由主张合同无效的，人民法院不予支持，应责令当事人依法办理土地使用权变更登记或其他有关手续。

16. 当事人非法出让、转让、出租农村集体土地后，受让方、承租方经行政主管部门依法批准，补办了征用手续转为国有土地的，取得国有土地使用权的一方是基于国家将农村集体土地征用后再出让或划拨给其使用而取得国有土地使用权。因此，对于当事人非法出让、转让、出租农村集体土地用于非农业建设而签订的合同，仍应认定为无效。取得国有土地使用权的一方应按照土地管理法律法规的规定，对农村集体经济组织进行补偿、安置。但如行政主管部门已对非法出让、转让、出租行为作了处理，且未另行签订征地补偿协议，当事人对此没有提出异议的，可将原来签订的协议视为征地补偿协议，认定有效。对于取得国有土地使用权的一方再将土地使用权转让给他人而签订的合同，如符合最高人民法院《关于审理房地产管理法施行前房地产开发经营案件若干问题的解答》第 6 条的规定，也可认定有效。

17. 经依法批准使用或临时使用集体土地的单位或个人与农村集体经济组织签订的使用土地有期有偿合同，是对土地所有权人补偿性质的合同，应认定有效。

18. 在政府批准的征地补偿、安置方案之外，农村集体经济组织与建设单位另行签订的征地补偿协议，可认定有效。

19. 对于当事人将农村集体土地出让、转让、出租用于非农业建设的合同，除了具有上述可认定为有效合同的情形外，一般应认定无效。

20. 双方当事人的实际行为与合同约定、政府批准文件不一致的，人民法院应以双方当事人的实际行为依法认定合同的性质及其效力。

21. 当事人非法出让、转让、出租农村集体土地的合同被确认无效后，受让方、承租方已实际使用集体土地的，应给予农村集体经济组织适当的补偿。在出让、出租、转让时已被依法批准为建设用地或在起诉前已被依法批准为建设用地的，补偿标准可以比照原合同约定的价款计算，如原合同没有约定或约定不明确的，可按照土地评估机构的评估结果或参照邻近地段国有土地的标准补偿。

受让方、承租方没有实际使用集体土地致使土地闲置的，土地闲置费应作为损失，由双方按照过错责任大小予以分担。土地闲置费的标准，如在出让、出租、转让时已被依法批准为建设用地或在起诉前已被依法批准为建设用地的，补偿标准可比照原合同约定的价款计算，如原合同没有约定或约定不明确的，可以按照土地评估机构的评估结果或参照邻近地段国有土地的标准进行补偿；如属于农用地的，可按该土地在闲置前三年平均年产值的标准进行补偿。

22. 当事人非法出让、转让、出租农村集体土地的非法所得，人民法院不应给予法律保护。如果行政主管部门没有对违法行为人进行行政处罚的，人民法院可依照《民法通则》第134条第三款和《最高人民法院关于贯彻执行〈中华人民共和国民法通则〉若干问题的意见（试行）》第163条的规定对其进行民事制裁，或向行政主管部门发出司法建议书，建议行政主管部门依法处理。

湖　北　省

湖北省高级人民法院民事审判工作座谈会会议纪要（节选）

（2013年9月）

五、关于房地产纠纷案件

39. 对于合同订立后由于住房限购政策的实施致使买受人无法办理房屋过户登记的，属于因不可归责于双方当事人的原因导致合同目的无法实现，当事人要求解除合同的，除合同另有约定外，一般应予支持。出卖人应当将收受的购房款或定金返还给买受人；当事人一方要求另一方承担违约责任或适用定金罚则的，不予支持；经审查合同解除确实导致当事人间利益失衡，损失方要求对方补偿其所受合理损失的，可酌情予以支持。

房屋买卖合同依约定期限能够实际履行，因一方当事人的原因致合同处于迟延履行状态，在此期间由于住房限购政策的实施导致合同无法继续履行的，对守约方要求解除合同，并要求另一方承担赔偿损失等违约责任的诉讼请求，应予支持。违约方要求解除合同的，应予支持。守约方可就违约方行为导致的损失，另行主张权利。

40. 住房限购政策实施后，因一方当事人故意隐瞒或虚构相关事实，导致订立的合同违反住房限购政策而无法继续履行，另一方当事人请求解除或撤销合同，并要求对方当事人赔偿其因此所受损失的，应予支持。

41. 因住房限购政策的限制，当事人约定一方以他人名义购买房屋，并将房屋登记在他人名下，借名人以其系实际买受人为由，要求确认房屋归其所有或办理房屋过户登记的，不予支持；借名人因自身条件变化或政策发生调整等原因符合住房限购政策的，可以判决登记人为其办理房屋过户登记手续。

42. 在农村集体所有土地上建造房屋并向社会公开销售，应当依据《合同法》第五十二条和《土地管理法》第四十三条规定，认定该买卖合同无效。

将宅基地上建造的房屋出卖给非同一集体经济组织成员的，该买卖合同无效；出售给本集体经济组织成员的，应当符合法律、行政法规和国家政策关于宅基地分配、使用条件的规定。

买卖合同被认定无效后，应根据缔约过失原则、利益衡平原则并综合双方的过错和实际损失进行处理。

43. 对于购房者为预购房屋交付的订金、押金，购房者在签订正式的房屋买卖合同之前放弃购买房屋的，如当事人之间明确约定双倍返还订金、押金，则该订金、押金具有定金性质；如当事人之间没有明确约定，则该订金、押金应作为预付款退还给购房者。

44. 出租人出卖租赁房屋未在合理期限内通知承租人或者存在其他损害承租人优先购买权情形的，承租人请求出租人承担赔偿责任，人民法院应予以支持。但请求确认出租人与第三人签订的房屋买卖合同无效的，人民法院不予支持。

湖北省高级人民法院民事审判若干问题研讨会纪要（节选）

（2004 年 11 月 8 日）

一、关于审理房地产纠纷案件的若干问题

（一）关于土地使用权转让合同的性质及效力的认定问题

1. 划拨土地使用权人转让划拨土地使用权，起诉前经有批准权的人民政府决定不办理土地使用权出让手续，并将该土地直接划拨给受让方使用的，划拨土地使用权人与受让方订立的土地使用权转让合同可以按照补偿性质的合同处理。

2. 划拨土地使用权人转让划拨土地使用权，起诉前经有批准权的人民政府准予转让并由受让方直接办理土地使用权出让手续的，划拨土地使用权人与受让方订立的土地使用权转让合同可以按照补偿性质的合同处理。

3. 土地使用权转让合同的转让方，签订合同转让以出让方式取得的土地使用权时，已按照法律法规的规定投资开发了土地，但未交清土地使用权出让金，亦未取得出让土地使用权证书的，起诉前转让方或受让方已取得出让土地使用权证书，或经有批准权的人民政府书面批准同意转让的，可以认定该土地使用权转让合同有效。

4. 土地使用权转让合同的转让方，签订合同转让以出让方式取得的土地使用权时，已取得出让土地使用权证书，但未按照法律法规的规定投资开发土地的，起诉前转让合同的一方或双方已按照法律法规的规定投资开发了土地的，可以认定该土地使用权转让合同有效。

5. 土地使用权转让合同的转让方，签订合同转让以出让方式取得的土地使用权时，既未取得出让土地使用权证书，亦未按照法律法规的规定投资开发土地，但在起诉前转让方或受让方已取得出让土地使用权证书，或经有批准权的人民政府书面批准同意转让，并且转让合同的一方或双方亦按法律法规的规定投资开发土地的，可以认定该土地使用权转让合同有效。

（二）关于房地产合作开发合同效力的认定问题

1. 一方当事人以划拨土地使用权作为投资与他人合作开发房地产，未按《中华人民共和国城市房地产管理法》第三十九条的规定办理审批手续的，应当适用《中华人民共和国城镇国有土地出让与转让暂行条例》第四十四条、第四十五条，认定合作开发合同无效。但在起诉前经有批准权的人民政府批准或依法办理了土地出让手续的，可以认定合同有效。

2. 一方当事人以出让土地使用权作为投资与他人合作开发房地产，当事人未办理合建审批手续的，根据最高人民法院《关于适用〈中华人民共和国合同法〉若干问题的解释（一）》第九条的规定，应当认定未办理合建审批手续不影响合作开发合同的效力。

3. 一方当事人以土地使用权投资而未将土地使用权变更登记至合作方或项目公司名下的，不影响合作开发合同的效力。

（三）关于合作开发建设的房屋中超出规划面积部分的处理问题

合作开发建设的房屋实际面积超出规划建筑面积，在未经政府主管部门作出处理前，当事人对超规划部分请求分配的，不予受理；已经受理的，驳回起诉。

超规划部分已经政府主管部门批准，当事人对该部分面积分配比例没有约定的，可以协商约定分配比例；协商不成的，可以参照合同约定的分配比例处理。

超规划部分被政府主管部门认定为违章建筑予以拆除的，损失由当事人按照各自的过错责任分别承担；双方过错责任无法确定的，参照合同约定的投资比例分担。

（四）关于建设工程施工合同中结算依据问题

1. 建设工程施工合同有效情况下工程款的结算问题。建设工程竣工验收后，双方对工程已经结算的，应按双方确定的结算结论认定最终的工程价款。双方对工程没有进行结算的，审判中进行工程结算应当遵循以下原则：一是建设工程施工合同对工程价款的计价方法和计价标准有约定的，以合同约定的计价方法和标准作为结算依据。二是建设工程施工合同约定工程价款一次包定的，应以合同包干价作为合同约定范围内的工程价款，但因设计变更等原因导致工程款数额增减，当事人对该部分工程价款不能协商一致的，对增减部分工程价款可按合同约定的计价方法和标准结算。三是建设工程施工合同约定，发包方收到承包方提交的竣工结算文件后，在约定期限内不予答复，视为认可竣工结算文件的,发包方逾期不予答复,可以该竣工结算文件作为结算依据。四是双方当事人就同一建筑工程再行订立与中标合同的实质性内容不一致的其他合同的,应以备案的中标合同作为工程款结算依据。

2. 建设工程施工合同无效情况下工程款的结算问题。建设工程施工合同无效,对工程款应当据实结算。当事人能够协商的,从其协商。不能协商的,由承担举证责任的当事人一方申请鉴定。鉴定应根据施工单位的资质等级据实进行。建设工程施工合同无效后的损失赔偿,可以无效合同约定的工程价款和据实鉴定的工程价款的差额作为损失额,根据双方的过错进行分担。

(五)关于房屋买卖问题

1. 关于未办理过户手续是否影响房屋买卖合同的效力问题。房屋买卖合同中,尚未办理房屋所有权转移手续的,不影响买卖合同的效力。

2. 关于农村房屋买卖问题。我国农村土地属于集体所有,村民出卖自有房屋,所涉宅基地的转让未经村集体批准的,其买卖行为无效。

3. 关于房屋优先购买权问题。(1)共有人或承租人享有优先购买权的情况下,所有人未通知共有人或承租人行使优先购买权即出卖房屋的,在宣告房屋买卖合同无效的同时,应判令主张优先购买权的人以同等条件购买房屋。(2)共有人和承租人享有优先购买权的情况下,共有人和承租人均主张优先购买权的,共有人的优先购买权优先于承租人的优先购买权。(3)仅租赁部分房屋的承租人主张就整体房屋行使优先购买权的,不予支持。(4)具有下列情形之一的,承租人不得行使优先购买权:一是出卖人基于将来财产继承的需要,向法定继承人出卖标的物的;二是以拍卖、招标或竞买方式出卖标的物的,但出卖人应当预先通知优先购买人参加;三是人民法院依强制执行方式而进行拍卖的。

湖　南　省

湖南省高级人民法院关于
房屋买卖、租赁纠纷案件适用法律问题的指导意见(试行)

(2008 年 1 月 4 日)

为正确审理房屋买卖、租赁纠纷案件,统一裁判尺度,根据《中华人民共和国民法通则》、《中华人民共和国合同法》、《中华人民共和国物权法》、《中华人民共和国土地管理法》、《中华人民共和国城市房地产管理法》、《中华人民共和国担保法》以及最高人民法院《关于审理商品房买卖合同纠纷案件适用法律若干问题的解释》等法律、司法解释的规定，结合审判实践，提出如下指导意见。

一、在审理商品房买卖合同纠纷案件中，对出卖人不具有房地产开发资质的，未取得土地使用权证、建设用地规划许可证的，出售房屋权属不明的，一般应认定合同无效。但在一审法庭辩论终结前完善了相关手续的，可认定合同有效。

二、以挂靠方式从事房地产开发的，一旦产生民事责任，挂靠人和被挂靠企业应承担连带责任。

三、转让购房指标的，只要不违反法律、行政法规的强制性规定，一般认定有效。

经出卖人同意，买受人将预约协议的权利义务转让给第三人的，一般应认定该转让行为有效。

四、出卖人以同一房屋与数人签订的房屋买卖合同都有效时，一般按以下顺序确定房屋所有权人：

（一）已经办理房屋产权过户登记手续的；

（二）在均未办理房屋产权过户登记手续的情况下，已经办理预告登记手续的；

（三）均未办理房屋产权过户登记、预告登记手续的，应综合考虑是否实际使用、添附、交付房款多少、签订合同时间先后等因素，公平合理确定所有权人。

对未能取得房屋所有权的买受人，出卖人应承担民事责任。

五、在审理以担保贷款为付款方式的商品房买卖合同纠纷案件时，出卖人或买受人请求确认商品房买卖合同无效或撤销、解除商品房买卖合同的，人民法院应当告知贷款银行参加诉讼。

六、根据最高人民法院《关于审理商品房买卖合同纠纷案件适用法律若干问题的解释》第二十五条第二款的规定，商品房买卖合同被确认无效或者被撤销、解除后，商品房担保贷款合同也被解除的，出卖人应当将收受的购房贷款和购房款的本金及利息分别返还担保权人和买受人。买受人以前述规定为由请求免除其贷款偿还责任的，不予支持。

七、出卖人与买受人恶意串通，为骗取借款签订虚假的商品房买卖合同，贷款银行请求撤销借款合同，由买受人和出卖人承担连带清偿责任的，应予支持。

八、将经济适用房、安置房、安居工程用房转让，如所转让房屋不具备市场流通条件，当事人请求确认合同有效的，不予支持。

九、出卖人出售集体所有土地上的房屋给非本集体经济组织成员的，一般应认定合同无效。买受人请求赔偿的，应根据缔约过失责任的大小，综合考虑房屋装修、改建、拆迁、房价变动等因素确定各自应承担的民事责任。

如买卖双方都是同一集体经济组织成员，并且起诉前买受人经批准取得了买卖房屋所占用的宅基地使用权的，应当认定合同有效。

十、出卖人变更房屋设计后未通知买受人，买受人以实际交付房屋的结构形式、户型、空间尺寸、朝向与合同约定不一致，且超过行业标准，请求解除合同，并要求出卖人承担违约责任和赔偿损失的，应予支持。当事人对损失的计算有约定的，从其约定；未约定的，应综合考虑资金占用、房价变动等因素计算和认定损失。

出卖人变更设计后通知了买受人的，按照《商品房销售管理办法》第二十四条的规定处理。

十一、出卖人和买受人对供水、供电、供热、燃气、通讯设施建设费的承担有约定的，从其约定。未作约定，如该费用已包含在物价部门备案的房屋价格构成中，出卖人再向买受人收取的，不予支持。

既无约定，也未备案的，如经供水、供电、供热、燃气、通讯公司等授权收取，或者虽未经授权，但出卖人已在合理范围内垫付费用，要求买受人支付的，应予支持。

十二、由于一方原因造成买卖合同无效或无法继续履行的，人民法院在判令过错方赔偿损失时，应综合考虑资金占用、房价变动等因素，尽可能保护诚信方利益。

十三、当事人以出租房屋未办理房屋租赁许可证，或租赁合同未办理登记手续为由请求确认租赁合同无效的，不予支持。但双方当事人约定办理房屋租赁许可证和登记手续为合同生效条件的，从其约定。

十四、房屋所有权没有争议，且房屋经工程质量验收和消防验收合格，又具备交付使用条件，当事人以出租人未取得房屋产权证为由请求确认租赁合同无效的，不予支持。

十五、出租人出售租赁房屋，一般应于出售房屋前三个月书面通知承租人。书面通知确有困难的，可以采取报刊、电视、电话、在租赁房屋张贴公告等方式通知承租人。

出租人出售房屋，承租人主张行使优先购买权，有下列情形之一的，不予支持：

（一）房屋共有人主张优先购买权的；

（二）出租人基于其与第三人的近亲属关系而出售租赁房屋的；

（三）出租人出售的是整体房屋，而承租人仅主张购买其租赁部分房屋的；或者承租人虽主张购买整体房屋，但其承租面积未达到整体房屋面积50%以上的；

（四）善意第三人买受房屋并已过户的。

承租人的优先购买权被侵害，请求确认出租人与第三人房屋买卖合同无效的，应予支持。但请求按该房屋买卖合同的约定直接买受该房屋的，不予支持。

承租人自知道或应当知道租赁房屋已出售，在三十日内未提出异议的，可认定其自动放弃权利。

十六、房屋买卖、租赁合同纠纷，当事人一方或双方人数众多的，应严格遵守最高人民法院《关于共同诉讼受理问题的通知》规定，原则上由基层人民法院作一审。中级人民法院认为应由其作一审的，在受理之前必须书面请示省高级人民法院立案庭，由省高级人民法院立案庭商民一庭后决定。

湖南省长沙市中级人民法院关于房地产案件审理中有关疑难问题的解答(一)(节选)

程序部分

一、如前期物业服务合同约定,物业费的交纳以开发商通知业主收房之日起计算,则业主以房屋没有达到交付条件为由拒收房屋的同时,是否可以此为由拒交物业费?

答:在业主收房前,开发商一般与物业公司签订有前期物业服务合同,该物业服务合同对业主具有约束力;物业公司收取物业费系因其对业主的物业提供了服务,其为业主与物业公司之间的关系;房屋是否达到交房条件系业主与开发商之间的关系。两者属于不同的法律关系,且《物业服务合同》与《商品房买卖合同》的合同相对方属于不同的主体,即物业公司和开发商。因此,业主拒交物业费的理由应为物业公司违背物业合同,而不能以交房条件未达合同要求为由拒付物业费(如商品房的交付条件不符合合同约定,则业主可向开发商主张逾期交房违约责任)。

二、两个物业公司为争夺某小区的物业管理,而分别向业主发放选择物业公司的征求意见表,则该种征求意见表的效力应如何认定?小区物业公司的确定是否需召开业主大会?

答:《物业管理条例》第十一条第(四)项规定,选聘和解聘物业服务企业由业主共同决定;第十二条第一款规定,业主大会会议可以采用集体讨论的形式,也可以采用书面征求意见的形式;但是,应当有物业管理区域内专有部分占建筑物总面积过半数的业主且占总人数过半数的业主参加。因此,对于物业公司的选聘和解聘需由全体业主共同决定,但业主共同决定可采取集体讨论的形式也可以采用征求意见的形式(如发放征求意见表等),因此,选聘物业公司并不一定要召开业主大会集体讨论。

但如业主大会章程对于物业公司及其他事项的决定有特别规定的(如必须召开业主大会集体讨论),则应按业主大会章程的规定处理。

三、在物业公司起诉业主要求支付物业管理费的案件中,物业公司的书面催告是否系起诉的前置程序?

答:国务院《物业管理条例》第六十七条规定:“违反物业服务合同约定,业主逾期不交纳物业服务费用的,业主委员会应当督促其限期交纳;逾期仍不交纳的,物业服务企业可以向人民法院起诉。”《最高人民法院关于审理物业服务纠纷案件具体应用法律若干问题的解释》第六条规定:“经书面催交,业主无正当理由拒绝交纳或者在催告的合理期限内仍未交纳物业费,物业服务企业请求业主支付物业费的,人民法院应予支持。”最高院《理解与适用》一书指出,物业公司必须经书面催告方可起诉欠费的业主,之所以作出如此规定，主要是考虑到业主欠交物业费的具体情况；为了平等保护当事人利益，应将业主承担欠费责任的前提确定为经书面催交，业主无正当理由拒绝交纳或者在催告的合理期限内仍未交纳。因此，从上述司法解释的规定及最高院对该司法解释的理解上分析，催交应是物业公司起诉业主交纳物业费的前置条件。

四、被告在诉讼审理阶段履行了义务，但原告仍坚持诉讼，法院应如何处理？

答：《民事诉讼法》第一百零八条规定的是指在起诉时必须符合的条件，该条第三款的规定，是指原告在起诉时必须有具体的诉讼请求和事实、理由，而不是指在诉讼过程的任何一个阶段必须有具体的诉讼请求和事实、理由。因此，在诉讼审理阶段，即使被告履行了原告诉讼请求中要求被告履行的义务，但由于原告的起诉符合法律规定，且已进入了法院的审理程序，则原告坚持诉讼的情况下，法院仍应当对双方当事人的诉讼标的进行审理并做出评判；如法院经审理认为原告的诉讼请求成立，则判决支持，并由被告承担诉讼费用，同时在判决主文（即判决如下的内容）中注明判决内容已履行。

五、关于补充性诉讼请求的处理。

答：补充性诉讼请求，又称预备性诉讼请求，是指当事人提出两个或两个以上的诉讼请求，为了防止第一位的主要请求不被承认，事先就提出如果第一位的主要请求不被承认就要求审理第二位或以上之次要请求，如果第一位的主要请求被承认就不用审理第二位或以上之次要请求的情形。我们倾向认为，人民法院应当允许当事人提出补充性诉讼请求，在未评议确定第一个请求能否支持前，对当事人的多个请求均应予以审理，其理由是：1. 虽然当事人所提的诉讼请求有两个或以上，而这两个或以上的诉讼请求之间不存在并列或包含的关系，且有时甚至相互矛盾或冲突，但这两个或以上的诉讼请求之间具有梯次，其先后顺序明确，且当事人所最终要求支持的请求亦具有唯一性，因此，补充性诉讼请求具体、明确，其符合《民事诉讼法》要求当事人起诉时有具体的诉讼请求的规定；2. 在实践中，当事人在第一位的诉讼请求没有得到支持的情况下，为使法院支持其第二位或以上的诉讼请求，往往需要重新起诉，重新交纳诉讼费用，而补充性诉讼请求则可将问题一次性解决，其不但减轻了当事人的诉累，亦节约了有限的司法资源；3. 当事人的权益受到侵犯时，如何提起诉讼，往往有多条路径（如提起合同之诉还是侵权之诉），而受既判力的约束，当事人在其第一位的请求被驳回后，其起诉第二位的请求有时亦不能得到支持而使其权利最终得不到救济，因此，允许当事人提出补充性诉讼请求，有利于维护当事人的合法权益，实现公平。

但需要注意的是，从执行需明确、具体的判决内容考虑，人民法院对补充性诉讼请求，在判决时却需要具有唯一性。此外，因此种请求的提出是否允许，尚处于探索阶段，故基层法院对此应慎重，宜先请示中院。

六、实际施工人只起诉非法转包人，人民法院可否应将发包人列为第三人并由其在未付工程款范围内承担支付工程款的责任？

答:最高院民一庭认为,实际施工人应首先向其合同相对方即非法转包人主张权利,而不是向发包人主张权利,人民法院在案件审理中不应随意突破合同相对性原则。因此,当实际施工人只起诉非法转包人时,从合同相对性原则及尊重当事人意思自治原则考虑,人民法院不宜将发包人列为第三人(除非需发包人参与才能查清案件事实),并由其在未付工程款范围内承担支付工程款的责任。

七、原告要求被告承担违约责任,被告抗辩其并未违约或是原告违约;法院如经审查认为被告违约,但违约金过高,法院是否可以主动减少违约金;如一审法院认定被告违约,同时未减少违约金,则被告以违约金过高为由上诉,二审法院能否支持被告的上诉请求?

答:对于该类问题,我们的意见是(部分参照《最高人民法院〈合同法〉司法解释(二)》起草人之一曹守晔在河南法官学院的讲座):

1. 在一审中,法院最好先行使释明权,即询问被告,如果法院最终认定被告违约,则被告是否要求调整违约金。如被告要求调整违约金,则法院在认定被告违约时,可依法调整违约金。如被告在法院作该释明的情况下仍不作表示,则视为其放弃调整违约金的要求,且二审法院亦不能支持被告要求调整违约金的上诉请求。

2. 一审法院未作上述释明,被告亦未提出违约金调整请求的,则被告以合同不成立、合同不生效、合同无效或者没有违约进行免责抗辩的事由视为"根本性不违约之抗辩",其内容应视为包含了即便构成违约,也应酌情降低违约金数额的请求。此外,此种情况下,被告亦可就违约金的调整提出上诉。如符合调整的情形,二审法院应对违约金予以调整。

实体部分

八、房屋承租人优先购买权

答:1. 优先购买权的权利性质。(1)首先,房屋承租人的优先购买权不属于物权范畴,因此,房屋承租人不能以出租人与第三人签订的房屋买卖合同侵犯其优先购买权为由,请求确认房屋买卖合同无效;其次,优先购买权属于债权,且其应归入附强制缔约义务的请求权范畴,即当承租人主张行使优先购买权时,其与出租人之间即形成房屋买卖合同关系。(2)如果出租人与第三人之间的房屋买卖合同未实际得到履行,则优先购买权人可依据优先购买权的保护,主张优先保护履行其与出租人形成的房屋买卖合同;第三人因优先购买权之行使无法取得标的物之所有权,则可依房屋买卖合同要求出卖人承担违约责任或赔偿责任。(3)如第三人(需为善意)与出租人签订的房屋买卖合同已经得到实际履行,即房屋已办理变更登记在第三人的名下,则出租人主张优先购买房屋的,不予支持。(参照最高人民法院民一庭意见)

2. 与优先购买权相关的几个问题:(1)对于"同等条件"的理解,不仅是价格条件,还包括付款条件以及出卖人(所有人)所提出的其他条件等。(2)承租人优先购买权与共有权。共有人的优先权是基于财产所有权，是绝对物权优先权，而承租人的优先权只是基于租赁合同享有的附强制缔约义务的请求权，其属于债权范畴，根据物权优先于债权理论，共有人的优先购买权优先于承租人的优先购买权。(3)承租人的优先购买权不能优先于出租人近亲属(配偶、父母、子女、兄弟姐妹、祖父母、外祖父母、孙子女、外孙子女)的购买权。(4)承租人优先购买权与抵押权。抵押权人为实现抵押物的价值，可能需要转移抵押物的物权，承租人对抵押物行使优先购买权，并不妨碍抵押权人实现抵押物的变现价值，两者并不矛盾，故在此情况下，承租人可以照常主张优先购买权。(5)承租人优先购买权与拍卖权。拍卖是为了实现被拍卖物的最大价值，如没有拍卖竞价的过程，往往不会产生最大价格，其不利于保护债权人及拍卖物之所有人的利益。因此，进入强制拍卖程序的租赁物，承租人不得主张一般的优先购买权。但出租人委托拍卖人拍卖租赁房屋，应当在拍卖5日前通知承租人。承租人未参加拍卖的，人民法院应当认定承租人放弃优先购买权。(6)部分租赁是否及于整体购买。对此问题，目前法律和司法解释尚无明确规定。可参照最高法院民一庭给江苏省高院的回函[(2004)民一他字第29号]，即第一，从房屋的使用功能上看，如果承租人承租的部分房屋与房屋的其他部分是可分的、使用功能可相对独立的，则承租人的优先购买权应仅及于其承租的部分房屋；如果承租人承租的部分房屋与房屋的其他部分是不可分的、使用功能整体性较明显的，则其对出租人所卖全部房屋享有优先购买权；第二，从承租人承租的部分房屋占全部房屋的比例看，承租人承租的部分房屋占出租人出卖的全部房屋一半以上的，则其对出租人出卖的全部房屋享有优先购买权；反之则不宜认定其对全部房屋享有优先购买权。(7)优先购买权与互易。包括房屋置换等形式在内的互易，是为了获取所易物的特殊使用价值。而在承租人优先购买的情况下，出租人只能获得一般的货币对价。因此，互易与购买所能实现的交换目的有别，优先购买权不能及于互易的同等条件。

九、在公有住房内生活的同住人口是否对公有住房享有共同的使用权？

答：共有的产生通常是基于当事人的意思表示或法律的直接规定，居住本身不会产生共有。因此，同住人口是否对共同居住的房屋具有共有权，要看该房屋是否已经转化为家庭共同财产或系共同投入所得。在取得公房使用权时，除承租代表人外，其他同住人口作为分房时确定面积等因素的一个重要条件的，或其他同住人口交纳了增加面积款的，或所交旧房为其他同住人口的共有财产的，即使房屋使用权证上未明确记载该同住人口为共同承租人，也可构成共有。否则，仅凭居住不能构成对公有住房使用权的共有。

十、人民法院是否可以判决“自本判决书生效之日起合同解除”？

答：在审判实践中，原告往往起诉要求解除与被告之间的合同。法院在审理后认为原告提出解除合同的条件成就的，便往往在判决主文中表述“自本判决书生效之日起合同解除”。对此，我们认为不妥，理由是：根据《合同法》第九十六条的规定(当事人一方依照本法第九十三条第二款、第九十四条的规定主张解除合同的，应当通知对方。合同自通知到达对方时解除。对方有异议的,可以请求人民法院或者仲裁机构确认解除合同的效力。法律、行政法规规定解除合同应当办理批准、登记等手续的,依照其规定),合同解除的时间并非人民法院判决生效之日,而是合同解除通知送达对方之时,因此,人民法院不宜在判决主文中确定,自判决生效之日起合同解除;而应根据合同解除通知送达被告或起诉状副本送达被告的时间,确定合同解除的时间。

十一、出租人可否起诉要求解除承租人与次承租人之间的租赁合同?承租人应以谁为被告要求返还租赁物?

答:合同解除权的享有主体应当是合同相对人,出租人与次承租人之间并非转租合同的相对方,因此,出租人无权要求解除转租合同。但转租合同成立的前提在于承租人具有租赁权,在出租人解除其与承租人之间的租赁合同后,承租人的租赁权丧失,那么转租合同赖以成立的基础即不存在,因此,转租合同便自然终止。

出租人依照其与承租人之间的租赁合同,可以在解除租赁合同的前提下,按合同要求承租人返还租赁物(人民法院应当依据当事人的申请或依职权,从诉讼经济和次承租人利益的合理保障角度出发,将次承租人追加为第三人);此外,出租人与承租人之间合同的解除,必然导致次承租人不享有以租赁权对抗出租人物的请求权的权利,因此,出租人也可以依照物的请求权要求次承租人返还租赁物(但可以将承租人和次承租人作为共同被告)。

十二、承租人未经出租人同意自行转租的,承租人是否对出租人构成侵权?

答:是否构成侵权?台湾学者王泽鉴先生认为,当出租人为租赁物的所有人时,承租人的转租构成对出租人所有权的侵权行为。但另有学者则反对此说,其认为出租是物之所有权人通过合同将租赁物的占有、使用、收益权能移转给承租人,而其自己仅保留处分权能并收取租金以为其他权能转移的代价;当承租人自行转租时,尽管出租人与承租人之间的诚信程度受到动摇,租赁物的占有层次增加,受损可能性加大;如租赁物受损,承租人应就租赁物的损害向出租人负赔偿责任。因此,出租人的所有权难说受到了侵害(但反对者并没有提出出租人以何种诉讼请求来维护自己的权益)。

最高院民一庭倾向性认为,当出租人为租赁物的所有权人时,其将租赁物出租是以收取租金为对价而将租赁物交与他人占有、使用、受益。转租是承租人将租赁物转由次承租人占有、使用、受益,而自己收取租金的行为;同时,承租人依据其与出租人的约定向出租人支付租金。因此,转租合同中的权利义务并不突破租赁合同约定的主要范围,故转租人对出租人并未构成侵权,出租人不能向承租人提起侵权之诉。

十三、承租人未经出租人同意而将房屋转租,法院根据出租人的请求,依法判决转租合同无效后,则承租人所收取的转租租金是否属于不当得利?

答:不当得利是指没有法律或合同依据而使他人利益受损,自己获益的行为。对非法转租所得租金性质。德国学说认为是不当得利;王利明先生亦认为,承租人无权通过转租而获取利益,因而对于承租人所获得的扣除租金部分的剩下的收益部分,可作为不当得利而向出租人返还;而台湾学者王泽鉴先生则认为,承租人违法转租,不属无权处分行为,且出租人与承租人有租赁关系存在,承租人支付对价而为使用收益,出租人对租赁物已无使用收益之权能,故承租人违法转租并未使其受到损害,从而违法转租原则上应在租赁契约上求其解决,出租人可终止契约或请求债务不履行之损害赔偿,无需借助于不当得利请求权。

最高院民一庭倾向性认为,出租人与承租人之间存在合法的租赁关系,出租人也已以租金为对价将租赁物交与承租人占有、使用、受益,出租人的收益已经确定而不能再对租赁物进行使用、收益。承租人向次承租人收取租金,只是其使用、受益的变相形式而已,因此,无论承租人向次承租人收取多少租金,出租人的租金并不因此而受到损害。虽然转租合同因判决无效而自始无效,转租人向次承租人收取租金没有合同依据,但根据《最高人民法院关于审理城镇房屋租赁合同纠纷案件具体应用法律若干问题的解释》第五条第一款的规定,房屋租赁合同无效,当事人请求参照合同约定的租金标准支付房屋占有使用费的,人民法院一般应予支持。因此,转租人参照转租合同约定的租金标准收取次承租人的租金有法律依据,亦没有损害次承租人的利益。因此,承租人所收取的转租租金不属于不当得利。

十四、未经登记的房屋租赁合同是否可对抗善意买受人?

答:建设部颁布的《城市房屋租赁管理办法》第十三条规定:“房屋租赁实行登记备案制度。签订、变更、终止租赁合同的,当事人应当向房屋所在地直辖市、市、县人民政府房地产管理部门登记备案。”此条规定其本意除出于行政管理方面的考虑外,还具有租赁公示方面的效能。买卖不破除租赁其实际上是赋予承租人的租赁权“物权化”、对世性效力;而根据物权公示原则,未经登记的物权不能对抗善意第三人。因此,从维护交易安全及平衡买受人与承租人利益的角度考虑,我们认为,参照物权公示制度,在租赁合同未经登记的情况下,不宜赋予承租人对抗善意买受人的权利。

此外,仅签订房屋买卖合同而未实际取得房屋产权的买受人对房屋享有的还只是债权而非物权,而如上所述,承租人对房屋的租赁权具有物权化的特征,根据物权优先于债权的原理,承租人的租赁权优先于房屋买卖合同的债权人,因此,上述善意买受人应以已实际取得房屋产权的买受人为宜,仅签订房屋买卖合同而未取得房屋产权的善意买受人不在此列。

十五、《商品房买卖合同司法解释》第十八条第一款规定的“房屋权属证书”是否包括土地使用权证书?如包括,则开发商在承担了逾期办理房屋所有权证的违约责任后是否还应承担逾期办理土地使用权证的违约责任?

答:《商品房买卖合同司法解释》第十八条第一款规定的“房屋权属证书”包括房屋所有权证书和土地使用权证书,因此,因出卖人原因致使买受人未在《商品房买卖合同司法解释》第十八条第一款规定的期限内取得土地使用权证书的，出卖人应当承担违约责任。此外，除当事人有特殊约定外，出卖人就买受人未按时取得房屋所有权证书承担了违约责任后，买受人又请求出卖人就未按时取得土地使用权证书承担违约责任的，对两者违约期间重叠部分的违约金，不应予以支持。

十六、怎样理解《最高人民法院关于审理商品房买卖合同纠纷案件适用法律若干问题的解释》第五条中规定的“具备《商品房销售管理办法》第十六条规定的主要内容”？

答：根据《最高人民法院关于审理商品房买卖合同纠纷案件适用法律若干问题的解释》第五条的规定，预约需具备《商品房销售管理办法》第十六条规定的主要内容，且出卖人按约收受了购房款的，方可认定为本约。是否具备《商品房销售管理办法》第十六条规定的主要内容，可从买卖双方根据预约合同在实现商品房买卖目的上是否存在法律或事实上的障碍予以评判。我们认为，当预约合同中具备当事人基本信息、商品房基本状况、商品房价格的确定方式及总价款、付款方式、付款时间、交付使用条件及日期，一般可认定为具备了《商品房销售管理办法》第十六条规定的主要内容，其在实现商品房买卖的目的在法律和事实已上不存在障碍。至于其他条款如办证期限、配套设施等，虽没有约定，但可通过相关法律、法规等予以补充。

十七、业主要求开发商办证没有诉讼时效，那么，业主要求开发商承担逾期办证的违约责任（如支付违约金）是否有时效的限制，如有，则该违约责任主张的时效起算点应如何确定？

答：业主要求开发商办证属于物权请求权范畴，因此，其无时效；但业主主张逾期办证所产生的违约责任属于债权的范畴，其与业主要求开发商办证属于不同的法律性质，因此，其具有时效。对于该时效的起算点，我们认为，应根据双方合同的约定予以确定。如合同约定每逾期一天承担多少违约金，则从起诉之日起两年前的违约金过了时效；如合同总括性约定逾期办证承担多少违约金，则时效从开发商存在逾期办证之日起计算。

十八、开发商和业主约定房屋按套计价，但合同中又说明了该房屋的建筑面积，现房产证登记的建筑面积与合同约定的建筑面积不一致，则业主和开发商是否可要求退房款或补交房款？

答：当事人在签订按套计价出售房屋的合同中，往往同时又在合同中说明该套房屋的面积（该面积一般为房产机构的预测面积），但未约定误差范围和误差的处理方式。如最终房屋产权面积与合同中所说明的房屋建筑面积存在差异，则开发商或业主要求补交或退还部分房款；或要求解除合同的，法院应如何处理。对此，我们认为：

（一）如房屋误差面积在3%以内[面积误差比 =（产权登记面积 - 合同中说明的面积）÷ 合同中说明的面积 × 100%]，则双方均不能要求补交或退还部分房款；或解除合同。因为双方约定按套计价而非按面积计价，则对房屋面积可能存在一定的误差，均应有所预见，其属于正常的商业风险范畴，故当事人不能以此要求退补房款或解除合同。

（二）如房屋误差面积达到或超过3%，则当事人可以重大误解为由，要求补交或退还部分房款，或解除合同。理由在于：《中华人民共和国合同法》第五十四条第一款第一项规定，因重大误解订立合同的，当事人一方有权请求人民法院或者仲裁机构变更或者撤销。《最高人民法院关于贯彻执行〈中华人民共和国民法通则〉若干问题的意见（试行）》第71条规定，行为人因对行为的性质、对方当事人、标的物的品种、质量、规格和数量等的错误认识，使行为的后果与自己的意思相悖，并造成较大损失的，可以认定为重大误解。房屋价值较大，当房屋面积误差达到或超过3%时，其应视为当事人对房屋面积存在认识上的错误，且给当事人造成了较大损失，因此，其符合重大误解的界定，故当事人可以申请对合同价款进行变更或撤销或解除合同（但鉴于房价上涨，且开发商一般处于优势地位等因素考虑，对于开发商提出要求解除或撤销合同的请求，一般应不予支持）。

（三）如有证据证明，开发商在约定面积时确实存在欺诈等情形，则无论房屋误差面积是否达到或超过3%（此处主要指产权面积少于合同说明的面积），业主均可要求开发商退还多收的房款或请求撤销合同。

十九、开发商通知业主收房时，商品房没有达到交付条件（如有的验收不合格），业主拒收房屋，之后，商品房达到了交付条件，但开发商没有通知业主，业主实际收房的时间在商品房符合交付条件之后，那么，开发商逾期交房的时间应如何计算？

答：这类案件在审判实践中存在很多，判决也各异（特别是以前消防验收为交付条件的情况下）。我们认为，应以商品房符合交房条件后开发商通知业主收房的时间计算开发商逾期交房的时间。因为，在商品房符合交付条件的时间业主并不清楚，因此，开发商有义务再次通知业主。

二十、逾期交房的诉讼时效起算点？

答：商品房买卖合同约定的出卖人交付房屋的期限届满，买受人根据合同约定可以请求出卖人交付房屋。其请求权属于债权请求权，应当适用《民法通则》有关诉讼时效的规定。但在诉讼时效期间的起算上，应当区分具体情况：

（一）合同约定的交付期限届满之时，房屋已具备约定的交付条件的，则诉讼时效期间自合同约定的交付期限届满之日起计算；

（二）如果合同约定的交付期限届满之时，房屋尚不具备约定的交付条件的，诉讼时效期间从何时开始计算存在争议：一种观点认为，同样从约定交付的时间开始计算，因为，开发商未能在约定的时间将具备约定交付条件的房屋交付与买受人，则此时，买受人应当知道自己的权利受到侵犯。第二种观点认为，时效应从房屋具备约定的交付条件之日起计算（最高人民法院民一庭倾向性意见，参照《中国民事审判前沿》）。第三种观点认为，时效应从房屋具备约定的交付条件，且开发商重新通知交房之日起计算。我们倾向于第三种观点。

二十一、关于外墙使用权的归属问题

答:在审判实践中,对于高层建筑,一般3~6层的外墙往往具有做宣传广告的用途,开发商往往希望将此出租给广告商以赚取利润,而通过逐份商品房买卖合同补充条款的形式分别与不同的业主进行约定,由业主对外墙使用权的权利进行放弃。

对于开发商的该项约定是否有效的问题,有两种观点:一种观点认为,该约定属于格式条款,应认定无效,因为外墙面的使用权属于全体业主,根据《物业管理条例》第十一条第(七)项的规定,有关共有和共同管理权利的其他重大事项由业主共同决定;第五十五条的规定,利用物业共用部位、共用设施设备进行经营的,应当在征得相关业主、业主大会、物业服务企业的同意后,按照规定办理有关手续。业主所得收益应当主要用于补充专项维修资金,也可以按照业主大会的决定使用。因此,开发商利用业主共同所有的外墙没有得到小区全体业主的同意,而无效。

另一种观点认为,外墙属于该栋楼的全体业主共有,现开发商与该栋楼的全体业主都已经签订了协议,由该楼的全体业主放弃外墙使用权,那么,这种约定并无法定的无效情形,故应认定有效;此外,正因外墙属于该栋楼的全体业主所有,故该全体业主有权处分外墙。现该全体业主都通过协议的形式约定同意放弃外墙使用权,由开发商使用,其约定合法有效,应遵循约定。

我们倾向于后一种意见。另外,商品房买卖合同不是格式条款,因为,其系开发商与业主进行商讨的结果,业主可以改变合同条款;其不同于保险单、火车票等。

二十二、层高不符合约定,则开发商应怎样承担赔偿责任?

答:建设部颁布的《住宅设计规范》3.6条规定:"普通住宅的卧室、起居室(厅)的室内净高不应低于2.4m,厨房、卫生间的室内净高不应低于2.2m。"层高不符合合同的约定,开发商如何承担违约责任,我们认为,如不符合国家标准或使用目的,则业主可要求解除合同或要求赔偿;如符合国家规定的标准,则有两种观点:第一种观点,业主只能要求赔偿,不能要求解除合同;第二种观点,业主可要求解除合同或要求赔偿;我们倾向于第一种观点,同时业主由此遭受的损失可参照空间缩小的比例计算(即以房屋总价款÷合同约定的房屋立体空间×所交房屋与合同约定房屋相比所减少的立体空间);此外,如条件允许,亦可通过评估确定房屋因此而减少的价值,并由此确定业主的损失。

二十三、买受人因出卖人违约而解除商品房买卖合同,如买受人请求赔偿损失的,赔偿范围如何确定?买受人能否要求赔偿房屋涨价的损失?如果买受人只交付部分购房款,赔偿数额是否应予减少?

答:因出卖人违约导致合同无法继续履行,买受人被迫解除合同后,请求出卖人赔偿其房屋涨价损失的,应予支持。但买受人为签订和履行该合同所支出的费用,系获得房屋涨价利益的成本,因此,买受人同时请求赔偿房屋涨价损失和为签订及履行该合同所支出的费用的,不应同时予以支持。买受人未交清全部购房款的,不影响其主张因解除合同而应获得的损失赔偿。

出卖人违约并不导致合同无法继续履行，而买受人可依约定或法定选择要求出卖人继续履行合同或者解除合同的；如买受人请求解除合同，则依照《中华人民共和国合同法》第九十七条："合同解除后，尚未履行的，终止履行；已经履行的，根据履行情况和合同性质，当事人可以要求恢复原状、采取其他补救措施，并有权要求赔偿损失。"之规定，买受人可要求出卖人赔偿损失。那么，对于房屋涨价部分是否包含于该"损失"的问题存在争议，我们认为，从促使合同目的实现，加速经济流转，维护社会经济秩序及公平的角度考虑，此种情况下，对买受人的损失应界定为直接损失，如房款利息、买受人订立及履行合同过程中支付的费用及所遭受的其他直接损失为宜，而对于房屋涨价部分的损失不宜认定。

二十四、商品房买卖合同无效，如买受人对此过错，则其是否可要求开发商赔偿房屋涨价的损失？

答：其属于缔约过失赔偿问题。对于其赔偿范围，理论和实务界争议较大。一种观点认为，缔约过失的赔偿应以直接损失为依据，房屋涨价只是一种间接损失，不应予以认定；另一种观点认为，缔约过失包括直接损失和间接损失，房屋涨价损失属于信赖利益的范畴，买受人丧失了与他人订约的机会而导致的损失为间接损失，因此，其可以认定。

我们倾向于第二种观点。目前理论界通说认为，缔约上的过失责任是指在合同订立过程中，一方因违背其依据的诚实信用原则所负的义务，而致使另一方的信赖利益受损应承担的民事责任。房屋涨价损失属于信赖利益的范畴，因此，开发商除承担还本付息及买受人因订立合同所遭受的直接经济损失外，还应承担房屋涨价部分的可得利益的损失。

需要注意的是：在审判实践中，开发商赔偿涨价损失的前提应当是，合同无效系开发商的原因（包括开发商对此存在过错）所导致。如合同无效系双方均不能预见的情形所导致，则开发商无需承担涨价损失的赔偿责任。

二十五、房地产公司在预售商品房时未告知购房人所购房屋内铺设公共管道，应怎样承担相应的民事赔偿责任？

答：虽然当事人订立的房屋买卖合同未约定管道铺设内容，但根据《合同法》第 42 条第 2 款的规定，在订立合同过程中一方故意隐瞒与订立合同有关的这一事实或者提供虚假情况的，给对方造成损失的，应当承担赔偿责任的规定，房地产公司应当承担相应的赔偿责任。关于赔偿数额的确定，可以考虑房地产公司应告知而未告知，致使购房人多支出的交易成本或者给购房人造成损失的部分（可以委托评估，该行为对房屋价格的影响）。（《民事审判指导与参考》中所述的最高人民法院审判业务意见，2008 年第 2 辑，法律出版社 2008 年版，第 90 ~ 92 页。）

二十六、人民法院可否直接判决开发商为业主办理房产证？

答：国务院《城市房地产开发经营管理条例》第三十三条规定："预售商品房的购买

人应当自商品房交付使用之日起90日内,办理土地使用权变更和房屋所有权登记手续;现售商品房的购买人应当自销售合同签订之日起90日内,办理土地使用权变更和房屋所有权登记手续。房地产开发企业应当协助商品房购买人办理土地使用权变更和房屋所有权登记手续,并提供必要的证明文件。”因此,办证的义务主体为业主,开发商只是履行协助义务。此外,《最高人民法院关于审理商品房买卖合同纠纷案件适用法律若干问题的解释》第十八条规定,由于出卖人的原因,买受人在下列期限届满未能取得房屋权属证书的,除当事人有特殊约定外,出卖人应当承担违约责任。因此,如《商品房买卖合同》中没有关于开发商办证的约定,则法院不宜直接判决开发商办证,而是判决开发商履行协助义务,如移交备案手续等;但如约定开发商办证,则可以理解成开发商代业主在约定的时间内办证,可判决开发商办证。

二十七、如开发商在销售广告或宣传资料中对商品房的规划及规划范围内的房屋及相关设施所作的说明和允诺具体确定(如北边为小区出口,南边为消防通道等,且其对商品房买卖合同的订立以及房屋价格的确定有重大影响),但在交付房屋时,业主才发现上述说明和允诺没有兑现,那么,相关业主是否可要求开发商承担违约责任?

答:开发商的上述说明和允诺如符合要约的条件,则可将其视为合同的一个部分。但对开发商违约责任的承担方式应根据具体情况进行分析:(一)如开发商擅自改变规划,则业主可要求开发商按规划规定予以办理,继续履行合同;(二)如开发商作出上述允诺的内容与规划相异,则业主不能要求开发商按允诺内容履行合同(因为开发商无权改变规划),但业主可开发商存在欺诈为由,要求解除合同或要求开发商承担赔偿责任(具体赔偿金额可由法官根据具体案情,如对房屋价值的影响等——必要时可进行评估)酌情认定。

二十八、商品房担保贷款合同纠纷中有关问题的处理

答:(一)商品房买卖合同约定买受人以担保贷款方式付款的,因当事人一方原因未能订立商品房担保贷款合同并导致商品房买卖合同不能继续履行的,对方当事人可以请求解除合同和赔偿损失。因不可归责于当事人双方的事由未能订立商品房担保贷款合同,并导致商品房买卖合同不能继续履行的,当事人可以请求解除合同,出卖人应当将收受的购房款本金及其利息或者定金返还买受人。

(二)因商品房买卖合同被确认无效或者被撤销、解除,致使商品房担保贷款合同目的无法实现,当事人请求解除商品房担保贷款合同的,应予支持。出卖人应当将收受的购房贷款和购房款的本金及利息分别返还担保权人和买卖人。

(三)担保权人与买受人、出卖人签订预售商品房担保贷款合同后,因登记部门的原因致使预售商品房担保贷款合同备案登记或抵押登记未能办理的,可以认定预售商品房担保贷款合同中的抵押合同关系有效,但不得对抗第三人。

(四)对于商品房担保贷款合同中关于买受人不得将抵押房产出租、转让的条款,人

民法院可依据《合同法》第四十条的规定，以提供格式条款一方排除对方主要权利为由，认定该条款无效。

二十九、可否依据合同中“产权归属”的约定，直接判决房屋产权的归属？

答：人民法院不宜根据产权归属的约定直接判决产权归属，理由是：1. 根据《物权法》第九条的规定，房屋产权的变动需经登记才能生效，当事人对房屋产权归属的约定并不能直接产生房屋产权变动的效力；2. 虽然根据《物权法》第二十八条的规定，人民法院可以直接判决房屋产权的归属，但该条适用的前提系非法律行为，而双方产权归属的约定属于合同行为即法律行为，因此，《物权法》该条的规定不适用于产权归属的约定。此外，在审判实践中，人民法院可向当事人释明，要求当事人变更诉讼请求为，要求被告转移房屋产权并协助办理产权过户手续。人民法院再据此予以判决。

三十、“小产权”房买卖合同的效力认定问题？

答：所谓“小产权房”是指在农民集体土地上建设的房屋，未缴纳土地出让金等费用，其产权证不是由国家房管部门颁发，而是由乡或镇政府颁发，因此，其并非真正意义上的产权。我国实行“房地一体”的土地与房屋关系立法模式，即“房随地走，地随房走”，即房屋和其所属的土地必须一并转让、抵押。“小产权房”买卖合同的标的物为房屋，在“房地一体”的立法模式下，房屋所有权的转让必然包括其占用的土地使用权的转让。《土地管理法》第63条规定，农民集体所有的土地使用权不得出让、转让或出租用于非农建设。该规定系从维护整个社会公共利益的角度予以规范，其属于效力强制性规定的范畴，因此，违反该规定合同无效。由于“小产权房”所属土地使用权的转让系“小产权房”转让的必然内容，因此，该土地使用权转让无效亦将导致“小产权房”转让的整体无效。

《国务院办公厅关于严格执行有关农村集体建设用地法律和政策的通知》（国办发〔2007〕71号）规定：“农村住宅用地只能分配给本村村民，城镇居民不得到农村购买宅基地、农民住宅或‘小产权房’”，因此，农村土地使用权限制转让主要针对城镇居民及本集体经济组织以外的人员，同一集体经济组织成员间的土地使用权转让并不受限制，故同一集体经济组织成员间买卖“小产权房”可取得相应的土地使用权，其“小产权房”买卖应依法认定有效。

三十一、架空层的权属认定

答：由于架空层不具备房屋所要求的遮蔽性，因此，架空层不能成为房屋产权的客体，而只能被视为土地使用权的客体。在现行的房地产行政管理法律制度下，从建筑技术规范标准来看，层高低于2.2米的架空层不计算建筑面积，因此，当架空层所附属土地上的建筑物区分所有权人取得房地产权属证书后，其就拥有对架空层所在土地的使用权，即架空层为其所有。此外，虽然层高2.2米以上的架空层计算一半建筑面积，但其仍不计入整个小区计算建筑容积率（容积率＝建筑总面积/土地使用权面积）的总面积范围。根据规定，只有计算容积率的建筑物才能取得相应宗地号的土地使用权面积份额。

由于2.2米以上的架空层不属于计算容积率的建筑物，因此，其没有相应宗地号的土地使用权面积份额，不能单独取得土地使用权证，故其仍依附于具有房地产权的建筑物，其仍为架空层所附属土地上的建筑物区分所有权人所有。

三十二、住宅小区内的车库、车位的所有权如何确定？

答：小区内车库、车位（包括摊位），无论其是否在建筑物内，如其属于规划范围内的专有部分，则特定民事主体对其可享有专有所有权。《物权法》第七十四条第二款规定："建筑区划内，规划用于停放汽车的车位、车库的归属，由当事人通过出售、附赠或者出租等方式约定"。虽然本条款没有明确规划车位、车库的所有权归属，但从通过当事人约定的表述来看，所有权应归开发商。因此，属于规划内的车位、车库无论是否约定为开发商所有，其所有权均归开发商。此外，《物权法》第七十四条第三款规定："占用业主共有的道路或其他场地用于停放汽车的车位，属于业主共有"，因此，不属于规划内的车位属于业主共有。

三十三、楼顶平台的权利归属问题

答：楼顶平台原则上属于该栋楼的业主共有，开发商对此无权处置。原则上，开发商与个别区分所有权人约定楼顶平台的专有使用权的（如商品房买卖合同中约定赠送和建设私家花园等等），应确定该项约定侵犯了其他区分所有权人的权利而无效，楼顶区分所有权人不能取得其专有使用的权利（除非其他区分所有权人同意该项专有使用权的约定）。但符合下列条件的楼顶平台，应当认定为特定业主（即顶楼业主）的专有部分：(1)符合规划，即规划设计上有楼顶平台；(2)具有构造上的独立性，能够明确区分，且具有利用上的独立性，可以排他使用（"排他性使用"指，楼顶平台只能通过该特定的专有部分才能与外界相通，通过公共通道到不了楼顶平台）；(3)建设单位销售时已经根据规划列入该特定房屋买卖合同。值得注意的是，如果规划设计只有楼顶没有平台，则该楼顶属于业主共有。

三十四、如何认定房前绿地属于特定业主专有部分？

答：参照最高人民法院民一庭意见，房前绿地属于特定业主专有应符合以下条件：(1)房前绿地在"规划上"专属于特定房屋。这主要看经规划行政主管部门批准的施工首层图。如施工首层图明确标明有属于个人的绿地，而且面积正好相符，则该绿地可属于特定房屋；如面积超过了施工首层图载明的面积，超过部分属于业主共有；如果首层施工图上没有标明有专属于特定房屋的绿地，则该绿地就属于业主共有。(2)开发商在卖房时根据规划将房前绿地列入该特定房屋买卖合同中。如果购房合同中没有约定，则该绿地不属于该特定房屋业主的专有部分（其属于开发商所有）。(3)该绿地在业主购买时就已经明示，如该绿地被围了起来，只能从该特定房屋才能进入该绿地。值得注意的是：房前绿地除上述属于特定业主专有或开发商所有的外，一般应属于全体业主共有。

三十五、在商品房指标买卖合同中，人民法院可否直接判决出卖方将指标转让给买受方?

答:指标在实践中即指房屋购买权,亦指与开发商签订商品房买卖合同的权利。在无法定无效的情形下,指标买卖合同有效。但在指标买卖合同的具体履行中,我们认为人民法院不宜直接判决出卖方将指标转让给买收方,因为买收方即使获得了指标,在未经开发商许可的情况下,指标买卖合同对开发商亦无约束力,开发商有权拒绝与买受方签订商品房买卖合同,则买受方即使获得指标亦不能实现其买受指标的目的(但开发商与指标出卖方或出卖方所属单位有特别约定,或开发商明确表示同意与买受方签订商品房买卖合同的除外)。但指标买卖合同中的其他条款,如以出卖人名义购买房屋、缴纳款项,产权办理至出卖人名下后再将其过户给买受人或房屋归买受人所有(但买受人只能根据房屋归买受人所有的约定,要求出卖人交房、过户)等约定,人民法院可直接判决履行。

三十六、房屋与土地使用权分别抵押应如何处理?

答:我国房地产法和担保法都规定,房屋、土地在处分时实行房地不可分割的原则,要求当事人在进行抵押时房屋和土地使用权同时抵押。但上述法律规范毕竟不是禁止性规范,即使当事人就房屋和土地进行了分别的抵押,也不能因此认为其抵押行为无效。只要两个抵押合同均已登记且无其他法定无效原因,那么这两个合同均是有效的,且其效力均及于房屋及其占用范围内的土地使用权,是将房屋及其土地使用权两次抵押。对于这类问题在受偿方式上,应按《担保法》第 54 条第 1 项的规定处理,即以登记的先后顺序清偿,顺序相同的,按照债权比例清偿。

三十七、物业服务有瑕疵,业主是否可以请求相应减少物业费的交纳?

答:物业公司履行了物业合同的主要义务,只是其有的物业服务存在瑕疵,则业主不能以此拒交物业费;但根据等价有偿原则,如物业服务有瑕疵,业主可以请求相应减少物业费的交纳(但法院对此处理应当谨慎,一般而言,应以物业服务存在较明显的瑕疵作为调整物业费的参考标准)。

三十八、对业主以物业服务企业未按照合同约定履行义务,提出抗辩,拒交相关费用的,法院应如何处理?

答:对于这种情况,应区分不同的情况予以处理:

(一)如物业服务企业在提供服务时,可能是因技术问题,造成履行合同不符合合同约定,或者有瑕疵,或者经过多方努力也未使业主满意。在此种情况下,业主不能以此提出抗辩拒交相关费用,即使提出也不予支持。如果物业服务企业在管理中给其造成损失等,其可以另行起诉。

(二)如经法院审查,物业服务企业确实不履行服务管理职责,或履行职责存在严重过错,法院应当认定物业服务企业违约,对于业主请求可视具体情况,酌情予以处理。

三十九、物业服务企业是否可以业主不交纳物业费为由,进行停止供水、供电等行为?

答:物业服务管理区域内存在的物业服务合同与供应水、电的合同是各自独立的合同,涉及不同的当事人。供应水、电合同的相对人是自来水、电力供应公司,有权利采取停止供水供电的只能是自来水、电力公司。即使物业服务企业与业主签订有关于在业主不交纳物业费的情况下,物业服务企业有权停止供水供电的约定,则因该约定侵犯了供水供电公司的权利而一般无效。此外,即使是供水供电公司授权物业服务企业代收水电费并可采取停止供水供电措施的,物业服务企业也只能以此手段催交水电费,而没有权利以此催收物业服务费。

此外,需要注意的是,在现实生活中存在物业公司二次供水、电的情况,即由于小区内的水压、电压不够,物业公司使用专用变压器对水电加压后予以供应,则此种情况下,水电费中有部分归物业公司,属于供水电成本,物业公司可采取断水电的措施催交水电费。另,如业主交纳了部分费用,则对欠交部分是否为物业公司的二次供水电成本,根据合同义务人应对其是否履行了合同义务承担举证责任之规定,应由业主对此承担举证责任。

四十、物业使用人(非业主)直接与物业服务企业签订物业服务合同的情况下,业主对于物业使用人支付物业服务费的义务,是否应承担连带责任?

答:对于此类问题,应当区别情况分别处理:(一)物业使用人与物业服务企业之间的物业服务合同,如果在服务项目和服务收费等内容上,与业主委员会同物业服务企业订立的服务合同部分或全部一致的,则对于一致的部分,业主应该承担连带责任。(二)物业使用人与物业服务企业之间的物业服务合同所约定的服务项目和服务收费,如果超出了业主委员会与物业服务企业订立的物业服务合同,则超出的部分,在业主没有承诺连带清偿的情况下,不应该由业主承担连带责任。

四十一、买受人从开发商处购买房屋后,再将该房屋转让(即二手房买卖)的,如何认定业主身份?

答:应区分具体情况予以认定:(一)买受人购买房屋后尚未办理所有权登记即转让该房屋并向其相对人转移占有的,可以认定房屋合法占有人为业主;(二)买受人购买房屋并办理所有权登记后转让该房屋并向其相对人转移占有的,如果双方当事人对业主身份产生争议,应当认定登记所有权人为业主;(三)买受人购买房屋并办理所有权登记后发生一房数卖的,如果已经完成变更登记的二手房买受人与实际占有的二手房买受人针对业主身份产生争议,应当认定完成变更登记的买受人为业主。

……

四十九、房屋为两人(如夫妻)或两人以上共有,但房屋产权登记部门只登记了部分共有权人,则在未得到其他非登记共有权人同意的情况下,第三人与房屋产权登记部门登记的共有权人签订的房屋买卖协议是否有效?另,如第三人已支付了房屋价款且房屋已登记在了第三人的名下,则第三人的房屋产权是否属于善意取得?

答:《物权法》第九条规定:“不动产物权的设立、变更、转让和消灭,经依法登记,发生效力;未经登记,不发生效力,但法律另有规定的除外。”因此,除法律另有规定的情形外,房屋产权属于依法登记的产权人所有。协议共同所有的共有人对房屋不享有产权(物权),其只享有债权。在是否为共有权人方面,上述“法律另有规定的情形”,在审判实践中主要指以下情形:(1)依法院、仲裁委员会的生效法律文书确定为共有权人;(2)因继承或者受遗赠成为共有权人;(3)因合法建造的事实行为而设立产权的房屋共有人;(4)依据《婚姻法》等法律,夫或妻属于房屋共有权人,或房屋属于家庭成员共有。对于上述“法律另有规定的情形”下的共有权人,其共有权虽未依法登记,但其仍然对房屋拥有共有产权。依照《合同法》第五十一条“无处分权的人处分他人财产,经权利人追认或者无处分权的人订立合同后取得处分权的,该合同有效。”之规定,在共有权人未追认或者无处分权的人订立合同后取得处分权的情况下,登记产权人与第三人签订的房屋买卖合同无效(但房屋为按份共有的情况下,涉及登记产权人份额的部分是否有效存在争议,我们认为,该部分有效,但应赋予买受人撤销合同的权利)。此外,房屋共有人虽对房屋具有共有产权,但因其未及时到房产部门办理产权登记,其产权对外不具有公示、公信效力,因此,善意第三人与产权登记人签订协议后,如第三人已支付了房屋价款且房屋已登记在了第三人的名下,则在符合《物权法》第一百零六条规定的情况下,第三人可取得该房屋产权,但非登记共有权人可要求登记共有权人赔偿损失。

江　西　省

江西省高级人民法院民事审判工作座谈会纪要(节选)

(2004 年 12 月 16 日)

一、关于农村土地承包纠纷案件的审理

1. 人民法院可以受理以下农村土地承包纠纷案件:

(1)农户起诉村集体要求确认其有土地承包权的;

(2)农户参加了土地二轮延包,但因故被村集体收回承包土地,农户起诉村集体要求发还原承包土地的;

(3)农户与村集体签订了书面的土地承包合同,一方起诉另一方违反合同的;

(4)法律、行政法规、司法解释规定人民法院可以受理的土地承包纠纷案件。

2. 人民法院对以下纠纷暂不予受理,按照《中华人民共和国民事诉讼法》第一百一十

一条第(三)项的规定处理:

(1)农户以村集体制定、执行土地承包方案不合法为由,要求改变土地承包方案的;

(2)农户以村集体制定的土地调整方案不合法为由,要求改变调整方案的;

(3)农户以乡村组织针对未分得承包土地的农户制定的经济补偿方案不合法为由,要求改变经济补偿方案并支付补偿的;

(4)农户以其承包的土地被征用于非农建设为由,以民事纠纷起诉到人民法院的。

3. 农户与村集体之间土地承包纠纷的案件,农户方列户主为当事人,但在审理中需查明该农户的家庭成员情况,并在裁判文书中确认;村集体方列实际进行土地发包的农村集体经济组织、村民委员会或者村民小组为当事人。

4. 农户起诉村集体要求确认其有土地承包权的,人民法院按照确权纠纷受理,仅对农户是否具备承包权进行审理。

5. 在承包期内,村集体仅以农户全家或者个别成员迁入设区的市为由收回或者部分收回农户承包土地的,农民起诉要求发还的,人民法院应予以支持。如果村集体因该农户迁入设区的市并转为非农业户口而收回承包地,农户要求发还的,人民法院不予支持。村集体因农户个别家庭成员已有固定职业、有固定收入和稳定的生活保障并转为非农户口或因其已成为国家公职人员而调减承包土地面积,农户要求发还被调减土地的,人民法院不予支持。

6. 农户在二轮延包中订立承包合同,承包地因其外出务工等原因被收回,农户起诉村集体要求发还的,人民法院应当予以支持。如果村集体已经将该农户的承包地发包给其他人耕作的,人民法院可以应现承包人的申请或者原承包农户、村集体的申请,列现承包人为第三人。村集体以农户欠缴税费或土地抛荒为由强行收回或调整的,人民法院判决将承包地退还原承包农户,由此给第三人造成损失的由村集体承担。如果村集体与其他农户订立的是短期合同,村集体应当将承包收益支付给原承包农户,合同到期后,将土还给原承包农户耕作。如果是长期合同,但不属于长期投资项目,人民法院可以引导村集体和其他农户修订合同,将承包地及时还给原承包农户,在归还之前将承包收益补偿给原承包农户;或者在协商致的基础上,通过给予或提高原承包农户补偿的方式解决。

7. 农户因没有参加二轮延包,返乡后起诉村集体要求承包土地的,人民法院要积极引导当事人进行协商,妥善处理。如果该农户户口仍在该村集体,认定有承包权。村集体有机动地的,可以直接判决村集体在机动地中调剂解决。如果村集体将土地发包给村集体以外的农户或者本集体其他少数农户的,参照第 6 款处理。如果村集体将未参加延包农户的土地平均发包给本集体全体农户的,按照第 4 款的规定处理。村集体因此而获得收益的,在权利实现前按由村集体对农户承包收益进行补偿的方式处理。

8. 妇女因结婚迁入配偶所在地的村集体未依法保护妇女承包权,妇女起诉嫁入地村集体要求保护其土地承包权的,人民法院应当确认其土地承包权,对权利的实现参照第

4 款的规定处理。

9. 妇女原户口所在地村集体，在该妇女嫁入地村集体解决其土地承包权前收回其承包地，妇女起诉要求发还的，人民法院应当支持。

10. 妇女离婚、丧偶后，迁入新居住地生活，新居住地村集体未依法向妇女发包土地的，妇女起诉要求保护其土地承包权的，人民法院按照第 4 款的规定处理。离婚、丧偶后仍在原居住地生活，或者虽然迁出到新居住地生活，但新居住地村集体未解决其土地承包之前，村集体收回妇女承包土地，妇女起诉村集体要求发还的，人民法院应当支持。

11. 入赘女婿、丧偶的入赘女婿涉及与村集体之间的土地承包权纠纷，参照本条 8、9、10 款的规定处理。

12. 符合本纪要规定的受理条件，农户在立案前要求对村集体违法变动承包土地进行诉讼保全的，人民法院应当及时做好说服疏导工作，以免造成更大矛盾，增加审理、执行的困难。

各级人民法院在审查土地承包纠纷案件起诉时，对新型、疑难及群体性纠纷应当慎重受理，在下达受理通知书之前，应当及时请示。司法解释有新规定的，根据新规定处理。

二、关于农村土地流转过程中引发纠纷案件的审理

1. 当事人之间在依法、自愿、有偿的基础上签订的土地承包经营合同，发包方在合同到期前要求变更、终止或者解除合同的，要注意经济效益的原则，充分注意农业承包合同的特殊性和农业投资的长期性和连续性，除第一条规定的情形处，人民法院原则上不予支持。当事人违约的，守约方要求赔偿其现实损失和预期利益损失的，要依照合同约定和法律规定予以支持。

2. 土地流转应依法进行。村集体违反农户的意愿将农户承包地流转给村集体或者他人，或者村集体改变土地农业用途将承包土地进行流转，或者现承包人改变土地农业用途，农户起诉要求撤销、终止土地流转合同的，人民法院应当予以支持。

3. 土地流转后，现承包人改变土地所有权属，或者改变土地用途，土地所有权人、发包人起诉要求现承包人不得侵害土地所有权权属，不得改变土地农业用途，或者要求赔偿其因侵害土地所有权或者改变土地用途造成损失的，人民法院应予以支持。

三、关于农村土地征用补偿款分配纠纷案件的审理

1. 人民法院受理以下涉及农村土地征用补偿款纠纷的案件：

(1) 被征用土地的承包经营权人，要求支付地上附着物和青苗补偿费的；

(2) 土地被租用或者发包给其他人使用的，地上附着物和青苗所有权人可以请求支付地上附着物青苗补偿费；

(3) 两个或者两个以上村集体因对被征用土地权属有争议分别主张土地补偿和安置补助费的，在人民政府对土地权属进行确权之前，不予受理；确权后权利人起诉无权占有人要求归还被占用土地补偿费和安置补助费的可以受理。

2. 人民法院对以下纠纷不予受理，按照《中华人民共和国民事诉讼法》第一百一十一条第（三）项的规定处理：

（1）农村集体经济组织的成员要求农村集体经济组织分配土地补偿款和安置补助费的；

（2）被征用土地的农村经济组织或者成员对土地补偿费、安置补助费标准或者地上附着物、青苗补偿标准有意见的，要求提高标准、支付补偿的；

（3）农村集体经济组织的成员对农村集体经济组织制定的土地补偿费和安置补助费使用或者分配方案违法，要求改变使用或者分配方案的；

（4）农村集体经济组织的全体成员对农村集体经济组织内担任领导、组织职务的成员违法使用土地补偿费和安置补助费，要求其个人承担责任的；

（5）农村集体经济组织的个别成员认为农村集体经济组织在土地征用补偿款分配上不公平，要求从已平均分配给其他成员的款项中归还的；

（6）农村集体经济组织的成员起诉要求农村集体经济组织进行安置的。

3. 村民委员会与村民小组之间或者不同的村民小组之间对土地补偿费的归属产生争议，主张土地补偿费的一方，必须举证证明其对农村集体土地的所有权。

4. 直接经营、管理被征用土地的农村集体经济组织或者村民小组起诉要求上一级农村集体组织、村民委员会交会被占用的征用土地安置补偿费的，应当支持；如果领取土地安置补偿费的农村集体经济组织已对需要安置的人员进行安置，可以判决驳回诉讼请求，或者减少安置补偿费的支付比例。

5. 征用、占用土地补偿款中地上附着物及青苗补偿费归地上附着物及青苗的所有者所有。在征用土地补偿款中未明确划分出数额的，人民法院可以根据相关法规的规定或者可计算的相应比例确定。

6. 被征用土地的原承包人已经对地上附着物、青苗补偿费归属产生争议时，有合同约定的，按照合同约定处理；合同未约定的，根据利益得失的实际主体确定。

7. 人民法院受理涉及群体性案件时，要遵照《江西省高级人民法院关于两起冲击法院事件及应予注意问题的通报》（赣高法〔2004〕198 号）的要求，采取相应措施。

七、关于房地产买卖、租赁等案件的审理

（一）房屋、土地的租赁、承包问题

1. 房屋租赁合同履行过程中，由于政府拆迁致使合同无法履行，承租人要求出租人承担违约责任的，有约定的，按照约定处理；没有约定的，可以部分或者全部免除出租人责任。承租人要求退还剩余租期租金的，应予以支持。

2. 拆迁人未依法对承租人进行补偿，承租人起诉拆迁人要求拆迁补偿的，应当予以支持。拆迁人与出租人恶意串通，损害承租人利益的，拆迁人与出租人应共同承担赔偿责任。

3. 出租人未向拆迁人告知房屋租赁情况，导致承租人丧失部分或者全部可按照国务院《城市房屋拆迁管理条例》第三十一条、第三十二条、第三十三条规定向拆迁人取得补偿的，由出租人承担相应的赔偿责任。

4. 承租人要得知拆迁通知后，应当主动采取减少损失的措施，有能力采取减少损失措施而不采取的，造成的扩大损失部分，补偿义务人不承担责任。

5. 在拆迁人向出租人支付的补偿中包含了承租人的补偿，出租人不向承租人给付的，承租人起诉出租人要求返还补偿的，应当予以支持。

6. 农村集体所有的土地发包后被征用的，现承包人因合同不能履行起诉发包人违约，有约定的，按约定处理；没有约定的，可以部分或者全部免除发包人责任。现承包人要求退还剩余承包期的土地承包金的，应予以支持。涉及类似本条第 1 –5 项情况的，参照处理。

7. 国有土地出租后被政府征用导致合同不能履行，承租人要求出租人承担违约责任，有约定的，按照约定处理；没有约定的，可以部分或者全部免除出租人的责任。承租人要求退还征用后的租金，应予以支持。涉及类似本条第 1 –5 项情况的，参照处理。

（二）房屋转租和租赁权转让问题

8. 房屋转租应当符合《中华人民共和国合同法》第二百二十四条的规定的条件，承租人不退出租赁关系，而将房屋转租给次承租人使用收益。

9. 承租人转租房屋前虽未经过出租人同意，但事后出租人并不反对，或者接受了次承租人给付租金的，出租人事后以转租原因要求解除合同的，不予支持。

10. 在转租行为中，次承租人不是出租人与承租人之间租赁合同关系的合同相对人，承租人与次承租人签订的新租赁协议仅对二者有约束力。出租人要求次承租人履行原租赁合同的，不予支持；次承租人要求出租人履行新租赁合同的，不予支持。

11. 租赁权转让是指承租人直接转让租赁合同，退出租赁关系，将房屋租给新承租人使用收益。

12. 租赁合同中约定承租人在合同期内可以直接转让房屋租赁权的，出租人不得以承租人转让前未经其同意要求解除租赁合同。转让的合同租赁期为前租赁合同的剩余的租赁期限。出租人拒绝与次承租人签订新的租赁合同的，承租人由此受到的损失，可以向出租人主张赔偿。出租人有证据证明次承租人将会违背租赁合同规定用途使用的，可以向承租人主张抗辩。

13. 租赁合同中虽然没有约定承租人可以转让租赁权，但存在租赁权转让的商业习惯，且承租人对房屋进行了较大金额的投资，经营时间较短，不转让租赁权将会产生重大损失的，人民法院应当引导双方当事人本着友好、公平和经济效益的原则进行调解，由新的经营权人承租房屋或者由出租人对承租人对房屋进行了的添附进行适当补偿。调解不成的,当事人请求解除合同的,应当予以准许。

14. 受让人在受让租赁权后,对出租房屋以外的受让标的有异议的,不得向出租人主张。

辽 宁 省

辽宁省高级人民法院民一庭房地产案件审判问题解答(节选)

(2013 年 8 月)

问题 60:在商品房买卖合同纠纷案件中,如何处理"一房二卖"问题?

参考意见:(1)在多重房屋买卖合同均为有效的情况下,各买受人均主张取得房屋的,按下列一般原则进行处理:

一是登记优先,即支持已办理房屋产权过户登记的买受人的诉请;

二是交付优先,即在均未登记的情况下,支持已实际接受出卖人交付的买受人的诉请;

三是合同顺位优先,即在均未交付的情况下,支持合同签订在先的买受人的诉请;

四是付款顺位优先,即在同时签订合同或无法确定合同顺位的情况下,支持先行支付购房价款的买受人的诉请。

(2)出卖人已将标的房屋交付给买受人之一,又协助其他买受人办理所有权登记的,如有证据证明办理所有权登记的买受人与出卖人恶意串通,或买受人明知出卖人已将标的房屋交付其他买受人,则支持已经接受交付的买受人的诉请。

(3)对已办理预告登记的商品房买卖合同,出卖人又将房屋出卖他人的,支持已办理预告登记买受人的诉请。

(4)在处理"一房二卖"问题时,应注意保护享有法定优先权的当事人的利益。如:被拆迁人的拆迁安置优先权;已支付大部分购房价款的商品房买受人的优先权;建设工程施工人的价款优先受偿权。

问题 61:在商品房买卖合同纠纷案件中,延迟交房和迟延办证违约金的起算点应如何确定?

参考意见:应当按照合同约定的履行期限届满之次日起算。

非出卖人和买受人的原因导致迟延交房、逾期办证的,买受人主张出卖人承担违约责任,应当按照"不可归责于双方当事人的原因"慎重处理损失承担问题。

问题62:在商品房买卖合同纠纷案件中,如何掌握合同约定的房屋交付标准和法定的经竣工验收取得备案证明的交付标准?

参考意见:《中华人民共和国建筑法》第六十一条规定,建设工程未经竣工验收或验收不合格的,不得交付使用。依据该规定,交付经验收合格的房屋是商品房出卖人应当履行的法定义务,其交付使用的房屋应当符合法定标准。

出卖人在未达到法定交付条件的情况下以符合合同约定条件为由交付房屋,买受人有权拒绝接收。

如果竣工验收的结论是房屋质量合格,应当认定房屋交付符合法定条件,买受人主张违约责任的,不予支持。如果出卖人没有穷尽验收程序,但能够证明房屋质量合格的,应当令其完善手续。如不能完善手续,导致买受人无法办理所有权登记或不能取得权属证书的,买受人按照《商品房买卖合同司法解释》第十八条、第十九条之规定主张权利的,应予支持。

房屋虽经验收合格,但没有达到合同约定的具体条件,买受人主张违约责任的,应予支持。

问题63:在商品房买卖合同纠纷案件中,购房人提出要求开发商开具已收购房款正式发票的诉讼请求,应否予以支持?

参考意见:如果购房人仅就出卖人开具购房款发票提起诉讼,不应立案受理。

如果出卖人未开具购房款发票导致买受人不能正常办理房屋权属登记,买受人起诉请求出卖人协助办理房屋权属证书或请求赔偿损失的,应予支持。

问题64:在商品房买卖合同纠纷案件中,如何认定认购合同及定金的性质?

参考意见:认购合同是独立的合同,是出卖人与买受人为约定将来订立商品房买卖合同而签订的合同,应属于商品房买卖合同的预约合同。

如果认购合同具备《商品房销售管理办法》第十六条规定的商品房买卖合同的主要内容,且出卖人已经按照约定收受购房款的,该认购合同应当认定为商品房买卖合同。

当事人在认购合同中约定定金,用以担保将来签订商品房买卖合同的,该定金为商品房买卖合同的立约定金。当事人一方违反认购合同约定,导致商品房买卖合同未能订立的,应按照定金罚则承担责任。如当事人双方均无违约行为,只是就商品房买卖合同具体条款协商不一致,或者因不可归责于当事人双方的事由,例如房贷或限购政策调整,导致商品房买卖合同未能订立的,收取定金的当事人应当返还定金。

问题65:在商品房买卖合同纠纷案件中,针对逾期办证的违约责任问题,如遇下列情形,应当如何把握?(1)双方合同约定,违约责任的承担方式仅为继续办理或协商解决;(2)不能按时办证的责任不在于合同双方,而是由于政府的行政行为等其他原因;(3)诉讼时效的起算点如何确定?

参考意见:根据《商品房买卖合同司法解释》第十八条之规定,关于逾期办理房屋权属证书的违约责任,合同有约定的,按约定处理。该条是对逾期办理权属证书应承担违约责任的规定,属于法定的违约责任。因此,在合同没有约定的情况下,若当事人主张违约责任,则按该条第一款(一)、(二)、(三)项之规定确定当事人应否承担违约责任。

当事人在合同中关于继续办理权属证书或协商解决的约定,属当事人意思自治范畴。但在合理的宽限期内,仍不能办理完毕或就违约责任承担问题协商不成,且符合《商品房买卖合同司法解释》第十八条第一款(一)、(二)、(三)项之规定的,应当承担违约责任。

因政策调整等因素导致逾期办理权属证书,买受人主张违约责任的,不予支持。

因出卖人的原因导致有关机构不予办证,买受人主张违约责任的,应予支持。

关于违约金的诉讼时效起算点,有约定的,自约定期限届满之次日起算。承担法定违约责任的,按法定期限届满之次日起算。

问题66:在房屋买卖合同纠纷案件中,对于买卖国有划拨土地上房屋,且转让国有划拨土地使用权尚未办理相关审批手续的合同,应当如何认定合同效力?

参考意见:按照"房地合一"的原则,转让房屋所有权,房屋所依附的国有划拨土地使用权一并转让。转让国有划拨土地使用权未经有权批准的人民政府批准,应当认定合同无效。但起诉前或诉讼中已补办转让批准手续的,可以认定有效。

问题67:房屋买受人在办理房屋所有权证之前再次出售房屋,后手买受人起诉要求其合同相对人履行协助办理房屋权属登记义务的,应当如何处理?

参考意见:实践中,时有出现连环购房合同,即买受人在没有办理产权证书的情况下又将房屋出售给第三人。此种情况下的第三人往往因办理权属证书而提起诉讼。

对此,应以直接向第三人出卖房屋的当事人为被告,以前手房屋出卖人为第三人进行审理。由前手出卖人将房屋权属证书办到前手买受人名下,再由前手买受人(后手出卖人)将房屋权属证书办到第三人(后手买受人)名下。

问题68:关于以房抵债协议在审判实践中的几个问题:(1)以房抵债协议,何种情形视为履行完毕?(2)开发商签订以房抵债协议后,又将房屋出卖给第三人,发生争议,如何处理?(3)签订以房抵债协议后,施工方又将抵债得来的房屋出卖给第三人,第三人将对价支付给施工方后与开发商签订了商品房买卖合同,如果出现逾期交房或逾期办证情形,第三人能否要求开发商承担违约责任?

参考意见:以房抵债协议是债权协议,只有债权人取得房屋权属证书方能发生物权变动的效力,才能视为以房抵债协议履行完毕。

开发商将抵债房屋又出售给他人的,按"一房二卖"原则处理。

债权人抵债而来的房屋,只有办理产权证书后出卖给第三人并办理产权变更手续方能发生物权变动效力。债权人在没有取得房屋权属证书情况下将抵债房屋出售给第三人,第三人又与开发商签订房屋买卖合同,属于规避法律行为。第三人虽与开发商签订商品房买卖合同,但双方之间并不存在商品房买卖合同关系。当事人不能依据其与开发商签订的商品房买卖合同主张逾期交付或逾期办证的违约责任。

问题69:在农村集体宅基地上房屋买卖合同纠纷案件中,合同效力应当如何认定?认定买卖合同无效后,如果妥善平衡买卖双方的利益关系?

参考意见:非本集体经济组织成员(城镇人口或外村人口)购买本村集体宅基地上房屋的买卖合同,应当认定为无效。

合同认定无效后,应当妥善平衡买卖双方的利益关系,避免因简单返还而造成利益失衡。

问题70:在下列情形下,应当如何认定农村宅基地上房屋买卖合同的效力?(1)农村非农户购买同村村民宅基地上房屋;(2)双方原为同一集体经济组织成员,后因动迁买方成为城市人口;(3)买房时是城市人口,起诉时已变更为本集体经济组织成员;(4)卖房人原为农村人口,起诉时已变更为城市人口;(5)农村人口将房屋卖给城市人口,城市人口又转卖给本村其他人。

参考意见:

(1)农村非农户购买同村村民宅基地上房屋,应认定为无效合同。

(2)双方原为同一集体经济组织成员,后因动迁买方成为城市人口,基于当时的买卖身份判断,应认定为有效合同。

(3)买房时是城市人口,起诉时已变为本村人,基于身份障碍已消失,可以认定为有效合同。

(4)卖房人是农村人口,起诉时已变为城市人口。限制的主要是买房人,买房人当时是房屋所有权人,应认定为有效合同。

(5)农村人口卖房给城市人口,城市人口又转卖给本村其他人。考虑裁判的社会效果和解决纠纷的社会成本,建议按有效合同处理。

问题71:在建设工程施工合同纠纷案件中,如果出现中途停工、合同解除的情形,施工人撤出施工现场,双方对已完工程量未核对确认,发包方又重新找他人继续施工,施工形象进度没有监理单位确认,如何确认先前已完成工程量?

参考意见:实践中,主张已完工部分工程价款的施工方应举证证明其已经完成的施工范围,也可以通过后续施工人与发包人签订的合同及履行情况认定相关事实。

问题72:在审理建设工程施工合同纠纷案件中,认定实际施工人主体地位的标准应如何掌握?

参考意见:认定实际施工人主体地位,应按以下标准掌握:

(1)实际施工人与发包人或承包人、分包人、转包人之间存在书面或口头形式的施工合同关系;

(2)该施工合同属无效合同;

(3)实际施工人实际进行了工程施工;

(4)实际施工人在本工程项目施工中自负盈亏。

问题73:在建设工程施工合同纠纷案件中,施工方起诉主张工程欠款,发包方提出施工质量问题。该质量问题应以抗辩的方式提出,还是应以反诉的方式提出?

参考意见:当事人在诉讼中提出的工程质量问题,因当事人的主张不同而性质不同。当事人就质量问题主张违约责任或赔偿损失的应当提起反诉。当事人以工程质量存在问题违约拒付工程价款的属于抗辩。处理具体案件,不能强求当事人就工程质量问题提起反诉,不提起反诉就不予受理。但为减少当事人的诉累,应要求当事人就其提出的工程质量问题作出明示,人民法院也可根据案件情况作出释明。

当事人提出应从工程价款中扣除因工程质量问题已发生的费用或将可能发生的费用,应按抗辩对待。并从应付的工程价款中扣除因质量问题发生的费用。如应扣除的费用超过应付价款的,超过部分应提起反诉或告知当事人另行主张。

问题74:在建设工程施工合同纠纷案件中,如果出现设计变更等因素导致工程量增加的情形,应当如何掌握工期相应顺延的幅度?

参考意见:属于专业性问题,一般应通过司法鉴定或征求专业人员意见的方式解决。

问题75:在建设工程施工合同纠纷案件中,如因发包方的原因导致工程停工、窝工,如何计算施工方的实际经济损失?人工费和设备停用按照工资和租金全额赔偿还是按比例赔偿?

参考意见:当事人有约定的,从其约定。没有约定且协商不成的,一般应通过司法鉴定方式解决。

人工费和机械设备等费用,应按照停工窝工当时的现场状况,合理确定待工人数和工资标准、机械设备种类数量和台班费用,以正确认定停工窝工损失。

问题76:在建设工程施工合同纠纷案件中,如果出现"黑白合同"的情形,备案合同的约定内容是否应当绝对适用?

参考意见:如果备案合同约定的工程质量标准不符合国家强制性标准、工程价款低于施工成本、工期明显不能满足最低合理施工期限,则相关条款也不能适用。

问题77:在建设工程施工合同纠纷案件中,如果合同约定的人工费标准与市场价格相差较大,施工方要求按市场价格计算,应当如何处理?

参考意见:如果该施工合同属固定价款合同,且人工费的市场波动因素已经纳入风险范围内的,人工费标准不应予以调整;

如果施工合同明确约定人工费标准不予调整或按市场价格调整的,按合同约定处理。

如果施工合同就人工费是否调整没有约定或约定不明的,按实际发生的价格标准予以调整。

问题78:在建设工程施工合同纠纷案件中,实际施工人在完成施工任务的前提下,可以按照无效合同的约定标准主张工程价款。该无效合同是指哪一份合同?

参考意见：通常应当参照实际施工人与非法转包人、违法分包人签订的无效合同结算工程价款。

如果实际施工人与非法转包人、违法分包人没有签订合同，则可以参照非法转包人、违法分包人（工程承包人）与工程发包人签订的合同结算工程价款。

问题79：在建设工程施工合同纠纷案件中，合同约定的结算方式为固定价款，如果建设工程中途停工，合同解除或合同无效，就已完成部分的工程价款应当如何结算？

参考意见：一般应当通过司法鉴定的方式确定工程价款。

如鉴定的造价明显高于或低于按固定价款结算的工程造价，可根据当事人的请求作适当调整。

问题80：在建筑材料购销合同或建筑机械设备租赁合同纠纷案件中，如果供货人或出租人起诉要求建设工程的发包人、承包人、转包人给付货款或租金，应当如何处理？

参考意见：此类问题应严格按照合同相对性原则来处理。如果实际购货人或设备承租人的行为构成表见代理，可按表见代理的处理原则来处理。

问题81：公有住宅房屋的承租使用人死亡后，其继承人之间就房屋承租使用权问题产生纠纷，形成诉讼案件，应当如何处理？

参考意见：《最高人民法院关于审理城镇房屋租赁合同纠纷案件具体应用法律问题的解释》第一条第三款规定，“当事人依照国家福利政策租赁公有住房、廉租住房、经济适用房产生的纠纷案件，不适用本解释。”根据该项规定，公有租房承租使用人的继承人之间就公有租房承租使用权继承问题产生的纠纷，法院不应予以受理。但就公有租房共同居住人的居住使用权问题产生的纠纷，法院应当立案受理。

问题82：房屋租赁合同中约定：承租人不按时给付租金，出租人有权解除租赁合同。如承租人未按时交付租金，出租人解除合同是否应先行催告承租人交纳租金，承租人在催告期限或合理期限内仍不交付租金的，才能解除租赁合同？

参考意见：出租人因承租人欠交或未按时交纳租金行使解除权，合同有约定条件的，则严格按合同约定处理，不受先行催告的限制。

如合同就解除条件没有具体约定，则当事人行使解除权，应按照合同法第九十四条之规定处理。即先行催告是合同解除的法定条件。

问题83：在审理房屋确权案件中，在争议房屋已经办理所有权登记的情况下，原告起诉请求确认房屋所有权归属，应否立案审理？

参考意见：按照物权法第十九条之规定，权利人或利害关系人可以向登记机关申请更正登记，如未能实现更正登记，则应提出异议登记，并在异议登记之日起十五日内提起诉讼。

如果当事人未经申请更正登记或异议登记直接提起诉讼，应建议当事人先行到登记机构申请更正登记或异议登记。当事人坚持直接起诉的，应当立案审理。

辽宁省高级人民法院民事审判工作座谈会会议纪要（节选）

（2009 年 4 月 2 日）

2009 年 4 月 2 日，全省法院民事审判工作座谈会在沈阳召开，与会同志就当前全省民事审判工作中的问题进行了深入研讨。现将会议讨论形成的纪要如下：

一、房地产部分

1. 关于不动产确权诉讼与不动产亲属登记的关系

针对已登记在一方当事人名下并已取得权属证书的不动产，另一方当事人就权属争议提起民事诉讼的，如该起诉符合民事诉讼法关于民事案件起诉条件的规定，应按民事案件审理，并就该权属争议作出裁判。

2. 关于当事人未达成拆迁安置补偿协议的城市房屋拆迁安置补偿纠纷的审理

在拆迁人与被拆迁人未能就拆迁、安置、补偿问题达成协议的前提下，一方当事人就拆迁、安置、补偿争议提起民事诉讼的，不应以民事案件受理，应告知当事人向房屋拆迁管理部门申请处理。拆迁人没有拆迁行政依据，擅自违法拆除或损毁被拆迁人房屋的，如果被拆迁人提起侵权赔偿诉讼，应当以民事案件审理。

3. 关于农村集体建设用地使用权的征地补偿

征收农村集体建设用地，对非土地所有权人的农村集体建设用地使用权人的土地使用权，依法应给予适当的经济补偿。当事人之间约定了补偿标准，或县级以上人民政府规定了补偿标准的，应按民事案件审理，并按约定的标准判决补偿。当事人之间没有约定补偿标准，县级以上人民政府也没有规定补偿标准的，不宜按民事案件审理。

4. 关于公有房屋承租使用权纠纷的审判原则

平等民事主体之间因公有房屋承租使用权的转让、交换、出租、侵权及居住使用等问题发生的纠纷，属民事争议，应按民事案件审理。

公有房屋所有权单位与公有房屋承租使用权人、本单位职工或职工家属之间因公有房屋承租使用权的分配、回收、发证、房改等问题发生的纠纷，不属于平等主体之间的民事争议，不应按民事案件审理。

审理公有房屋承租使用权纠纷案件，应当站在维护人民群众基本生活条件的角度，依法保护公有房屋承租使用权人、共同居住人的居住使用权。应当按照诚实信用、等价有偿的民法原则，维护交易、流转秩序。

5. 关于农村住宅房屋买卖合同的效力

当事人之间一并转让农村在基地使用权及地上住宅房屋所有权的房屋买卖合同，买卖双方为同一农村集体经济组织成员的，可以认定合同有效。

买卖双方为不同农村集体经济组织成员的，经房屋所在地农村集体经济组织同意，也可以认定合同有效。城镇居民买受农村宅基地使用权及地上住宅房屋的，原则上应认定合同无效，处理此类案件，应当本着尊重历史、照顾现实的原则，综合平衡买卖双方的利益关系。

6. 关于抵押在先的房屋买卖合同效力

房屋抵押权存续期间，抵押人经抵押权人同意后转让抵押房屋的，房屋买卖合同有效。抵押人应当将转让所得的价款向抵押权人提前清偿债务或提存，抵押权人不得再将该房屋行使抵押权，当事人另有规定的除外。

房屋抵押权存续期间，抵押人未经抵押权人同意转让抵押房屋的，抵押权人请求行使抵押权或确认房屋买卖合同无效，应予以支持。但抵押人清偿债务抵押权灭失，或受让人代为清偿债务抵押权灭失的除外。

房屋抵押权存续期间，抵押人未告知买受人抵押事项而转让抵押房屋的，买受人请求确认房屋买卖合同无效，应予支持。但抵押权人追认转让或抵押人清偿债务抵押权灭失的除外。

抵押房屋未办理抵押登记的，抵押权人不得对抗房屋买受人。

7. 关于房屋继承人的优先购买权

房屋出租人整体转让建筑物，不能独立于该建筑的部分房屋的承租人主张优先购买权，不应予以支持。

房屋出租人委托拍卖出租房屋的，出租人应比照《中华人民共和国拍卖法》第四十五条的规定，在拍卖日七日前通知承租人，承租人的优先购买权以参加拍卖竞价的方式实现。

房屋承租人经出租人同意转租房屋的，优先购买权由实际租用房屋的承租人享有。未经出租人同意转租的，承租人主张优先购买权的请求，不应予以支持。

8. 关于实际施工人提起建设工程施工合同结算诉讼

建设工程的实际施工人诉请结算工程价款，实际施工人仅以转包人、分包人或发包人之一为被告提起诉讼的，应向实际施工人释明司法解释的相关规定，在此基础上，可依实际施工人的申请追加其他当事人为被告或第三人。实际施工人不提出申请的，可依职权通知其他当事人以第三人的身份参加诉讼。

建设工程经竣工验收合格，实际施工人请求参照合同约定标准支付工程价款的，应予支持。建设工程尚未竣工验收，但已完工部分质量合格，当事人均同意解除合同或合同已丧失继续履行条件的，实际施工人请求参照合同约定标准支付已完工部分的工程价款，应予支持。已完工部分存在施工质量问题的，在实际施工人以无偿修复或支付修复价款的方式承担质量责任的前提下，可以支持实际施工人参照合同约定标准支付已完工部分工程价款的请求。

实际施工人与转包人或分包人之间订立合同、约定了工程价款结算标准的，参照该标准结算；实际施工人与转包人或分包人之间没有订立合同、没有约定工程价款结算标准的，参照转包人或分包人与发包人约定的标准结算。

实际施工人请求支付工程价款的，由转包人、分包人承担给付责任。发包人只在欠付转包人、分包人工程价款的范围内对实际施工人承担给付责任。发包人与转包人、分包人怠于结算或隐瞒结算事实的，由转包人、分包人与发包人共同对实际施工人承担工程价款的给付责任。

9. 关于建筑采光权侵权赔偿

违反城市规划审批要求建设的违法、违规建筑，造成相邻建筑采光条件达不到国家规定标准的，违法、违规建筑物所有人应当对相邻建筑所有人或使用人承担侵权赔偿责任。赔偿标准应参照侵权程度、相邻房屋使用功能降低幅度、价值降低幅度等因素综合确定。

当事人以建设规划行政主管部门为被告请求相关赔偿的，不应按民事案件审理。

辽宁省沈阳市中级人民法院关于审理房地产案件若干问题的处理意见（之一）（节选）

（2004 年 3 月 27 日）

一、关于审理房地产权属争议案件的有关问题

1. 关于一地多证等土地权属争议的受理问题

土地所有权或使用权证书是土地所有权人或使用权人享有权利的证明，根据物权法一物一权的原则，同一宗土地，只能存在同一所有权人或使用权人。但现实生活中确实存在一地两证或一地多证的情况。依据《土地管理法》第 16 条规定精神，对于这类权属不清、面积不准、地界不明等土地使用权争议，不属于人民法院受理民事案件的范围。此类案件诉讼到人民法院的，应不予受理；已经受理的，应裁定驳回起诉。但如果不是单纯权属争议，还结合有其他纠纷，且该纠纷与权属密切相关又属于人民法院受理民事案件范围的，则应中止诉讼，告知当事人向有关人民政府申请确权，权属确定后，恢复诉讼。

2. 关于农村集体土地征用补偿费分配的问题

过去人民法院对这类问题曾作为单位内部分配纠纷不予受理。2001 年 7 月，最高人民法院答复：“农村集体经济组织，与其成员之间因收益分配的纠纷，属平等民事主体之间的纠纷，起诉到人民法院，只要符合民事诉讼法 108 条之规定，人民法院应当受理。”这类案件受理后应注意以下几个问题：

(1)此类案件的案由应定为农村集体土地征用补偿费分配纠纷。

(2)处理这类案件在处理上应坚持严格依法和尊重农民集体自主行使所有权的原则。既要遵循土地承包法的规定，又要考虑到农村集体土地实行承包经营后历史形成的具体情况，平等地保护集体成员的合法权益。

(3)关于参与农村集体土地征用补偿费分配的当事人资格的认定依据。认定集体经济组织成员应以户籍为一般原则，但不宜将户籍作为唯一依据。还应结合成员与集体经济组织的经济生活联系等多种因素考虑，把村民资格与集体经济组织成员资格区分开来，作为集体经济组织成员不仅户籍在集体经济组织范围内的农村，而且依靠集体经济组织的生产资料为经济生活保障。对于为了分配土地补偿费，以不正当手段迁入户口的，不应当认定其分配资格。关于地上附属物和青苗补偿费，如果所有人是集体的，补偿费归集体所有，按上述原则进行分配。如果所有人属于个人的，应如数补偿给个人。

3. 房屋与土地使用权分别抵押如何处理的问题

(1)我国房地产法和担保法都规定，房屋、土地在处分时实行是房地不可分割的原则，要求当事人在进行抵押时房屋和土地使用权同时抵押。但上述法律规范毕竟不是禁止性规范，即使当事人就房屋和土地进行了分别的抵押，也不能因此认为其抵押行为无效。只要两个抵押合同均已登记且无其他法定无效原因，那么这两个合同均是有效的，且其效力均及于房屋及其占用范围内的土地使用权，是将房屋及其土地使用权两次抵押。对于这类问题在受偿方式上，应按《担保法》第 54 条第 1 项的规定处理，即以登记的先后顺序清偿，顺序相同的，按照债权比例清偿。

(2)以乡镇企业的厂房等建筑物进行抵押，并办理了抵押登记的，在实现抵押权时，对该抵押物占用范围内的土地，可按以下原则处理：(一)在原集体经济组织范围内对抵押物进行变卖或拍卖，抵押权人优先受偿，但不得改变土地的性质和用途；(二)将该建筑物占用范围内的土地征为国有，征用后，对抵押物及其占用范围内的土地使用权进行变卖或拍卖，抵押权人优先受偿。

4. 同一土地使用权重复转让、抵押的问题

(1)同一土地使用权重复转让的问题。如果房管部门先后为两个或两以上受让人核发了权属证书，受让人之间因权属争议起诉，要求人民法院确权的，法院不予受理。如果房管部门根据一物一权原则，只为其中一个受让人进行了变更登记并核发了权属证书，未取得权属证书的受让人向转让人提起诉讼，要求转让人承担违约责任等，法院应予受理。

(2)同一土地使用权重复抵押的问题。只要该土地使用权的价值大于所担保债权的余额部分，均可再次设定抵押，各抵押合同按登记的先后顺序清偿，顺序相同的，按债权比例清偿。如果该土地使用权因设定抵押所担保的债权已没有余额，则不可能起到担保

作用，抵押合同实际上因无抵押物的存在而不能发生效力。

（3）抵押期间，土地使用权的转让问题。抵押权存续期间，抵押人转让土地使用权未通知抵押权人或者未告之受让人的，转让行为无效，抵押权人仍可以行使抵押权。如果抵押物已经登记的，抵押权人要行使抵押权，可以由取得抵押物所有权的受让人，代替债务人清偿全部债务，使抵押权消灭，受让人清偿债务后可以向抵押人追偿；如果抵押物未经登记的，抵押权不得对抗受让人，因此给抵押权人造成损失的，由抵押人承担赔偿责任。

5. 单位内部分房过程中发生权属纠纷的受理问题

依照最高人民法院法发〔1992〕38 号关于房地产案件受理问题的通知，“因单位内部建房、分房等引起的占房、腾房等房地产纠纷，不属于人民法院主管工作范围。”审查单位与职工之间的房产纠纷是否属于人民法院受理范围，不能机械地适用这一司法解释，应审查纠纷双方是否属于平等主体，如果是平等主体间的纠纷，法院应予受理。例如，单位与职工之间的房屋租赁纠纷以及单位分配的住房房改后，职工依法取得了房屋所有权，因其他职工占房引起的纠纷等等，均属于平等主体之间的权属纠纷，人民法院应当依法受理。

三、房屋买卖纠纷中的有关问题

9. 农用地未经征地建设商品房后出卖行为的处理问题

农用地转为建设用地必须办理农用地征用（转用）审批手续。在未经征用的农用地上建设的房屋，属于依法应予拆除或没收之物，买卖此类商品房合同应认定为无效合同。对于这类房屋出卖人不享所有权。对违反土地利用总体规划擅自将农用地改为建设用地的，限期拆除在非法转让或非法占用的土地上新建的建筑物和其他设施，恢复土地原状；对符合土地利用总体规划的，没收在非法转让或非法占用的土地上新建的建筑物和其他设施。

10. 商品房预售合同的效力及解除问题

（1）商品房预售合同未办理登记备案手续的，不影响预售合同的效力。但双方当事人约定以办理登记备案手续为合同生效条件的，从其约定。

（2）不具备《城市房地产管理法》第四十四条规定的商品房预售条件的，一般应认定预售合同无效。开发商除返还购房款外，还应偿付同期的银行利息损失。但预售方在起诉前已经补交了土地使用权出让金，并办理了有关手续，具备了上述预售条件的，可以认定合同有效。

（3）对于符合商品房预售条件的预售行为，买受方要求解除合同的，首先应看是否有符合《合同法》中解除条件，如果符合，则应当按照《合同法》的规定，解除合同并有过错方承担责任。如果不存在解除合同的法定事由，则按照具体情况来具体处理：①出售方因在预售商品房时商品房价格较低，而后因房屋涨价而反悔，要求解除商品房预售合同的，人民法院不应予以支持。②买受方以房屋降价为由，要求按照现价给付房款的，双方未达成协议，买方要求解除合同的，人民法院不应支持，但符合国家有关政策规定的除外。③买受方因地点、房屋朝向、楼层等问题反悔的，双方未能达成协议，买受方要求解除预售合同的，人民法院不应支持。

(4)买受人以该房屋质量有瑕疵为由，要求解除预售合同的，应当根据质量问题的严重程度来分析，对于商品房已经验收合格，没有严重质量问题，不影响居住的，应不予支持。商品房交付使用后，买受人认为主体结构质量不合格的，并依照有关规定委托工程质量检测机构重新核验。经核验，确属主体结构质量不合格的，房地产开发企业没有足够证据进行反驳的，买受人要求退房的，人民法院应予支持，给买受人造成损失的，房地产开发企业应当依法承担赔偿责任。

(5)合同约定面积与产权登记面积发生误差的处理原则。按套(单元)内建筑面积或者建筑面积计价的，当事人在合同中载明合同约定面积与产权登记面积发生误差的处理方式，依约定处理。合同未作约定的，按以下原则处理：(1)面积误差比在3%以内(含3%)的，据实结算房价款；(2)面积误差比超出3%时，买受人要求退房的。人民法院应予支持。房地产开发企业应当在买受人提出退房之日起30日内将买受人已付房价款退还给买受人，同时支付已付房价款利息。买受人不退房的，产权登记面积大于合同约定面积时，面积误差比在3%以内(含3%)部分的房价款由买受人补足；超出3%部分的房价款由房地产开发企业承担，产权归买受人。产权登记面积小于合同约定面积时，面积误差比在3%以内(含3%)部分的房价款由房地产开发企业返还买受人；超出3%部分的房价款由房地产开发企业双倍返还买受人。

11. 夫妻一方擅自出卖共有房屋合同效力的认定问题

如果买受人与夫妻一方恶意串通，损害另一方的利益，应当根据《合同法》第52条第2项的规定确定合同无效。

夫妻一方虽未经另一方同意而擅自出卖共同所有的房屋，如果买受人有理由相信出卖人的出卖行为系夫妻双方共同意思表示的，即买受人为善意有偿取得时，应当认定该买卖合同有效，另一方不得以不同意或不知道为由对抗买受人。

四、房屋租赁纠纷中的有关问题

12. 擅自转租合同的效力问题

在房屋租赁合同中，承租人未经出租人同意擅自转租的行为，在合同法实施之前，一般认为是无效合同。合同法实施之后，按照“鼓励交易”“契约自由”的原则，因不违反法律法规强制性规定，应确定此类合同为有效合同，在因权利人主张权利而造成转租合同不能履行时，转租人对转承租人承担债不履行的责任，即违约责任。

13. 未办理登记备案手续的房屋租赁合同效力问题

我国法律对房屋租赁合同的生效不以登记备案为要件。因此，出租人在出租前是否办理了房屋租赁许可证,租赁合同是否办理了登记手续,不影响合同的效力。但双方当事人约定以办理房屋租赁许可证和登记备案手续为合同生效条件的,从其约定。

14. 违建房屋的租赁问题

根据我国法律规定,违法建筑不得出租,违法建筑是属于无条件拆除或没收之列,根本不能取得所有权。将不享有所有权的违法建筑出租,违反《城市房地产管理法》第52条的规定,应属于无效行为。因双方的租赁行为并不损害国家、集体和第三人的利益,对于出租方的收益不应进行追缴。承租方毕竟实际使用了租赁房屋,应支付房屋使用费。房屋使用费的标准不应以双方约定的租金标准计算,而应参考房管部门规定的当地住房出租标准进行确定。

五、房屋拆迁、安置纠纷中的有关问题

15. 审理房屋拆迁纠纷的法律适用问题

目前,我市审理房屋拆迁案件适用和参照的依据有:(1)《城市房屋拆迁管理条例》;(2)修订的《城市房屋拆迁管理条例》;(3)《沈阳市棚户区改造房屋拆迁办法》(市政府令第17号,自1998年9月28日起实施);(4)《沈阳市城市房屋拆迁管理条例》(1997年7月26日省人大常委会批准);(5)《沈阳市城市房屋拆迁管理条例实施细则》(市政府令第3号,自1998年9月28日起实施);(6)《沈阳市城市房屋拆迁货币安置办法》(市政府令第30号,自1999年4月19日起实施);(7)《沈阳市城市房屋拆迁管理办法》(市政府令第19号,自2003年3月1日起实施)等。

1991年6月1日前发生的拆迁行为,适用当时的相关规定。

1991年6月1日至2001年11月1日发生的拆迁行为,应首先适用国务院《城市房屋拆迁管理条例》,该条例无具体规定的,可以适用前述已实施的有关地方性法规或规章。但与上位法相抵触的,应不予适用。例如,《沈阳市棚户区改造房屋拆迁办法》(市政府令第17号)第八条规定:“拆迁非住宅房屋实行货币安置”,而1991年《城市房屋拆迁管理条例》第29条规定“拆除非住宅房屋,按照原建筑面积安置”,因此,如果拆迁人与被拆迁人货币安置还是产权调换安置达不成协议的,应当适用1991年《城市房屋拆迁管理条例》的有关规定。再如,《沈阳市棚户区改造房屋拆迁办法》第11条“拆迁住宅房屋实行货币安置……以现金支付,其中租用房屋的,扣除15%作为产权补偿费”,实践中,拆迁管理部门或拆迁人以此规定对私有房屋产权人仅按15%进行货币安置,而承租人却得到85%的安置份额,明显违背《民法通则》公平、等价有偿等基本原则,故该条款应不予适用。

发生在2001年11月1日后的拆迁行为,应一律适用修订后《城市房屋拆迁管理条例》,但可以参照前述已实施的有关规定,但凡是与修订后《城市房屋拆迁管理条例》相抵触的,应不予适用。

自2003年3月1日后发生的拆迁行为,应适用修订后《城市房屋拆迁管理条例》,

《沈阳市城市房屋拆迁管理条例》,《沈阳市城市房屋拆迁管理办法》(市政府令第19号)等,原《沈阳市棚户区改造房屋拆迁办法》(市政府令第17号)、《沈阳市城市房屋拆迁管理条例实施细则》(市政府令第3号)、《沈阳市城市房屋拆迁货币安置办法》(市政府令第30号)不再适用。

16. 买卖动迁手续引起的纠纷问题

(1)动迁手续可以成为买卖合同的客体。动迁手续是对产权调换的房屋的一种期待性权利。买卖动迁手续形式上虽然为权利买卖,但实质上仍为动迁手续所表现的未来物即房屋的买卖,根据现行民法法理,未来物可以成为买卖合同的标的物。

(2)出卖人必须是原房屋的所有权人或依法取得动迁手续并有权处分的人。包括依法继承、买卖、赠与等取得动迁手续的人。无处分权人处分他人的动迁手续后未取得处分权,事后亦未得到权利人追认的,应当根据《合同法》第51条之规定,确认合同无效。

(3)买卖动迁手续须经拆迁人同意。拆迁安置本质上是民事行为,须由拆迁人与被拆迁人(原房屋所有人)签订拆迁安置协议,拆迁人与被拆迁人是该协议的主体,是该协议权利与义务的享有者和承担者。而当被拆迁人将动迁手续转让给他方后,属于将拆迁安置协议中的权利与义务均转让给了受让人,未经原协议的另一方即拆迁方同意,合同承受(拆迁安置协议中被拆迁人承担义务部分)不发生法律效力。

17. 子女以父母名义签订的拆迁补偿协议而引发的房屋纠纷案件如何受理问题

子女以父母的名义签订的拆迁补偿协议的前提是其父母已经被确认为被拆迁人,只有被拆迁人,才有资格与动迁单位签订拆迁补偿协议,子女在签订协议时实质是父母的代理人,因此,子女以父母名义签订的拆迁补偿协议因房屋补偿、安置等问题发生争议,依法向人民法院提起诉讼的,人民法院应当作为民事案件受理。

18. 关于落实政策中带户返还的问题

(1)出租人要求返还房屋的问题

由于带户返还是针对特定历史问题所采取的解决方式,要求所有人与承租人签订不少于二年的租赁合同,一定程度上限制了当事人的意思自治。加之实践中对此政策理解把握不严,在所有人不同意继续签订租赁合同并要求承租人返还房屋时,不能得到有效保护,出现许多侵犯所有人权益的问题。为保护所有人的合法权益,自1999年10月1日合同法实施后,应严格依照合同法第十三章的规定精神办理:凡是租赁期间届满,房屋所有权人要求返还房屋,承租人不予返还的,应判决承租人返还房屋;租赁期间届满后,承租人继续使用房屋,出租人没有提出异议的,应认定原租赁合同继续有效,但租赁期限为不定期,租赁期间,出租人要求解除合同,返还房屋的,应予支持,但应当给承租人必要的准备期限,一般应不低于三个月;承租人在房屋租赁期间死亡的,与其生前共同居住的人可以按照原租赁合同租赁该房屋,但只限于在剩余租赁期限内,超出该期间,出租人要求返还房屋的,应予支持。

(2)关于房屋在租赁期间被拆迁的问题

《城市房屋拆迁管理条例》实施后,补偿、安置的对象为房屋所有人,而不包括使用人。租赁期间届满,出租人不同意承租人继续承租的,原合同当事人之间不再具有租赁关系,拆迁人对出租人进行安置的,承租人要求继续承租该房屋的,不予支持;在租赁期间,房屋被拆迁的,出租人与承租人对解除租赁关系达不成协议的,拆迁人应当为被拆迁人即出租人实行产权调换,该房屋应当由原房屋承租人继续承租,出租人与承租人应当重新签订租赁合同;不能重新签订合同的,租期应当限于原租赁合同剩余期限内。

19. 关于违章住房的安置问题

1991 年《城市房屋拆迁管理条例》和修订后的《城市房屋拆迁管理条例》的规定,违章建筑不予补偿安置。但考虑到我市确有个别动迁户生活非常困难又无合法居住房屋的实际,沈阳市房产局制定了《沈阳市城市房屋拆迁管理补充规定》,自 2000 年 3 月 15 日实行。该规定对无房产产籍房屋进行安置提出了具体条件:(1)不是回迁安置或货币安置后购买或自建无房产产籍房屋;(2)本市城市中心区域内无合法住房;(3)居住的房屋必须独立开门,具备独立生活条件,使用人必须独立居住或生活;(4)持有房屋拆迁地 12 个月以上的独立户口(夫妻未离婚而分户、子女未婚而分户的除外)且连续居住 12 个月以上(从拆迁公告发布之日起计算)。因此,自 2000 年 3 月 15 日起至 2003 年 2 月 28 日止,对确实符合上诉条件而诉讼到法院的拆迁纠纷案,可以从法律效果和社会效果相结合的角度考虑,判令拆迁人进行安置,但必须从严审查是否符合上述条件。对 2000 年 3 月 15 日前发生的拆迁行为,诉讼到法院的,亦可参照前述精神处理。

从 2003 年 3 月 1 日起,《沈阳市城市房屋拆迁管理办法》已正式实施,该办法已明文规定在我市违章建筑不予补偿。因此,2003 年 3 月 1 日后发生的此类纠纷诉讼到法院的,不能再判令拆迁人进行安置。

六、本意见如有与法律及上级法院规定不一致的,以法律和上级法院规定为准。

辽宁省沈阳市中级人民法院关于审理房地产案件若干问题的处理意见(之二)

(2004 年 12 月 2 日)

一、公有住房使用权交易中有关问题

(一)关于未经产权人同意转让公有住房使用权行为的效力问题

公房承租使用权是我国特有的公房租赁制度的产物,公房承租使用权具有社会福利性质,多属承租人劳动剩余价值的再分配。与一般租赁合同承租使用权性质相比,二者虽均称为房屋承租使用权,但其产生的原因不同,从而导致其性质不同。公有住房使用权人在法律允许的范围内,对公有房屋享有的占有、使用、部分收益和有限处分的权利。这种权利应属于用益物权,系物权的一种,具有不可追夺的特征。使用权人在未经产权人同意的情况下转让公有住房使用权行为,并未改变房屋所有权的归属,不会对产权人的产权造成任何侵害,而且,我国目前尚无法律、法规禁止这种交易行为。北京、沈阳等地政府已允许公有住房使用权上市交易,并要求产权单位予以配合。允许公房使用权自由交易可以促使社会财富加速流通,产生更大效益。因此,应认定这种交易行为是合法有效的。

(二)关于公房使用权的继承问题

根据公有住房使用权的性质,可以作为遗产进行继承。无论是基于单位分配而获得的公房使用权还是通过市场交易而取得的使用权,均应允许对其所体现的财产权益继承。

在发生继承争议时可参照《最高法院关于适用中华人民共和国婚姻法若干问题的解释(二)》第二十条的规定精神处理。即:各继承人就作为遗产的使用权房屋的价值及归属达成协议,按协议处理;无法达成协议的,人民法院可按以下情形分别处理:1. 各方均主张作为承租代表人承租房屋的并且同意竞价取得的,应当准许;2. 一方主张房屋使用权的,就价值不能达成一致的,可由评估机构按市场价格对房屋使用权作出评估,取得房屋使用权的一方应按继承份额给予另一方相应的补偿;3. 双方均不主张房屋使用权的,根据当事人的申请拍卖房屋,就所得价款进行分割。

(三)关于使用权房屋的同住人口是否能够构成对房屋的共有问题

共有的产生通常是基于当事人的意思表示和法律的直接规定,居住本身不会产生共有。因此,同住人口是否对共同居住的房屋具有共有权,要看该房屋是否已经转化为家庭共同财产或系共同投入所得。在取得公房使用权时,除承租代表人外,其他同住人口作为分房时确定面积等因素的一个重要条件的,或其他同住人口交纳了增加面积款的,或所交旧房为其他同住人口的共有财产的,即使房屋使用权证上未明确记载该同住人口为共同承租人,也可构成共有。否则,仅凭居住不能构成对公有住房使用权的共有。

(四)关于公房动迁后货币安置款的分配问题

如果共同居住人已构成对使用权的共有,则有权参与补偿款的分配,如未构成共有,根据沈阳现行房屋拆迁政策,补偿费的多少与居住人口无关,只与原房屋面积有关,未构成共有的同住人口,无权参与分配。承租代表人与构成共有的共同居住人口,对补偿费如何分劈问题,应根据公平原则,结合使用权房屋的来源情况,由法院酌情处理。

(五)关于公有住房动迁期间,原承租代表人死亡,与其共同居住的子女以其自己名义取得回迁房产权或货币安置款,而引起的继承和析产问题

根据公房使用权的性质,其他继承人有权主张财产权利。在处理上,首先应确定与父母共同居住的子女是否拥有承租使用权,是否构成对使用权的共有,如构成共有则应

先析产，将该子女应得的份额扣除后，其余财产按继承处理。如果其中一个子女已经取得了回迁房屋的产权，则不应再将该房屋作为“遗产”进行分割，而应在确定原使用权房屋的价值后，由其对其他继承人给予补偿。

（六）关于公有住房在房改过程中产生的权属纠纷受理问题

1. 公有住房进行房改，原承租代表人与产权人签订了出售公有住房协议并取得产权，或者原承租代表人死后，原房屋共同承租人中的一人与产权单位重新建立承租关系，并进行房改取得产权，其他共同承租人或原承租代表人的继承人起诉要求确认房改协议无效的，法院不应作为民事案件受理。此类案件类似单位内部分房纠纷，法院不能用公权干预产权人依法处分自己的民事权利，即不能判令产权单位与哪一个共同承租人建立租赁关系并将房屋产权出售给他。

2. 如果原告以原房屋为共有财产，起诉房改后新的产权人要求返还其应有份额，法院应作为民事案件受理。比照前面分割共有财产的做法，给原告相应补偿。

3. 如果房改后的产权人起诉原共同承租人腾房，法院应该受理。共同承租人有使用权的，或对争议房屋有继承权，一般不应改变争议房屋的居住现状，应告知双方当事人可以请求对原承租使用权，按前述方法进行分割或继承。在充分释明和调解后，如原告坚持要求被告腾房，根据“买卖不破租赁”的原则，被告基于共有享有的使用权不因房屋产权变化而丧失，应判决驳回原告诉讼请求。

二、相邻采光、通风纠纷中有关问题

（七）关于相邻采光、通风构成侵权的认定标准以及举证责任的承担问题

相邻建筑物是否构成挡光、通风侵权，是一个专业性很强的问题，以往多采用大寒日日照时间是否满足2小时或目测楼间距的办法来衡量是否构成侵权。这种方法在审判实践中很难适用。如果要求法官必须实地测量或者等到大寒日时实地勘察日照时间来确定是否构成相邻通风、挡光侵权，显然不合常理，也不符合《最高人民法院关于民事诉讼证据的若干规定》关于人民法院自行收集的证据的规定。因此，对于这类案件，除少部分违章建筑以正常人的判断能力，直观即可确定明显构成侵权外，一般应以专业机构提供的科学鉴定结论，作为确定是否侵权的依据，根据民诉法和《最高人民法院关于民事诉讼证据的若干规定》关于“谁主张谁举证”的规定，由原告负举证责任。另外，后建成的建筑物应无权主张原已存在的建筑物挡光，因其在建筑时应预见可造成挡光的后果，属于自愿承受。

（八）关于合法建筑（有规划许可的建筑）通风、挡光纠纷的处理问题

合法建筑挡光亦应构成侵权。有规划许可的建筑只是能证明其建筑本身是合法建筑，但不能据此证明该建筑不对原告居住的房屋造成影响。是否挡光，应当依据鉴定部门的鉴定结论为依据。如果原告选择以相邻不动产的所有人或使用人为被告，以相邻通风采光纠纷提起诉讼，法院应作为民事案件受理。

（九）关于相邻采光、通风纠纷承担侵权责任方式的法律适用问题

根据《民法通则》第三十八条规定，给相邻方造成妨碍或者损失的，承担责任的方式为：停止侵害，排除妨碍，赔偿损失三种。这三种承担责任方式当事人均有权主张，人民法院也均有权判决适用。实践中应结合当事人举证和案件的具体情况决定适用承担民事责任的方式。

法院在处理挡光纠纷中，对于原告要求将建筑物拆除，恢复原状的，根据“成物不可毁”的原则必须谨慎适用。对于私自搭建且价值不大的违章建筑，法院可以依当事人申请排除妨碍，拆除违章建筑；对于超越建筑规划许可审批的建设范围的违章建筑和价值较大的违章建筑，如果法院判决强行拆除，可能会导致社会财富的浪费，这类违章建筑由行政执法部门处理，或拆除或处罚后责令相关人员补办规划手续，更有利于解决矛盾，但被侵权人应得到相应的赔偿和补偿。对于合法建筑构成侵权的，法院不宜径行判决排除妨碍，恢复原状。应适用补偿法则，即赔偿损失。这样可以避免为了保护相对较小的利益造成较大的损害。

损害赔偿的原则是弥补当事人损失，该损失应是具体明确的，对此原告负有举证责任。一般情况下，法官对于赔偿损失的数额确认不宜自由裁量。挡光而造成的损失标准，应以挡光后，造成原有房屋价值的贬损作为赔偿的标准。而这种请求权“一物只能行使一次”，后买受人应了解买受时的现状，再次以此为由请求补偿的，不予支持。

（十）关于相邻采光、通风的请求权是否适用诉讼时效问题

相邻采光、通风的请求权是基于物权而产生的，并伴随所有权或使用权的存在而存在，属于物上请求权，不是我国现行民法诉讼时效制度的客体。因此，相邻采光、通风的请求权不适用诉讼时效制度。

三、房屋拆迁中有关问题

（十一）关于行政机关拆迁行为引起诉讼的受理问题

此类合同系行政机关为公共利益，在实施行政管理职权时，与被管理的公民、法人或其他组织意思表示一致所签订的协议，不属于平等主体之间的民事行为。不应作为民事案件受理。已经受理的，驳回起诉。为了防止不稳定因素发生，在不予受理或驳回起诉的同时，应向相关行政机关发出司法建议，作好当事人的稳定工作。但行政机关为机关自身利益而为的民事行为，产生纠纷的应属民事案件受理范围。

（十二）关于执行政府规定的廉租房和“代户返还”住房，产权人起诉腾房或遇房屋拆迁的处理问题

在处理因带户返还而引起的腾房纠纷案件中，如果在诉讼前或诉讼中，拆迁人已经对争议房屋发布了拆迁公告，按照《沈阳市城市房屋拆迁管理办法》（即市政府〔2003〕第19号令）第三十四条规定：“拆迁执行政府规定租金标准的私有出租房屋和落实私房政策带户返还房屋的，原租赁关系终止。被拆迁人的补偿金额，按照房地产市场评估价格

补偿;住宅房屋承租人按照市政府规定的最低补偿标准给予补偿;对非住宅房屋承租人按照被拆迁房屋的房地产市场评估价格的60%给予补偿。”这样诉争房屋的所有权人和承租人都会得到安置补偿,且不会影响到所有权人的利益。因此,在处理时不宜判决承租人腾房,而应判决驳回原告的诉讼请求,亦向其释明依市政府〔2003〕第19号令主张权利。对于其他“代户返还”腾房案件,仍参照我院《关于审理房地产案件若干问题的处理意见(之一)》的精神处理。关于货币补偿方式,当事人有争议的,根据《沈阳市城市房屋拆迁管理办法》第三十七条规定处理。

(十三)关于拆迁协议签订后,被拆迁人死亡,其子女因履行拆迁协议产生的纠纷处理问题

房屋拆迁协议签订后,在履行期间,被拆迁人死亡。如果拆迁人已经与被拆迁人的继承人(或共同居住人)之一重新签订了拆迁协议,其他被拆迁人的继承人(或共同居住人)起诉,要求确认协议无效的,应驳回其诉讼请求。因为,该协议不存在法定无效情形,无论是哪一个继承人(或共同居住人)与拆迁人达成协议,都是代表其他继承人领受应属于原被拆迁人的回迁房屋或货币补偿款,其他继承人(或共同居住人)都可以向其主张对该房屋或货币补偿款的继承。如果其他继承人(或共同居住人)要求确认自己为被拆迁人的,其诉讼请求不属民事案件受理范畴,应驳回起诉。

四、关于房产交易、土地、使用权转让合同效力问题

(十四)关于“一房二卖”合同的效力

“一房二卖”包括两种情况:1. 出卖人已将房屋交付并转移所有权给第一个买受人(已办理了房产证)后,又签订买卖合同出卖该房屋。在这种情况下,前一个房屋买卖合同已生效并履行,出卖人再与他人签订房屋买卖合同属于无权处分,按无权处分的规定处理,第二个买卖合同为效力待定合同。2. 出卖人尚未将房屋所有权转移给前买受人之前,又将该房屋出卖。根据现行法律、法规及司法解释的相关规定,两个买卖合同均应是有效合同。我国《民法通则》第七十二条、《合同法》第一百三十三条规定,标的物的所有权自标的物交付时起转移,但法律另有规定或者当事人另有约定的除外。另据《城市房地产管理法》第六十条及《城市房地产开发经营管理条例》等法律法规规定,房屋所有权的转移、变更应当办理登记。依此规定,我国房屋所有权移转以登记为准。据此,出卖人尚未将房屋所有权转移(即办理转移登记手续)给买受人之前,又将该房屋出卖,后一个合同亦属有效合同。合同标的物归属一般按以下原则处理:(1)已办理房屋产权过户登记手续的买受人取得房屋所有权。(2)均未办理过户手续的,已接受交付的买受人取得房屋所有权。出卖人对另一合同相对人承担不能履行的违约责任,并赔偿相当损失。

(十五)关于集体所有“建设用地”(村办、乡办企业用地)买卖合同的效力问题

乡镇建设用地是指农村集体投资或农民投资兴办的乡镇企事业单位、村办企业、农

村村民住宅、乡镇公共设施、公益事业建设所使用的土地。该建设用地使用权只有在一种情况下才可以转让,即《土地管理法》第六十三条规定的,符合土地利用总体规划并依法取得建设用地的企业,因破产、兼并等情况而致使土地使用权依法发生转移的,不受集体土地使用权不得转让的限制,但宅基地原则上不得转让。另外,集体建设用地也可以进行抵押,但该土地使用权的抵押仅限于建筑物所占用的集体土地。

五、物业管理纠纷中有关问题

(十六)关于业主委员会诉讼主体资格问题

根据国务院发布的《物业管理条例》第十五条规定,经物业管理区域内全体业主组成业主大会产生的业主委员会,是业主大会的执行机构,既可以成为物业合同的主体,也可以作为诉讼主体。业主大会或业主代表大会对诉讼与否作出的决定,对业主委员会和全体业主具有约束力。业主委员会因客观原因无法组织召开业主大会或业主代表大会的,可以由业主委员会直接提起诉讼;业主以业主公约或其他方式授权业主委员会可以直接提起诉讼的,不须再经业主大会或业主代表大会的同意。

(十七)关于建设单位、业主委员会与物业公司签订的物业管理合同对业主是否具有约束力问题

按国务院《物业管理条例》,在前期物业管理阶段,由建设单位(即住宅出售企业)和物业公司签订的物业管理合同,对继受该物业的业主具有约束力。买卖该物业的业主在购房时,有义务审查建设单位和物业公司签订的物业管理合同,并决定是否接受,因此,在购房后一般不得以物业合同非本人或业主委员会签订而不履行合同规定的义务。但显失公平和重大误解的除外。业主委员会依法成立后,业主委员会有权对前期的物业管理合同提出调整意见,并与物业公司协商,重新签订物业合同。

在业主委员会依法成立后,业主委员会与物业公司签订的物业管理合同,对全体业主具有约束力。业主如果有证据证明业主大会成立不合法或物业合同未经物业管理区域内全体业主所持投票权2/3以上通过,有权要求重新签订物业合同,或拒绝履行原物业合同。

(十八)关于物业管理服务合同期满后未续签物业管理合同引起纠纷的处理问题

物业管理服务合同所约定的服务期限届满后,业主委员会(前期物业管理期间,则为建设单位)未与物业管理企业重新签订物业管理服务合同,但物业管理企业仍然对物业进行管理,对业主进行了服务的,业主也接受其管理和服务的,可参照《合同法》第二百三十六条规定,认定原物业管理服务合同继续有效,但服务期限为不定期。

(十九)关于未取得收费许可证,约定的收费标准是否受法律保护问题

物业管理合同是平等主体依自愿原则签订的合同,只要该合同未违反法律禁止性规定,应视为有效合同。至于未取得收费许可证,属行政管理方面的问题,由行政管理机关进行处理,不能据此认定物业管理公司不应收费,只要物业公司进行了物业管理,即按照

约定获取报酬。

六、本意见如有与法律、法规及上级法院要求不一致的，以法律、法规及上级法院要求为准。

山 东 省

山东省高级人民法院民事审判工作会议纪要（节选）

（2011 年）

关于房地产纠纷案件

会议认为，近年来，为稳定房地产市场，保障房地产业的健康发展，我国加强了对房地产市场的宏观调控，先后采取了紧缩银根、提高商品房首付比例、限制按揭贷款和控制购房数量等调控政策。这是党和国家应对国际金融危机的影响，促进经济平稳较快发展的重大战略决策，也是人民法院房地产纠纷案件审判工作面临的全局大局。全省各级人民法院要深刻认识当前形势下做好房地产纠纷案件审判工作的重要意义，准确把握宏观经济形势发生的客观变化，在法律和国家政策规定的框架内，妥善审理好各类房地产案件，为国家宏观调控政策的实施提供司法保障。会议认为，对国家房地产宏观调控政策实施中发生的房地产纠纷，要依法受理、妥善处理，对目前部分法院采取的因房地产宏观调控政策实施引发的房地产纠纷案件不受理、受理后不审理等做法要认真纠正，防止矛盾激化；对于因国家信贷政策变化导致买受人丧失履约能力、因限购措施导致合同无法履行的情形，应依据合同法的规定和合同的约定，依法变更或者解除合同，并根据案件的具体情况，辅之以返还原物、折价补偿和赔偿损失等，切实保护当事人合法权益；对于因买卖在集体所有的土地上开发的“小产权房”而引发的纠纷案件，要严格贯彻国家的公共政策和诚信交易秩序，依法确认“小产权房”买卖合同无效，并通过出卖人承担缔约过失责任等方式避免当事人之间利益关系失衡。在国际金融危机影响尚未完全消退、房地产市场宏观调控不断强化的背景下，应当准确把握宏观经济形势对房地产市场的客观变化，依法保护守法履约行为，制裁违约行为，保护消费者合法权益；依法规制房地产开发行为，制裁哄抬房价、捂盘惜售、欺诈消费者等违法行为。要充分发挥人民法院权利保障和纠纷终结的审判职能作用，注重运用原则性与灵活性相结合、社会效果与法律效果相结合、调解与判决相结合的方法，妥善化解房地产市场中发生的矛盾纠纷，促进房地产市场健康持续发展。要加强对当前形势下房地产纠纷案件审判工作中新情况、新问题的调查研究，密切关注国内外经济形势的发展变化对房地产业的影响以及可能引发的纠纷案件,及时提出应对的司法对策。

（一）关于以协议方式签订的土地使用权出让合同的效力问题

依据《城市房地产管理法》第 12 条的规定,土地使用权出让,可以采取拍卖、招标的方式,也可以采取双方协议的方式。根据这一规定,协议是土地使用权出让的一种法定方式。2002 年 7 月 1 日,国土资源部发布的《招标拍卖挂牌出让国有土地使用权规定》第 11 条规定,商业、旅游、娱乐和商品住宅等各类经营性用地,必须以招标、拍卖、挂牌等公开的方式出让,禁止以协议方式出让经营性用地。《物权法》第 137 条第 2 款也作了相似的规定。国土资源部的规定属于国家政策的范畴。根据上述规定,结合最高人民法院有关会议精神,2002 年 7 月 1 日之后,凡是以协议方式签订的经营性建设用地使用权出让合同应依法认定为无效,但 7 月 1 日之前已经政府有关部门前置审批或者签订土地使用权出让合同的除外。

（二）关于集体土地以租代征合同的效力问题

所谓以租代征,是指土地使用者与农村集体经济组织直接签订土地租赁合同,以承租的方式占有使用农村集体土地进行开发建设。以租代征是名为租赁,实为征收的违法行为,违反了我国土地管理法的强制性规定,除符合《土地管理法》第 63 条规定的情形外,应依法认定土地租赁合同无效。

（三）未取得不动产权属证书的房屋买卖合同的效力问题

《城市房地产管理法》第 38、39 条的规定是法律限制未依法登记取得权属证书的房屋转让的管理性规范,而非效力性规范,未取得权属证书的房屋买卖合同不违反法律的强制性规定,应依法认定有效,如果第三人主张房屋所有权导致房屋买卖合同不能履行的,出卖人应当承担权利瑕疵担保责任。

（四）关于因信贷政策变化导致商品房买卖合同不能履行的处理问题

国家为遏制房地产价格的过快上涨,先后采取一系列宏观调控政策,其中以提高商品房款首付比例和贷款利率为主要内容的信贷政策的变化对商品房买卖合同的履行影响比较大。对于买受人以按揭贷款方式支付购房款的商品房买卖合同履行中,如买受人有证据举证证明确因信贷政策的变化而不能办理合同约定的按揭贷款,且双方对付款方式无法协商变更,而请求解除商品房买卖合同的,可予以支持。但合同有明确约定的除外。

（五）关于因限购政策导致商品房买卖不能发生物权效力的处理问题

为控制房地产价格的过快上涨,许多地方人民政府根据 2010 年 4 月 17 日国务院颁布的《关于坚决遏制部分城市房价过快上涨的通知》(国发〔2010〕10 号)的规定,出台了相应的限购政策,对购房人购买房屋的套数进行限制,因此,在审理商品房买卖合同纠纷案件中应当注意对限购政策的适用。商品房买卖合同签订后,对于房屋买受人有证据证明确因限购政策的实施无法办理房屋所有权变更登记的,而请求与出卖人解除合同的,可予以支持,但合同有明确约定的除外。

地方人民政府没有出台相应限购政策的,房屋买受人不得以限购政策的实施为由请求解除合同。

(六)关于房屋交付条件中验收合格的理解与适用问题

依据《城市房地产管理法》第27条和国务院《城市房地产开发经营管理条例》第17条的规定,房地产开发项目竣工,经验收合格后,方可交付使用。根据上述规定,验收合格是房屋出卖人将房屋交付给买受人的法定条件,但对验收合格的标准,司法实践中认识不尽相同。根据我国现行房地产法律、行政法规的规定,房地产开发项目竣工后,房地产开发企业应当向当地行政主管部门提出竣工验收申请,由房地产开发主管部门对涉及公共安全的内容,组织工程质量监督、规划、消防、环保等有关单位进行验收,因此,商品房交付时的验收合格应以有关行政主管部门完成综合验收为标准。因为,房屋的验收合格,除要求房屋的质量符合国家规定的强制性安全标准或者合同约定的标准外,还需要满足买受人或者房屋使用人正常的居住和生活需要,因此,出卖人交付的房屋应是完成了工程竣工验收、消防、配套设施、绿化、环保等综合验收。

(七)未取得商品房预售许可证明的商品房认购书的效力问题

依据城市房地产管理法和最高人民法院相关司法解释的规定,出卖人预售商品房必须取得商品房预售许可证明,未取得预售许可证明的商品房买卖合同应依法认定为无效。商品房认购书是一种预约合同,是双方当事人为将来签订作为本约合同的商品房买卖合同所作出的一种承诺,并非正式的商品房预售行为。由于商品房认购书并非商品房买卖合同,故出卖人未取得商品房预售许可证明,不影响商品房认购书的法律效力。但依据最高人民法院《关于审理商品房买卖合同纠纷案件适用法律若干问题的解释》第5条的规定,如商品房认购书已经具备了商品房买卖合同的实质性内容,此种情形下,商品房认购书不应当认定为预约合同,而是商品房买卖合同,出卖人未取得预售许可证明的,该商品房认购书应依法认定无效。

(八)关于商品房买卖合同解除后的损失赔偿问题

依据《合同法》第97、113条的规定,合同解除后,当事人有权要求赔偿损失。当事人一方不履行合同义务或者履行合同义务不符合约定,给对方造成损失的,损失赔偿额应当相当于因违约所造成的损失,包括合同履行后可以获得的利益。商品房买卖合同因一方违约被解除的,守约方有权要求违约方赔偿因合同解除造成的损失,损失的范围包括实际损失和可得利益损失。如因出卖人的原因导致合同解除的,买受人请求出卖人赔偿损失的范围是纠纷发生时讼争房屋的现实价值与合同约定价格之间的差价。

(九)关于出租人出租抵押房屋合同的效力认定问题

在房屋上设定抵押权后,能否进行出租,我国现行法律、行政法规没有明确规定,一般认为,房屋被抵押后,抵押权实现之前,出租人将抵押房屋租赁给承租人使用不违反法律、行政法规的强制性规定，且不影响房屋的正常使用，完全可以实现签订租赁合同的目的，应当认定出租人与承租人签订的房屋租赁合同是有效的，但出租人负有对租赁物的权利瑕疵担保义务，如出租人未履行该义务，承租人有权行使合同解除权，并要求出租人承担违约责任。

（十）关于房屋买卖中"黑白合同"的认定问题

房地产交易中，有些当事人为规避国家税收法律和税收监管，出卖人和买受人通常签订两份价格不同的买卖合同，其中用一份价格较低的合同到有关行政主管部门备案，另一份价格较高的合同为真实的交易价格并实际履行的合同。出卖人与买受人签订两份价格不一致的房屋买卖合同，应以双方实际履行的合同确定各自的权利义务。

（十一）关于以房抵债合同的效力问题

在房地产开发或者建设工程施工中，由于无力支付开发费用或者工程价款，开发商以已经建成或者在建的房屋抵偿所欠的债务。以房抵债的协议既是当事人之间履行债务的一种方式，也是双方就如何履行原债务达成的新协议，只要该协议不具有《合同法》第52条规定的无效合同的情形，应依法认定有效，双方应诚信履行协议。抵债的房屋是否办理所有权变更手续不影响以房抵债协议的效力。

山东省高级人民法院民事审判工作会议纪要（节选）

（2008年）

五、关于农村土地承包纠纷案件中若干问题的处理

会议认为，在我国农村，实行统分结合的土地承包经营责任制，保持农村土地承包关系的长期稳定，促进土地承包经营权的依法流转，是党和国家促进农村改革和发展的既定政策。《物权法》、《农村土地承包法》将该政策法律化、制度化，进一步明确了土地承包经营权的物权属性，为维护农村广大土地承包经营户的合法权益提供了坚实的法律保障。人民法院要加强对我国农村土地政策的研究和学习，特别学习贯彻落实好党的十七届三中全会精神，充分发挥好审判职能作用，依法妥善处理好涉及"三农"的各类纠纷案件，全力维护好广大农民的土地承包经营权益，保障党和国家的"三农"政策的有效实施。根据《物权法》、《农村土地承包法》及最高人民法院司法解释的规定，结合我省实际，会议就当前审理农村土地承包纠纷案件中的有关法律适用问题进行了研讨，达成了一致意见：

（一）关于农村集体经济组织（发包人）在法律规定的承包期内全部调整家庭承包地引发的纠纷应否受理的问题

根据《物权法》、《农村土地承包法》和我国农村土地承包相关政策的规定，在法律规定的承包期内，实行“增人不增地，减人不减地”的原则，旨在于长期稳定农村的土地承包关系，维护我国农村现行的土地承包经营制度。但在承包期内，集体经济组织改变原有的土地承包经营秩序，重新调整发包土地的现象仍比较普遍，由此产生的纠纷人民法院不予受理。

（二）关于农村土地承包合同与土地承包经营权证书不一致的情形下如何处理的问题

根据《物权法》的规定，以家庭承包方式取得的土地承包经营权作为一种用益物权，是依据土地承包合同而创设的，且不采纳登记生效主义，土地承包经营权证书仅仅是证明土地承包经营权的凭证，并非设立土地承包经营权的依据，因此，土地承包合同与土地承包经营权证书记载的内容不一致的情形下，应当以土地承包合同为准。

（三）关于农村集体土地征收补偿费用分配纠纷的受理问题

根据《物权法》第四十二条和最高人民法院《关于审理涉及农村土地承包纠纷案件适用法律问题的解释》的规定，对农村集体土地征收补偿费用的分配问题，应当属于农村集体经济组织成员自治的范畴，即集体经济组织成员对集体土地征收补偿费用是否分配，以及如何分配具有自主决定的权利。如果集体经济组织成员之间没有达成土地补偿费用分配方案的，集体经济组织成员要求对土地补偿费用进行分配的，人民法院不予受理；如果集体经济组织就集体土地征收补偿费用的分配形成了方案，集体经济组织成员请求分配补偿费用向人民法院起诉的，人民法院应当作为民事案件予以受理。

对于集体经济组织成员资格的确认问题，应当属于立法解决的问题，集体经济组织成员就成员资格问题向人民法院起诉的，人民法院不予受理。

六、关于房地产案件和《物权法》适用中若干问题的处理

会议认为，《物权法》作为我国调整平等主体之间财产关系的重要法律，对于维护市场交易安全和民事主体的财产权利具有非常重要的意义。全省各级人民法院都要认真学习《物权法》的立法精神和具体规定，加强《物权法》适用的研究，及时调整审判思路，将《物权法》的各项规定落实到审判工作中去。正确审理好房地产案件不仅关系到房地产市场秩序，同时也关系到社会稳定。在当前房地产市场受到金融危机影响的情况下，审理房地产案件更要注重法律效果和社会效果的有机结合，以裁判手段保障房地产市场的健康发展，维护房地产市场的正常秩序。根据《物权法》的规定和当前房地产市场的实际情况，会议对房地产案件处理中的有关问题达成一些倾向性意见。

（一）关于房地产合同效力的认定问题

鼓励交易，维护交易安全是合同法、物权法的重要精神，实践中要谨慎正确地认定房地产合同的效力，防止出现阻碍合法交易的后果。一是根据最高人民法院关于适用合同法司法解释的规定，人民法院只能依据法律和行政法规来认定合同效力，而不能直接援引地方性法规和行政规章作为判断合同效力的依据。如果违反地方性法规或者部门规章将导致损害社会公共利益的，可以根据《合同法》第五十二条第（四）项的规定，以损害社会公共利益为由确认合同无效；二是只要违反法律和行政法规的强制性规定才能确认合同无效。根据最高人民法院近几年颁布的几个司法解释的精神，强制性规定包括管理性规范和效力性规范。管理性规范是指法律及行政法规未明确规定违反此类规范将导致合同无效的规范，此类规范旨在管理和处罚违反规定的行为，但并未否认该行为在民法上的效力。效力性规范规定是指法律及行政法规明确规定违反该类规定将导致合同无效的规范，或者虽未明确规定违反之后将导致合同无效，但若使合同继续有效将损害国家利益和社会公共利益的规范，此类规范旨在否定其在民法上的效力，因此，只要违反效力性的强制性规范的，才应当认定房地产合同无效；三是根据《物权法》关于债权效力与物权效力相区分的原则，根据该原则，房地产合同效力的认定要依据合同法的规定，而房地产的物权变动则受物权法的规制，房地产合同的效力不受房地产变动要件的影响。

（二）关于房地产合同中违约金制度的适用问题

房地产合同中适用违约金的情形比较多，但审判实践中对于违约金的性质、违约金过高的主张方式、判断标准以及如何调整等问题认识不一。《合同法》第一百一十四条等规定已经确定违约金具有补偿和惩罚的双重性质，但以赔偿守约方的损失为主要功能，而非严厉惩罚违约方。由于支付违约金是违约方承担民事责任的主要方式之一，因此对数额过高的违约金条款，人民法院可以根据当事人的请求适当进行调整，对于当事人未提出调整违约金请求的，人民法院不得主动援引合同法的规定干预合同的明确约定；关于当事人申请调整违约金的方式问题，人民法院对当事人主张的方式不宜苛刻要求，当事人可以通过反诉的方式提出，也可以通过抗辩的方式主张，均可视为当事人提出申请；关于违约金过高的认定标准问题，应当以实际损失为基础，兼顾合同的履行情况、当事人的过错程度以及预期利益等因素，由人民法院根据公平原则、诚实信用原则予以衡量。

（三）关于城镇居民购买农村村民私有房屋和“小产权房”的效力问题

宅基地使用权是我国农村集体经济组织成员享有的一项用益物权，与物权人特定的身份具有密切的联系。对于建立于集体所有土地之上的宅基地使用权的买卖问题，我国法律包括物权法均没有明确规定，因此应当适用国家有关政策的规定进行裁判。国务院办公厅1999年5月6日发布的《关于加强土地转让管理，严禁炒卖土地的通知》第二条第2款规定，“农村的住宅不得向城市居民出售”；2004年12月24日国务院在《关于深化改革严格土地管理的规定》中再次强调，“加强农村宅基地管理，禁止城镇居民在农村购置宅基地”。法律也明确规定禁止农村宅基地随意转让和抵押，可见，国家现行政策明确规定禁止城镇居民在农村购买宅基地或者地上建筑物，因此，人民法院应当按照《2005年全省民事审判工作座谈会纪要》的意见，据此认定城镇居民与农村居民之间签订的房屋或者宅基地的买卖合同为无效合同，不支持城镇居民要求在农村购买宅基地或者房屋的诉讼请求。

对于本集体经济组织之外的其他集体经济组织成员购买农村居民宅基地和住宅的，应当如何处理，法律未明确规定。由于农村宅基地具有极强的福利和保障性质，且是本集体经济组织成员无偿取得的，由此，取得宅基地使用权的主体应当限于本集体经济组织成员，否则将会扰乱现行的集体土地管理秩序和农村经济管理体制，因此，对本集体经济组织之外的村民购买本集体经济组织成员的宅基地和房屋的，原则上也应当确认为无效。

对于农村集体经济组织自行开发的“小产权房”的买卖问题，按照我国现行房地产管理法规的规定，我国集体所有的土地在未办理国家征收手续转为国有土地之前，禁止进入房地产市场，由此，集体经济组织开发“小产权房”的行为是不受法律保护的，买卖“小产权房”合同实质上系变相买卖农村宅基地，也不可能办理物权变动手续，因此，“小产权房”的买卖合同也应当认定为无效。

（四）关于涉及房改政策的房屋买卖合同应否受理的问题

我国住房制度改革是一项政策性强、涉及面广的系统工程，涉及房改政策的房屋买卖合同纠纷是否由人民法院受理，应当结合当事人提出的诉讼请求作出判断。如果当事人争议的核心和焦点是房改房的买卖问题，属于平等主体之间的民事权益之争，处理时涉及房改政策的，人民法院应当受理；如果当事人争议的核心和焦点在于是否适用房改政策或者如何适用房改政策，则不属于民事权益之争，不符合《民事诉讼法》第一百零八条规定的起诉条件，人民法院不作为民事案件受理。

（五）关于商品房买卖合同中的买受人请求出卖人办理物权变动手续是否适用诉讼时效的问题

在商品房买卖中，如果出卖人已经将商品房实际交付给买受人，买受人亦实现了对商品房的占有，此时买受人请求出卖人转移房屋所有权、办理商品房产权登记手续的请求权具有物权属性，依据《物权法》的规定不适用《民法通则》关于诉讼时效的规定。

（六）关于承租人优先购买权的性质和效力问题

传统审判实践中，承租人的优先购买权被视为一种准物权性质的民事权利，具有物权效力的表象，对于出租人侵害承租人的优先购买权出卖租赁房屋的，人民法院一般会根据承租人的请求确认出租人与第三人之间的房屋买卖合同无效。《物权法》实施后，根据物权法定原则，承租人的优先购买权没有被规定为一种物权，而是一种债权，也就不具有对抗第三人的效力，因此，出租人违反优先购买权的规定而将租赁房屋出卖给第三人的，承租人与第三人之间的房屋买卖合同只要不违反法律的强制性规定，不宜确认为无效。对于承租人的权利可以通过“买卖不破租赁”的规则加以保护；对于出租人违反《合同法》第二百三十条的规定，没有在出卖之前的合理期限内通知承租人的，出租人应当承担合同法上的责任。

（七）关于《城市房地产管理法》第三十七、三十八条规定的适用问题

《城市房地产管理法》第三十八条规定了以出让方式取得土地使用权转让的具体条件，该条件是行政管理部门对不符合规定条件的土地在办理土地使用权权属变更登记问题上作出的具有行政管理性质的规范，而非针对土地使用权转让合同的效力性规范和强制性规定，因此，依据《物权法》关于不动产物权变动的区分原则，对不符合《城市房地产管理法》第三十七、三十八条规定的转让条件的国有土地使用权转让合同不宜确认无效；对于签订合同时转让方没有取得国有土地使用权证书的，属于效力待定合同，如果起诉前以出让方式取得土地使用权证书的，或者以划拨方式取得国有土地使用权经有批准权的人民政府同意转让的，应当认定合同有效；对于转让方是否已经交纳或全部交纳了土地出让金的，则属于土地管理部门与转让方之间的法律关系，不影响转让合同的效力。

（八）关于《物权法》规定的异议登记和登记机构赔偿诉讼应否受理的问题

我国《物权法》明确规定建立统一的不动产登记制度，在法律、行政法规对不动产统一登记的范围、登记机构和登记办法作出规定前，按照现行的法律规定，不动产物权变动的登记仍是行政管理部门的法定职责，在最高人民法院司法解释没有明确规定的情况下，人民法院不宜将异议登记和登记机构赔偿引起的诉讼作为民事案件受理。

（九）关于征收案件的受理问题

根据《物权法》第四十二条的规定，因征收行为引起的纠纷如何受理的问题应当区分不同情形：一是当事人之间具有书面征地补偿合同或者拆迁补偿合同，合同中对支付征地补偿或者拆迁补偿的数额有明确约定，被征收个人或者被拆迁人请求征收人或者拆迁人履行补偿合同的，此种情形下属于平等主体之间的民事权益争议，应当作为民事案件受理，但如果补偿合同一方的主体是政府的，不应作为民事案件受理；二是当事人之间没有签订书面补偿合同，被征收人或者被拆迁人请求征收人或者拆迁人支付补偿费用，或者增加补偿数额，或者请求安排社会保障费用的，此种情形下，被征收人或者被拆迁人与征收人或者拆迁人之间没有发生民事权利义务关系，不应作为民事案件受理。

（十）关于业主撤销权的行使问题

《物权法》第七十八条规定："业主大会或者业主委员会的决定，对业主具有约束力。业主大会或者业主委员会作出的决定侵害业主合法权益的，受侵害的业主可以请求人民法院予以撤销。"物权法一方面规定了物业小区管理的基本形式，明确了业主大会或者业主委员会的决定对住宅小区全体业主具有约束力，同时又设计了业主权益受到损害时可以撤销业主大会或者业主委员会决定的诉讼制度。人民法院受理业主撤销权纠纷，应当审查业主的身份，将行使撤销权的业主应当限定在住宅小区内的房屋所有权人，其他的房屋使用人不能行使业主撤销权；人民法院对业主的申请仅仅作出是否撤销的裁判，不应涉及其他问题。

山东省高级人民法院民事审判工作会议纪要(节选)

(2005 年)

五、关于房地产纠纷案件的处理问题。

正确、及时地审理好房地产案件,不仅关系到维护房地产市场秩序的问题,同时也关系到社会关系的稳定问题。会议根据法律法规和司法解释的规定,就当前我省审判房地产案件中存在的问题,进行了分析研究,提出了具体处理意见:

(一)关于合同效力的认定问题。合同效力的认定不仅关系着土地交易关系的稳定和当事人合法权益的保护,而且关系到房地产市场的有序发展。因此,在对合同效力的认定上,会议认为,要与最高人民法院有关房地产司法解释的指导思想保持一致,即不轻易确认合同无效。

1. 关于商品房预售合同登记备案的效力问题。根据最高人民法院法释〔2003〕7 号司法解释的规定,人民法院认定商品房买卖合同的效力应审查出卖人是否取得商品房预售许可证明,这是考虑到我国房地产市场目前的实际情况而制定的,当事人在向人民法院起诉前取得商品房预售许可证明的,可视为其具备预售资格。对于商品房预售合同登记备案的问题,从我国现行的有关不动产登记的立法规定看,商品房预售合同的登记备案,属于房产管理部门和土地管理部门对合同的一种行政管理措施,不是确认合同效力的必要条件,当事人以商品房预售合同未办理登记备案手续为由,请求确认合同无效的,不予支持。

2. 关于土地使用权转让合同效力的认定。根据《合同法》及最高人民法院法释〔2005〕5 号司法解释的规定,转让方转让土地使用权应当取得土地使用权证书,所签订的土地使用权转让合同是有效的。在当事人向人民法院起诉前,仍未取得土地使用权,或仍未获得有批准权的人民政府批准的,其所订立的转让合同应认定为无效。对此,我们应当严格掌握。

3. 关于房地产开发企业的经营资格对合同效力的影响问题。房地产经营资格是用来证明房地产开发企业开发经营能力和资信度的证明,审核和发放房地产企业的营业执照,是国家用来管理、控制和监督房地产业发展的重要手段。是否具备房地产开发经营的资格,是开发房地产的必要条件,也是房地产开发企业对外承担责任的基本条件。在审判实践中,不能因为过分强调投资者的利益而取消国家的监督管理,对于当事人无房地产经营资格的,应确认合同无效。

(二)关于商品房数次买卖的处理问题。当前我国民事立法采用的是债权形式主义的物权变动模式,即当事人之间存在着有效的债权合同并办理了交付或者登记手续,才能产生物权变动的法律效果。出卖人将商品房数次出卖所签订的合同,不违反法律的禁止性规定,均应当是有效的合同。在此情形下,先办理商品房登记手续的买受人取得商品房的所有权;其次是出卖人先行交付,买受人已经合法取得商品房的买受人取得商品房的所有权,但出卖人和买受人之间恶意串通的除外;如果数买受人均未占有房屋,依法成立在先的买卖合同的买受人请求履行合同的请求应予以支持。

(三)关于农村私有房屋买卖合同的效力问题。《土地管理法》第六十二条规定,农村村民一户只能拥有一处宅基地,宅基地是农民的重要财产权利,严禁宅基地进入市场进行交易。由于宅基地关系到农民的基本居住条件,所以获得农村宅基地要受农业人口身份上的限制,只有具有农村户口的人才能在本集体所有土地范围内申请宅基地。由于农村房屋的转让必然导致宅基地使用权的转移,依据当前我国的土地法律和政策,结合审判实践经验,会议认为,农村私有房屋买卖合同的效力应以认定无效为原则,以认定有效为例外。只有房屋买卖的双方均是同一集体经济组织的成员的,可以认定合同有效。

(四)关于房屋租赁合同纠纷中的有关问题。

1. 关于房屋租赁许可证对租赁合同的影响问题。依据《合同法》以及最高人民法院关于适用合同法有关司法解释的规定,合同只要不违反法律的规定,是双方真实意思表示,就应当认定其效力。《城市房地产管理法》第五十三条规定的向有关部门登记备案,属于政府对房屋的一种管理行为。出租人没有办理房屋出租批准登记手续,不影响租赁合同效力。

2. 关于承租人优先购买权的处理问题。根据承租人优先购买权的性质,结合司法实践经验。会议认为,出租人出卖租赁房屋,侵犯承租人优先购买权的,法院应判决其与第三人之间的买卖合同无效,以恢复出租人与承租人合法的房屋租赁关系,但不能判令出卖人直接按照与第三人约定的同等条件与承租人签订买卖合同。通过无效之诉,按照“买卖不破租赁”的原则,承租人的利益同样可以得到应有的保护。

3. 关于优先购买权“同等条件”的理解问题。对法律规定的“同等条件”应当作宽泛理解,不仅包括价格条件,而且也包括付款条件以及出卖人提出的其他条件等。

(五)关于房屋拆迁纠纷的处理问题。审理房屋拆迁纠纷案件,对拆迁人与被拆迁人达成的房屋拆迁协议,属于平等主体之间的民事纠纷,应依据国务院《房屋拆迁管理条例》为依据确认其效力。对于拆迁人与被拆迁人没有达成拆迁协议的房屋拆迁纠纷,一方当事人以另一方当事人为被告提起民事诉讼,要求对方当事人按照当地政府颁布的拆迁政策规定的标准履行拆迁安置义务的,不属于民事案件的受理范围。人民法院应当依据民事诉讼法的规定,告知当事人向当地人民政府申请裁决,当事人坚持起诉的,应当驳回其起诉。因历史遗留的落实政策房屋拆迁纠纷、因行政指令而调整划拨、机构撤并分合引起的房屋拆迁纠纷、因单位内部建房拆迁引起的纠纷等,均不属于人民法院民事案件的受理范围,应由政府有关部门解决。

（六）关于房改房屋纠纷的处理问题。从国家关于住房制度改革的政策规定来看，房改房在法律属性上实质就是将原来出租给职工的住房改为出卖给职工个人，即由原来的租赁法律关系转为买卖法律关系，是一种特殊的房屋买卖合同。其与一般房屋买卖合同有所不同的是，房改房的合同除当事人自行约定的内容外，还要受到房改政策的制约，不完全等同于以市场价格支付对价。由于房改的买卖合同涉及我国现行的房改政策，所以因房改引发的纠纷，法院是否应当作为民事案件受理，一直是审判实践中有争论的问题。会议认为，涉及房改政策的房屋买卖合同纠纷的，人民法院是否应当受理，应当结合当事人提出的诉讼请求作出判断。如果当事人争议的事项是房屋买卖，属于平等民事主体之间的权益纠纷（如追索购房定金、购房款、办理过户手续及产权证书等），人民法院应当受理；如果当事人争议的事项为是否适用房改政策以及如何适用房改政策的（如职工是否应当参加房改、如何计算优惠条件等），不属于民事权益纠纷，人民法院不宜作为民事案件受理。

浙　江　省

浙江省高级人民法院《关于审理涉及房地产登记民事案件若干问题的意见（试行）》

（2009 年 4 月 16 日）

为正确审理涉及房地产登记的民事案件，根据《中华人民共和国物权法》、《中华人民共和国城市房地产管理法》、《中华人民共和国民事诉讼法》等有关法律、司法解释的规定，结合我省民事审判工作实际情况，制定本意见。

第一条　涉及房地产登记的民事案件包括：

（一）与房地产所有权登记、使用权登记、抵押权登记、地役权登记、预告登记、异议登记、更正登记有关的权属纠纷民事案件；

（二）以房地产登记为证据的其他非权属纠纷民事案件；

（三）与异议登记不当、错误登记有关的民事赔偿纠纷案件。

第二条　在权属纠纷民事案件中，当事人主张房地产登记簿和权属证书上记载的物权状况与真实的权利状况不一致的，可以告知当事人先行向登记机构申请更正登记、异议登记或提起行政诉讼，对错误登记予以更正；在错误登记更正期间，可裁定中止民事诉讼。当事人坚持进行民事诉讼而不同意先行更正错误登记的，人民法院应当审查当事人提供的证据是否足以推翻房地产登记簿和权属证书记载的内容；可以通过对当事人主张的基础性民事法律关系，如共有、析产、继承、合伙等民事法律关系的审查，确定物权归属和内容。

第三条 房屋买卖、土地使用权出让和转让等房地产转让合同合法有效，受让人请求转让人履行合同，并协助办理房地产登记过户手续的，应予支持。

第四条 在非权属纠纷民事案件中，如一方当事人对另一方当事人作为权属证据提供的房地产登记簿和权属证书提出异议的，人民法院仅对房地产登记簿和权属证书形式上的真实性进行审查；经查证属实的，即可作为定案的依据。

第五条 利害关系人申请异议登记，房地产登记机构予以登记的，申请人应在异议登记之日起十五日内，以不动产登记簿记载的权利人为被告提起民事诉讼。

人民法院收到异议登记申请人起诉状的，应当向其出具收到起诉状的证明，由申请人在异议登记之日起十五日内递交给房地产登记机构。

第六条 因异议登记不当，造成权利人损害，权利人请求申请人承担民事赔偿责任的，应予支持。

第七条 预告登记具有权利保全效力。预告登记后，未经预告登记权利人同意，处分该不动产的，不发生物权效力。

预告登记不改变双方当事人之间的法律关系。双方当事人基于债权债务关系享有的抗辩权，不受预告登记的影响。

第八条 商品房开发企业就同一商品房订立数个预售合同，在预售合同有效的情况下，买受人均要求履行合同的，按照以下情形分别处理：

（一）已经办理过商品房预售合同登记备案的买受人，请求履行合同的，应予支持；

（二）均已或均未办理商品房预售合同登记备案，已先行合法占有房屋的买受人，请求履行合同的，应予支持；

（三）均已或均未办理商品房预售合同登记备案，亦未合法占有房屋，先行支付购房款的买受人，请求履行合同的，应予支持；

（四）均已或均未办理商品房预售合同登记备案，合同均未履行，合同登记备案在先或成立在先的买受人，请求履行合同的，应予支持。

未能取得房屋的买受人请求解除合同的，按照《中华人民共和国合同法》、最高人民法院《关于审理商品房买卖合同纠纷案件适用法律若干问题的解释》的有关规定处理。

第九条 因申请人提供虚假材料申请登记，导致登记错误，并给他人造成损害，权利人要求申请人承担民事赔偿责任的，应予支持。

第十条 房地产登记簿和权属证书记载的登记权利人未经其他实际共有人同意，擅自处分共有的房地产，买受人符合善意取得条件而取得物权，因此造成实际共有人损失的，应由登记权利人承担赔偿责任。

第十一条 城市房屋经多次转手买卖，均未办理过户登记手续，最后一手买受人起诉前手出卖人，要求协助办理过户登记手续的，应当将登记权利人列为第三人参加诉讼，并可判决其协助办理过户登记手续。

对于参与中间流转的其他出卖人,可视案情需要追加为第三人。

第十二条 涉及房地产登记的民事案件,如存在民事、行政争议交叉的情形,应当遵循民事诉讼法第一百三十六条第(五)项规定的“依据优先审理”原则,确定案件审理的先后顺序。如民事争议的解决必须依赖于行政争议的解决,应当向当事人释明先行解决行政争议,并可裁定中止民事诉讼。

第十三条 本意见自下发之日起施行。法律法规、司法解释等有新规定的,按新规定执行。

浙江省杭州市中级人民法院民一庭关于审理建设工程及房屋相关纠纷案件若干解答(节选)

(2010年11月1日)

第二部分 房屋买卖

一、在房屋买卖过程中,若涉及房屋原有抵押贷款尚未清偿完毕的,是否需要通知该贷款银行参加诉讼?

答:因该房屋原有按揭贷款未偿还完毕,抵押权尚未消灭,则转让抵押物的应征得抵押权人同意。同时,因为房屋的抵押登记尚未注销,在今后办理过户登记时需要涉及抵押权人他项权证的变更事宜。因此,在案件审理过程中应当通知贷款银行作为第三人参加诉讼。

二、对经由房屋中介方居间达成的房屋买卖意向书的性质应如何界定?中介方是否属于必须参加诉讼的当事人?

答:此类房屋买卖意向书内容较为丰富,既具有中介方与买卖双方间的居间协议,同时也具有中介方作为买卖双方的代理人委托代理协议性质,同时还具有买卖双方为达成正式买卖合同而签订的预约性质。

如果是因未能签订正式房屋买卖合同所产生的此类意向书纠纷,因其争议标的还是围绕房屋买卖中的权利义务约定,所以该纠纷案由应定为房屋买卖合同纠纷,此时因为中介方是作为买卖双方的居间人,视案情需要,可将中介方列为第三人参与诉讼。

如果是因中介方与买或卖一方因中介居间行为产生争议,则应定性为居间合同纠纷,中介方应作为必须参加诉讼的当事人参与诉讼。

三、对于因买卖一方违反意向书约定,致使正式房屋买卖合同无法签订而产生的违约责任,应如何认定处理?

答:首先,根据本地区的房产交易实际情况及相关规定,房屋交易必须要签订相应的正式房屋转让合同方可实施。因此,上述意向书的内容约定即使完备,但也只能认定为正式房屋交易行为实施前的预约。

其次,因一方违约行为而无法达成本约,即签订正式的房屋买卖合同情形下,其违约责任也仅能是该预约合同项下的违约责任,交易双方的实际损失也应限定在为准备达成本约而支出的费用范围内。对于未达成本约所产生的预期利益损失,即房屋交易的价差,则一般情形下不属于赔偿范围。

第三,对于一方当事人主张继续履行该意向书约定,签订正式买卖合同的。一般情形下,应不予支持。对于因国家政策原因导致签订意向书时约定的交易条件发生变更,且双方也未能就变更协议内容达成一致意见的,一方当事人主张解除该意向书,应予以支持,并结合案件具体情形确定相应的违约责任。

第四,根据《合同法》第424条、第427条的规定,中介方作为居间人所要促成成立的应当是正式的房屋买卖合同,而非仅仅是意向书。在正式的房屋买卖合同没有成立的情况下,中介方仅能请求支付其从事居间活动支出的必要费用。

四、在商品房“一房二卖”的案件中,合同均合法有效,也均未办理过户登记,但其中一位受让人已先行“合法占有”,现未能占有房屋的当事人起诉要求依法过户登记,应如何处理?

答:对此可以参照省高院《关于审理涉及房地产登记民事案件若干问题的意见(试行)》第八条的精神处理:即

1. 已经办理过商品房预售合同登记备案的买受人,请求履行合同的,应予以支持;

2. 均已或均未办理商品房预售合同登记备案,已先行合法占有房屋的买受人,请求履行合同的,应予支持;

3. 均已或均未办理商品房预售合同登记备案,亦未合法占有房屋,先行支付购房款的买受人,请求履行合同的,应予支持;

4. 均已或均未办理商品房预售合同登记备案,合同均未履行,合同登记备案在先或成立在先的买受人,请求履行合同的,应予支持。未能取得房屋的买受人请求解除合同的,按照《中华人民共和国合同法》、最高人民法院《关于审理商品房买卖合同纠纷案件适用法律若干问题的解释》的有关规定处理。

五、对涉及经济适用住房的产权移转及价值分割应如何处理?

答:1. 经济适用住房所有权人在取得房屋所有权证之日起未满五年的,根据《杭州市经济适用住房交易办法》第三十一条的规定,此类房屋不得交易,并且依照《城市房地产管理法》第三十九的规定,划拨土地上的房地产转让,应报有批准权的人民政府审批。因此,对涉及该情形下的经济适用住房买卖合同应认定不发生法律效力。

2. 当事人因继承、离婚、析产纠纷主张经济适用住房产权转移的,根据《杭州市经济适用住房交易办法》第三十二条的规定,可视情予以支持,涉及该房屋的价值分割的,应当在评估机构按照经济适用房交易标准作出价值评估后进行分割。

第三部分　物业服务合同纠纷

一、物业服务企业主张收取物业费，业主以无明确物业收费标准或者无书面合同约定为由进行抗辩的，应如何处理？

答：当事人双方不能就物业费收费标准达成一致意见的，可以参照当地政府主管部门规定的相应资质等级所对应的收费标准或同类物业服务项目收费标准予以处理。

二、物业费纠纷中，对于业主提出的拒缴或减交物业费的主张应如何认定处理？

答：对业主以物业服务企业擅自扩大收费范围，提高收费标准或者重复收费为由提出的抗辩主张，经审理认定属实的，应当判决驳回或者酌减物业服务企业的收费诉请。但如果业主抗辩理由是以其未享受到物业服务企业已经提供的服务内容，或者无需何种服务的，一般情况下应不予采信。对于因物业服务瑕疵，对业主人身财产造成损害的，则应告知业主另行起诉。

三、根据《最高人民法院关于审理物业服务纠纷案件具体应用法律若干问题的解释》中第六条的规定："经书面催交，业主无正当理由拒绝交纳或者在催告的合理期限内仍未交纳物业费，物业服务企业请求业主支付物业费的，人民法院一般应予支持"。那么是否可以理解为，物业服务企业的书面催缴行为，是其起诉业主支持欠缴物业费的前置程序？

答：上述司法解释的规定是对业主权利的特殊保护，物业服务人有义务在合理的催告期限内，以业主知晓或者应当知晓的合理方式，提示业主及时缴纳相关服务费用，而不能直接诉至法院。如果物业服务企业在起诉时无证据证明已尽该项催告义务的，则不应予以受理，已经受理的，应当驳回起诉。

四、物业纠纷中，物业公司起诉要求业主支付物业费，业主提起反诉，认为业主委员会未经过半数的业主同意与物业公司签订物业管理合同，要求确认物业合同无效的，应如何处理？

答：对业主提出的该项合同无效抗辩应属于业主与业主委员会间纠纷，而并非物业费纠纷的审查范围。但应向业主释明，对其主张的无效事由可另案诉讼。若业主另案提出确认物业服务合同无效的，应中止本案审理。

五、物业服务合同被认定无效后，物业服务企业主张业主支付欠缴物业费的，应当如何处理？

答：因物业服务合同为持续的实践性合同，接受服务的业主有义务对物业服务企业提供的服务支付对价。因此，即使物业服务合同被确认无效后，业主仍负有支付相应物业服务费用的义务。但对于该物业服务企业请求支付的物业费，应当参照当地政府主管部门规定的相应资质等级所对应的收费标准并结合双方合同约定标准，酌情确定相应的计费标准，判令业主给付。

浙江省宁波市中级人民法院关于审理商品房买卖合同纠纷案件疑难问题解答

（2014年12月31日）

1. 根据《商品房销售管理办法》第十六条规定，商品房买卖合同应当明确十三项主要内容，实践中如何判断商品房认购书系预约还是本约？

答：商品房买卖合同成立只需具备核心要件即可，无需十三项内容全部齐备。如当事人签订的认购书、购房意向书等协议已经具备拟购房屋的基本状况、价款数额、支付方式等合同主要内容的，应视为商品房买卖合同即本约成立，但当事人另有约定的除外。

2. 出卖人与买受人签订商品房认购书后，一方无正当理由拒绝签订商品房买卖合同，当事人一方可否起诉要求另一方继续履行预约合同义务即签订本约？

答：当事人一方拒绝签订商品房买卖合同，另一方请求继续履行合同签订本约的，法院不宜直接判决当事人履行签订合同的义务。但如具备合同主要条款的，应认定构成本约，双方当事人应予履行。因签订预约合同的目的系为双方将来订立本约，现双方仅就商品房买卖的部分条款达成一致意见，大部分合同条款仍需进一步协商，如法院判决另一方继续履行合同签订本约，事实上无法强制执行且效果不佳。

3. 签订商品房预售合同时，出卖人未取得预售许可证明，或预售许可证明已过有效期或被撤销的，但在合同履行过程中，房屋已建成竣工，现买受人主张合同无效，可否支持？

答：我国法律明确规定出卖人在销售房屋时需取得预售许可证，现其事后也未取得，或已过有效期、被撤销的，该预售合同应为无效，但在起诉前取得商品房预售许可证明的，可以认定有效。

4. 买受人能否以房屋质量存在瑕疵为由拒绝收房，并要求出卖人承担违约责任？

答：如果房屋符合合同约定和法定的交房条件，虽然房屋质量存在一定瑕疵，但不影响正常居住使用的，买受人以此为由拒绝接收房屋，导致迟延交房的，出卖人不承担逾期交房的违约责任。

5. 商品房经建设工程勘察、设计、施工、工程监理等单位分别签署质量合格文件，已实际交付使用，并在保修期内，现买受人以房屋存在质量问题为由，请求出卖人承担修复或赔偿责任，可否支持？

答：交付的房屋虽经建设单位组织进行验收，符合当时的建筑标准和规范，但如存在明显的质量缺陷，在保修期内出卖人仍需承担修复或赔偿责任。

6. 出卖人就商品房周边拟规划配套建设的学校、广场等设施发布销售广告和宣传资料，现买受人以商品房买卖合同与出卖人所作的承诺不符为由，要求解除合同，并请求出卖人承担违约责任、赔偿损失，应如何处理？

答：出卖人在商品房销售广告和宣传资料上所作的承诺，原则上认定为要约邀请，但若符合下列四个要件的，则视为要约：(1)涉及的内容在商品房开发规划范围之内；(2)针对拟销售的商品房和相关设施；(3)所作的说明和允诺具体确定；(4)对合同的订立及房价的确定有重大影响，且出卖人存在虚假陈述的情形。对买受人请求解除合同的，视其是否符合约定或法定的解除情形而定。如出卖人未按照在要约中所作的承诺履行的，则应向买受人承担违约责任，对违约金或损失赔偿未作约定或约定不明的，可根据《最高人民法院关于审理商品房买卖合同纠纷案件适用法律若干问题的解释》(以下简称《商品房买卖合同司法解释》)第十七条规定予以赔偿。

7. 非因出卖人原因导致买受人不能及时取得房屋权属证书的，出卖人应否承担违约责任？

答：出卖人能举证证明其已在合同约定或法律规定的办证期限内将有关办理房屋权属证书的资料交给政府主管部门，并已具备办证条件的，可不承担逾期办证的违约责任。如合同对何时办出证件及违约责任的承担有明确约定的，从其约定，但确因买受人自身原因造成的除外。

8. 出卖人存在逾期交房、逾期办证、小区基础设施和公共配套设施不符合合同约定等多项违约行为，买受人可否要求出卖人同时承担多项违约责任或如何确定出卖人的违约责任？

答：如合同就出卖人存在的逾期交房、逾期办证等多项违约行为的违约责任承担有明确约定的，从其约定，未作明确约定的，则根据查明的违约事实，由出卖人承担相应的违约责任，但总计违约金通常不能超过所造成损失的30%。

9. 商品房买卖合同被解除或确认无效后，出卖人向买受人主张房屋使用费的，可否支持？

答：应区分不同情形予以处理。如商品房买卖合同生效后，买受人因出卖人不能办理房屋产权证等违约行为请求解除合同的，因买受人系依据合同约定占有使用该房屋，故出卖人向买受人主张房屋使用费，不予支持。如商品房买卖合同生效后，出卖人因买受人未能按期付款等违约行为请求解除合同的，出卖人向买受人主张房屋使用费，应予支持。

商品房买卖合同被确认无效的，应按无效合同的处理原则，可将房屋使用费作为一方的损失进行处理。

10. 守约方向违约方要求支付违约金，如何判定双方约定的违约金过高或过低？

答：原则上应由主张过高或过低的当事人承担举证责任。判断约定的违约金是否过分高于或者低于造成的损失，适用《商品房买卖合同司法解释》第十六条规定。

11. 买受人自愿出具承诺书放弃追究出卖人延期交房的违约责任，该承诺书是否有效？

答：视该承诺书是否构成格式合同条款而定，如系买受人自愿出具，并非出卖人为重复使用而提供的格式条款，则该承诺书应认定有效，如构成格式条款的，根据我国《合同法》第四十条之规定，应认定无效。

12. 商品房买卖合同签订或履行中，出卖人存在欺诈行为的，买受人可否要求以《消费者权益保护法》主张损失赔偿？

答：考虑到商品房买卖合同通常标的额较大，如果适用《消费者权益保护法》的三倍赔偿对开发商要求过于苛责，故一般不适用新消法的规定，可参照适用《商品房买卖合同司法解释》第八、九条的规定。

13. 买受人请求出卖人承担逾期交房、逾期办证等违约金，诉讼时效期间应如何计算？

答：当事人在合同中明确约定逾期交房、逾期办证等各项违约行为应承担违约金具体数额的，为一时性债权，从合同约定或法定的交房、办证期限届满之次日起计算诉讼时效期间。当事人在合同中约定以日或月为单位累计计算违约金数额的，属于继续性债权，以每个个别的债权分别适用诉讼时效；买受人要求支付逾期交房或逾期办证违约金，出卖人在一审法庭辩论终结前提出诉讼时效抗辩的，违约金保护期间为当事人起诉之日前两年。如有诉讼时效中断或中止情形的，则依法适用相关规定。

图书在版编目(CIP)数据

人民法院审理房地产案件裁判要点与裁判规则 / 张培亮主编. — 北京:法律出版社,2017
ISBN 978 -7 -5197 -0901 -3

Ⅰ.①人… Ⅱ.①张… Ⅲ.①房地产法—案例—中国
Ⅳ.①D922.181.5

中国版本图书馆 CIP 数据核字(2017)第 117292 号

人民法院审理房地产案件裁判要点与裁判规则
RENMIN FAYUAN SHENLI FANGDICHAN ANJIAN CAIPAN YAODIAN YU CAIPAN GUIZE

张培亮 主编

责任编辑 赵明霞
装帧设计 汪奇峰

出版 法律出版社
总发行 中国法律图书有限公司
经销 新华书店
印刷 中煤(北京)印务有限公司
责任印制 胡晓雅

编辑统筹 法商出版分社
开本 710 毫米×1000 毫米 1/16
印张 16
字数 316 千
版本 2017 年 8 月第 1 版
印次 2017 年 8 月第 1 次印刷

法律出版社/北京市丰台区莲花池西里 7 号(100073)
网址/www. lawpress. com. cn
投稿邮箱/info@ lawpress. com. cn
举报维权邮箱/jbwq@ lawpress. com. cn
销售热线/010 -63939792/9779
咨询电话/010 -63939796

中国法律图书有限公司/北京市丰台区莲花池西里 7 号(100073)
全国各地中法图分、子公司销售电话:
统一销售客服/400 -660 -6393
第一法律书店/010 -63939781/9782　西安分公司/029 -85330678　重庆分公司/023 -67453036
上海分公司/021 -62071010/1636　深圳分公司/0755 -83072995

书号:ISBN 978 -7 -5197 -0901 -3　**定价**:58.00 元
(如有缺页或倒装,中国法律图书有限公司负责退换)